Karl-Wolfgang Tröger

Die Gnosis

HERDER spektrum

Band 4953

Das Buch

„Wer waren wir? Wer sind wir geworden? Wo waren wir? Wohinein sind wir geworfen? Wohin eilen wir? Wovon sind wir befreit? Was ist Geburt? Was Wiedergeburt?" So gibt um das Jahr 200 n. Chr. der Kirchenvater Klemens von Alexandrien die Fragen der Gnostiker wieder. Zwar wurden diese von der frühen Kirche scharf bekämpft, doch die gnostische Suche nach Erkenntnis des wahren Charakters von Mensch und Welt, der geheimnisvollen Durchdringung von Makrokosmos und Mikrokosmos und eines Auswegs aus den irdischen Fesseln hat in den letzten zweitausend Jahren immer wieder neue Anhänger gefunden. Auch die christliche Kirche ist nachhaltig durch ihre Auseinandersetzung mit der Gnosis geprägt worden. So ist gnostisches Gedankengut bis in unsere Zeit lebendig geblieben und gab es eine Vielfalt gnostischer Strömungen, denen es um die Frage geht, wie der Mensch zur Erkenntnis seines göttlichen Selbst gelangen kann, um dadurch die Materie, die Finsternis und das Böse zu überwinden und sich aus dem doppelten Kerker des Leibes und der Welt zu befreien.
Das Buch gibt einen umfassenden, gut lesbaren Überblick über Grundzüge, Geschichte und Fortwirken der Gnosis und beschreibt das spannende Ringen zwischen Kirche und Gnosis um das wahre Christentum. Es zeigt eindrucksvoll, wieso das gnostische Denken auch heute noch zu faszinieren vermag.

Der Autor

Karl-Wolfgang Tröger ist em. Professor für Religionswissenschaft und Theologie an der Humboldt-Universität zu Berlin. Er gilt als einer der bekanntesten deutschen Gnosisexperten und ist Autor und Herausgeber mehrerer Bücher, u.a. „Mysterienglaube und Gnosis im Corpus Hermeticum XIII" (1971), „Das Christentum im zweiten Jahrhundert" (1988), „Gnosis und Neues Testament" (1973), „Altes Testament – Frühjudentum – Gnosis" (1980) und, zusammen mit Sigrid Tröger, „Kirchenlexikon" (1990).

Karl-Wolfgang Tröger

Die Gnosis

Heilslehre und Ketzerglaube

HERDER

FREIBURG · BASEL · WIEN

Sigrid,
der Weggefährtin,
als Dank

Gedruckt auf umweltfreundlichem,
chlorfrei gebleichtem Papier

Originalausgabe

www.herder.de
Umschlaggestaltung und Konzeption:
R·M·E München / Roland Eschlbeck, Liana Tuchel
Umschlagmotiv: Manichäische Buchillustration aus Turkestan
(Chotscho, Oase Turfan): Schreibende Electi
Herstellung: fgb · freiburger graphische betriebe 2001
www.fgb.de
ISBN 3-451-04953-8

Inhalt

KAPITEL I

Die Gnosis

– Entstehung, Grundzüge, Vielfalt –

KAPITEL II

Gnosis und Christentum

– Die Geschichte einer Konkurrenz –

KAPITEL III

Das Weiterwirken der Gnosis

KAPITEL I

Die Gnosis

– Entstehung, Grundzüge, Vielfalt –

1. Welterfahrung und Gnosis

1.1 Was ist „Gnosis"?

Das Wort Gnosis hat einen geheimnisvollen Klang. Es kommt in der Alltagssprache nicht vor, sondern gehört in den Bereich von Religion und Philosophie. Heute begegnet Gnosis vor allem in der Esoterik, wo es mit Mysterien und Okkultem in Verbindung gebracht wird. Das griechische Wort Gnosis bedeutet zunächst nichts anderes als Erkenntnis und ist so in der Antike benutzt worden. Wo es in einem spezifisch religiösen Sinne vorkommt, ist freilich nicht bloß Erkenntnis schlechthin gemeint, sondern erlösende Erkenntnis, das heißt das Erlangen von Wissen auf einem besonderen Erkenntnisweg, der zur Erlösung und zum Heil des Menschen führt. Solches Wissen galt und gilt auch heute noch vielfach als esoterisch, als Geheimwissen elitärer Kreise. Es ist nur denen zugängig, die zu einem solchen Kreis gehören, der über Geheimwissen verfügt und dieses an Eingeweihte weitergibt. Es ist das Wissen um die Antworten auf die Fragen „wer wir waren, was wir wurden, wo wir waren, wohinein wir geworfen wurden …" (Clemens Alexandrinus, Excerpta ex Theodoto 78), ein Wissen um die Geheimnisse von Makrokosmos und Mikrokosmos, um den wahren Charakter der Welt und des Menschen und um den Ausweg aus den irdischen Zwängen und Fesseln. Mit dem Angebot eines Erlösungsweges stand die spätantike Gnosis, von der hier in erster Linie zu reden ist und die ihren Namen nach der jederzeit und überall möglichen gnostischen Heilskonzeption erhielt, allerdings nicht allein da. Es gab in der Spätantike auch andere Erlösungsangebote. Von diesen unterscheidet sich jedoch die Gnosis in wesentlichen Punkten sowohl im Verständnis der Welt und des Menschen als auch in der Heilsvorstellung.

1.2 Welterfahrung und Weltsicht

Wie die Welt erlebt und gedeutet wird, ist von grundlegender Bedeutung für die verschiedenen religiösen und philosophischen Lehren. Zweifellos haben die Menschen schon immer unter der Schlechtigkeit dieser Welt gelitten und sich mit der Frage nach dem Ursprung des Bösen herumgequält. Symptomatisch dafür ist die verzweifelte Feststellung Hiobs: „Die Erde ist in gottlose Hände (wörtlich: in die Hand eines Gottlosen) gegeben. Er verhüllt das Angesicht seiner Richter. Wenn nicht er, wer sonst sollte das tun?“ (9, 24).

Hiobs Erfahrung und Schlussfolgerung kann freilich zu unterschiedlichen Konsequenzen für die Einstellung gegenüber Gott und der Welt und für die praktische Daseinshaltung führen. Nahe liegend und daher weit verbreitet sind Pessimismus und Fatalismus und entsprechende philosophische und religiöse Einstellungen. Ihre Kennzeichen sind eine negative Haltung gegenüber der Welt und dementsprechend Weltflucht als Rückzug auf das eigene Ich und Innere. Andererseits gibt es Zeiten und Grundeinstellungen, in denen der Optimismus überwiegt, da die Menschen meinen, dass das Gute und Schöne, Gerechtigkeit und wahrer Friede letztlich die Oberhand behalten. Juden und Griechen, Inder und Europäer, Christen und Muslime kennen beide Weisen von Daseinserfahrung und Weltbetrachtung – sowohl die aufs Ganze gesehen mehr optimistische als auch die eher pessimistische.

Die Frage ist, zu welcher philosophischen bzw. religiösen Grundeinstellung die jeweilige Welterfahrung führt. Die Gnosis – sei es als immer gegebene Möglichkeit der Weltsicht und Weltüberwindung, sei es in ihrer spezifischen spätantiken Ausprägung – gehört im Wesentlichen auf die Seite des Pessimismus. Denn in ihr hat die schmerzliche Erfahrung dieser Welt als Ort des „Leidens" zu einer konsequenten Weltablehnung und Weltabwertung geführt. Diese von Hans Jonas (1964, 5ff.) als Antikosmismus bezeichnete Anti-Haltung gegenüber der Welt (griechisch: Kosmos) ist typisch für die Gnosis.

Der Satz aus den hermetischen Schriften, dass die Welt (der Kosmos) „das Pleroma (d.h. die Fülle) des Bösen" sei (Corpus Hermeticum, Traktat VI, 4), bringt auf den Punkt, was die Gnostiker angesichts der Welt empfinden und denken. Aus dieser Leidenswelt, die nichts weniger ist als „die Welt der Finsternis" (Linker Ginza III, 511), herauszukommen, ist das erklärte Ziel der Gnostiker. Die Frage ist nur „wie", und die Antwort auf diese Kernfrage ist das Spezifikum der Gnosis, einer von vielen Religionen und Philosophien der Spätantike.

1.3 Ursprung und Wesen der Gnosis – eine Problemanzeige

Zunächst ist aber noch eine andere Frage zu erörtern, und zwar die nach den Ursachen jener negativen Welterfahrung und rigorosen Weltablehnung, die zur Herausbildung der Gnosis entscheidend beigetragen haben. Das stellt sich freilich als ein besonderes Problem dar, das hier nur angedeutet werden kann, im Weiteren aber noch ausführlich behandelt wird. Es liegt darin, dass die historischen Zusammenhänge bei der Entstehung der Gnosis zwar rekonstruiert, aber anhand der vorhandenen Quellen nicht bewiesen werden können. Vor diesem Dilemma steht allerdings jeder Ermittler, der einen Tathergang aufklären will und sich, da ihm die klaren Beweise fehlen, mit Hilfe von Indizien an die Lösung des Falles herantasten muss. In dieser Lage befindet man sich hinsichtlich des gesellschaftlichen wie geistesgeschichtlichen Ursprungs der Gnosis, sowohl was die geschichtlichen Abläufe bei der Entstehung der Gnosis angeht wie bei der Bestimmung dessen, was Gnosis eigentlich ist. Das wiederum berührt die Kriterien, nach denen ein Text als gnostisch eingestuft werden soll. Daher ist es nicht verwunderlich, dass es in der Gnosisforschung ebenso viele Ableitungsmodelle von Gnosis gibt wie namhafte Forscher und dass das Wesen von Gnosis verschieden bestimmt wird.

Wer eine Reihe von Texten verschiedener gnostischer Richtungen und Systeme vergleicht, wird feststellen, wie schwierig es ist, diese auf einen Nenner zu bringen. Das gilt aber in gleicher Weise ebenso gut für „gut christliche" Texte, wenn man nur an das Neue Testament denkt. Das Bemühen um eine Wesensbestimmung der Gnosis wird noch erschwert durch die unterschiedliche Herkunft der gnostischen Stoffe und Motive aus Philosophien und Religionen der Alten Welt und somit durch die Beteiligung vieler Kulturen an der spätantiken Gnosis.

Damit ist deutlich geworden, wie sehr sich Ursprung und Wesen der Gnosis gegenseitig bedingen. Die genannten Schwierigkeiten bei der Ursprungs- und Wesensbestimmung sollen aber nicht verwirren, sondern nur eine Problemanzeige darstellen, denn letztlich herrscht in der Gnosisforschung weithin die Überzeugung, dass die Gnosis ein „Phänomen sui generis", eine Erlösungsreligion eigener Prägung ist, deren Grundkonstituenten sich aus einer Vielzahl von Texten eruieren und benennen lassen (wie im christlichen Glauben auch!!). Wenn das so ist, muss auch der Versuch einer gesellschaftlichen, soziologischen Verortung der Gnosis erlaubt sein. Was „der letzte Grund" für die Entstehung dieser Erlösungsreligion ist, lässt sich ohnehin nur ahnen und vermuten – aber das gilt, so gut man über die Entstehung von Buddhismus, Christentum und Islam auch Bescheid weiß, letztlich auch für diese Religionen.

1.4 Gnosis und Gesellschaft

Philosophien, Religionen und Erlösungslehren entstehen und wachsen unter bestimmten geschichtlichen Bedingungen, politischen Verhältnissen und kulturellen Traditionen. Das gilt auch für die spätantike Gnosis. Natürlich ist ihr Entstehungsprozess sehr komplex und hat viele Komponenten, von denen die politisch-gesellschaftliche nur eine, wenn auch eine sehr wichtige ist. Hinzu kommt der allgemeine Zeitgeist, den schon Hans Jonas im Titel seines Werkes „Gnosis und spätantiker Geist" als Dominante herausstellte. Dessen Dynamik und konkrete gesellschaftliche Umstände beförderten bestimmte kulturell-religiöse Traditionen, bewirkten ihre Metamorphose und so die Geburt der Gnosis aus dem Geist der Spätantike.

Dieser Rahmen ist aber sehr weit gesteckt, in ihn passen auch andere religiöse und philosophische Erscheinungen. Letztlich waren es die besonderen Erfahrungen bestimmter Menschen und Gruppen, die zu einer spezifischen Weltsicht und Daseinshaltung und zur gnostischen Erlösungsreligion führten. Diese verfestigte sich dann zu einer Gruppenideologie, trat in rege Wechselbeziehungen zu anderen Religionen und Philosophien, vor allem zum Judentum und Christentum, mit denen die Gnosis „verwandtschaftliche Beziehungen" hat. Sie entstand etwa zeitgleich mit dem Christentum.

Es liegt also nahe, nach den gesellschaftlichen Umständen zu fragen, in denen jene Menschen lebten, deren Erfahrungen und Lebensbedingungen das gnostische Welt- und Daseinsverständnis ausgelöst und zur Entstehung der gnostischen Heilslehre geführt oder zumindest beigetragen haben.

Hier sind zum einen die globalen gesellschaftlichen Umwälzungen im Mittelmeerraum und im Vorderen Orient zu nennen, die viele Menschen in zunehmende politische und soziale Konflikte, in Verunsicherung und Vereinsamung führten. Dazu zählen die Folgen imperialer Herrschaft der Griechen, danach der Römer, die ökonomischen und geistigen Veränderungen durch den Hellenismus: länderübergreifende Macht- und Wirtschaftsstrukturen, kulturelle und religiöse Vielfalt und Vermischung (Synkretismus), politische, soziale und weltanschauliche Konflikte zwischen Herrschenden und Beherrschten, Fremden (Besatzern) und Einheimischen, Reichen und Verarmten, Städtern und Dorfleuten, den Vertretern einer neuen und den Anhängern der alten Ordnung. Menschen, die zuvor zur Elite eines Landes gehörten, wurden entmachtet oder zurückgesetzt, verloren Einfluss und Privilegien und in der Folge dessen oft auch ihre Identität, ihr Selbstbewusstsein, ihren Halt. Da solche Degradierten keine Möglichkeit zu politischem Protest und legaler Opposition hatten oder sie nach negativen Erfahrungen darauf verzichteten, suchten sie ihre Frustration durch Religion und Philosophie zu kompensieren. Die Namen von Initiatoren und Gründern von gnostischen Schulen wie Simon, Kerinth und Satornil könnten für solche Personen stehen (vgl. C. Colpe, RAC XI, 1981, 600).

Abgesehen von diesen globalen Problemen sind die Krisensituationen von Gruppen und Personen ins Auge zu fassen, die weniger politische als religiöse Ursachen hatten. Hier ist vor allem an den Identitätsverlust der frühen Christen bei ihrer Abkopplung vom Judentum und durch ihren Ausschluss aus der Synagoge zu denken (vgl. K. Berger, TRE XIII, 534). Diese verschiedenen Ursachen für die Herausbildung neuer Weltsichten und Heilslehren wirkten vielfach zusammen und verstärkten sich gegenseitig – wie ja auch die gesellschaftlichen und persönlichen, die äußeren und die inneren Krisen der Menschen einander bedingen.

Schließlich ist zu sagen, dass das Ungenügen an einer Gesellschaft sehr verschiedene Gründe haben kann. Dazu gehören nicht nur politische, kulturelle, soziale und religiöse Ausgrenzung, sondern auch Übersättigung, Staatsverdrossenheit, Stagnation u. a. m., wobei auch Eliten von Frustration und Ausweglosigkeit betroffen sein können und „revoltieren", und zwar – wenn andere Wege verschlossen sind – durch Rückzug ins Private und nicht selten ins Religiöse, in die Innerlichkeit.

Zur Entstehung der Gnosis hat also das Zusammenspiel diverser Faktoren geführt. Jedenfalls entstand diese neue Religion als eine Art Protestreligion, mit der ihre Initiatoren und Anhänger einen Ausweg aus der Krise und eine neue Identität suchten. Dabei erhält ihre sich immer mehr verfestigende Ablehnung und Abwertung der Welt nihilistische Züge und wird zum antikosmischen Prinzip.

Die Erfahrungen vor allem intellektueller Kreise in und mit der Welt dürften somit ein wichtiger Faktor bei der Herausbildung der spätantiken Gnosis mit ihrer negativen Weltdeutung und Daseinshaltung gewesen sein. Solche Erfahrungen gab und gibt es natürlich zu allen Zeiten. Sie können zu unterschiedlichen Reaktionen und zu ganz verschiedener geistiger Bewältigung führen. Die Gnosis ist davon nur eine Möglichkeit unter anderen, und ihre spätantike Ausprägung ist ein Spezialfall.

Wenn die Gnosis gelegentlich als „Gebildetenreligion" bezeichnet wird, ist an diese Intellektuellen gedacht, die auch bei der Systematisierung gnostischer Vorstellungen, der Erarbeitung gnostischer Systeme und der Abfassung gnostischer Texte entscheidenden Anteil haben. Die Faszination der Gnosis rührt häufig gerade daher, dass das gnostische Gedankengebäude in sich geschlossen ist und dem nach Halt suchenden, verunsicherten Menschen eine plausible Erklärung für die schlimmen Zustände in dieser von ihm als feindlich oder abstoßend erlebten Welt anbietet.

Der besondere Anteil von Gebildeten an der Entstehung der Gnosis bzw. auf dem Wege zur Gnosis wird auch im Blick auf bestimmte gnostische Traditionen vermutet. So spricht – nach den Texten – vieles dafür, dass jüdische Weisheitslehrer daran beteiligt waren, die sich von ihrer rabbinisch orientierten Schriftauslegung entfernten bzw. mit ihr brachen und den Weg „von der Weisheit zur Gnosis" (H.-M. Schenke) einschlugen. Auch aramäische Schreiber, die in der Diadochenzeit in einem griechisch dominierten Kulturbetrieb keine Perspektive mehr hatten, kommen als Träger einer weltablehnenden Haltung und Beförderer gnostischer Ideen in Frage (C. Colpe, RAC XI, 1981, 600). Hinzu kommen andere Menschen und Kreise aus dem gleichen gesellschaftlich-politischen Umfeld, deren Erfahrungen, deren Stimmung und deren individuelle wie kollektive

Einstimmung (Zeitgeist!) zu einer Geistes- und Daseinshaltung tendierten, die sich schließlich zu dem verdichtete, was wir als spätantike Gnosis bezeichnen: zu einer vielgestaltigen, vielschichtigen, neuartigen Heilslehre eigener Prägung.

Die Gnosis geht jedenfalls nicht auf eine Stifterpersönlichkeit zurück (vom Sonderfall „Manichäismus" einmal abgesehen), sondern war eine breite religiöse Strömung, in die viele Traditionen einflossen und in deren Sog Menschen und Gruppen unterschiedlichster religiöser und philosophischer Herkunft gerieten – wie Juden und Christen, Hermetiker und Täufer, Magier und Philosophen. Als dann die Gnosis als attraktive Heilslehre immer mehr Menschen in ihren Bann gezogen hatte, wurden auch solche davon erfasst, die selbst keine Unheilserfahrung gemacht hatten, die aber die Weltsicht und das exklusive Überlegenheitsgefühl der Gnostiker teilten.

Bald hatte sich die Gnosis so weit im Mittelmeerraum verbreitet, dass sich Philosophen und Theologen ernsthaft und systematisch mit ihr auseinander setzen mussten (→Kap. II).

1.5 Gnosis und Gnostizismus – eine Begriffsklärung

Diese Erlösungsreligion und Heilslehre von beachtlicher Variationsbreite wurde schon von den „Kirchenvätern", den frühen christlichen Theologen, unter dem Begriff „Gnosis" zusammengefasst, so von Irenäus in seiner Vorrede zum Ersten Buch „Gegen die Häresien".

Wir verwenden hier den Begriff „Gnosis" bzw. „spätantike Gnosis" für das Gesamtphänomen und verzichten auf die (den Leser eher verwirrende) Unterscheidung von Gnosis und Gnostizismus. Mit Letzterem werden in der Forschung die gnostischen Systeme des 2. und 3. Jahrhunderts bezeichnet. Es geht uns aber auch nicht um irgendeine Gnosis, nicht um Gnosis im weitesten Sinne und ganz allgemein, sondern speziell um jene spätantike Heilslehre und ihre Wirkungsgeschichte, deren zentrale Vorstellungen das folgende Grundmuster ergeben.

1.6 Gnosis als Ausweg und Heilsweg

Der Unheilserfahrung von Menschen in der Welt bzw. ihrem Ungenügen an der Welt, in jedem Falle: der negativen Weltsicht und Weltbewertung – entspricht die Vorstellung von der radikalen Geschiedenheit der Finsterniswelt von der Lichtsphäre und dementsprechend von Geist und Materie. In dieser materiellen Welt, in der die dunklen Mächte und das Böse herrschen, ist der Mensch gefangen, kann aber aus ihr befreit werden, da er (genauer: sofern er) seinem innersten und eigentlichen Wesen nach geistig (pneumatisch) und in seinem Kern göttlich ist. Er gehört damit zur Lichtwelt, er ist Geist vom Geiste und Licht vom Lichte und hat mit der Welt der Finsternis, des Bösen und des Unheils wesenhaft nichts zu tun.

Davon weiß der (Geist-)Mensch aber zunächst nichts. Er tappt im Dunkeln und ist den Finsternismächten solange ausgeliefert, bis er durch einen Ruf von außen erweckt und dem „Schlaf des Vergessens" entrissen wird. Dieser Erweckungsruf führt den mit Pneuma begabten Menschen zur Erkenntnis seines wahren Wesens, seines göttlichen Selbst und vermittelt ihm das Wissen um die Möglichkeit seiner Befreiung aus der bösen Welt und vom materiellen Leib. Wenn er diesen erlösenden Ruf eines geistigen Wesens von oben, eines Erlösers, hört und aufwacht, ist er im Grunde schon erlöst und darf in seine himmlische Heimat zurückkehren, aufsteigen. Auf diese Weise wird das im Menschen befindliche Pneuma mit dem himmlischen Pneuma wieder vereint. Die verhängnisvolle Spaltung ist überwunden, die Trennung aufgehoben, das Getrennte vereint. Der Mythos erzählte davon auf bewegende Weise (→I. 4).

Das ist das Kerngerüst der spätantiken gnostischen Heilslehre, die nicht bloß Wissen und Erkenntnis im üblichen Sinne vermittelt, sondern die erlösende Erkenntnis des himmlischen Ursprungs und das (geheime) Wissen um den Heilsweg. Das alles ist weniger die Frucht eigener Anstrengung als vielmehr ein Geschenk von oben, wenn auch die Verwirklichung der göttlichen Anlagen den potentiell Erlösten fordert und die Ethik von Belang ist. Aber es ist letztlich geschenkte Selbsterkenntnis und die dadurch wiedererlangte Identität mit dem himmlischen Licht und Pneuma ein mystischer Vorgang!

Die Gnosis hat mit der Mystik vieles gemeinsam: die Vorstellung vom inneren Licht, vom Seelenfunken, der befreit werden muss; die Sehnsucht nach der Vereinigung mit dem göttlichen Urgrund; den Heilsweg über die Innerlichkeit, die esoterische Wissensvermittlung, Schau und Erleuchtung; den Abstand zur Welt und Geschichte; ein exklusives Überlegenheitsgefühl und das Gefühl der Freiheit, auch von Schuld und Verantwortung (→I. 6.1).

Die Befreiung des Selbst in der Gnosis ist also keine Selbstbefreiung, die der geistige, der pneumatische Mensch aus sich selbst heraus vollbringt, sondern Erweckung, Erleuchtung und Erlösung – und zwar von oben, durch die Mächte und Kräfte der Lichtwelt mit Hilfe ihrer Boten und Medien.

Im XIII. Traktat des Corpus Hermeticum wird betont, dass die Wiedergeburt nicht gelehrt, sondern nur im mystischen Schweigen erlebt werden kann. In diesem Sinne heißt es im „geheimen Lobgesang" dieses Traktates, das gnostische Vorstellungen mit Mysterienglauben verbindet:

„Heilige Gnosis,
Erleuchtet durch dich!
Durch dich darf ich preisen
Das noetische Licht
(d. h. das spirituell wahrnehmbare Licht).

Das All
Das in uns ist,
Errette es,
Leben,
Erleuchte es,
Licht, Pneuma, Gott."

(XIII, 18f.)

Wie sich der Gnostiker das Erlösungsgeschehen und den Heilsweg im Einzelnen vorstellt, was er dabei an vorgeprägten Vorstellungen und Begriffen aufnimmt, wird uns noch beschäftigen (→I, 4). Im Folgenden geht es zunächst um verwandte Denkstrukturen und Erlösungskonzeptionen in anderen Religionen und Philosophien, um auch den weiten Horizont abzustecken, der über die Spätantike hinaus zum Verstehen der Gnosis beitragen kann.

1.7 Gnosis und Identitätsmystik

Vorstellungen von Entweltlichung und der Identifizierung des Menschen mit dem göttlichen Urgrund bzw. mit dem Seins-Grund kennt man auch aus anderen Kulturkreisen.

Eine derartige Heilskonzeption begegnet z.B. in der Identitätsmystik der Upanishaden. In Schriften dieser indischen Erlösungslehre wird die Vielfalt der Erscheinungswelt als leidvoll beschrieben. Die Welt ist Blendwerk (maya), gekennzeichnet durch die verhängnisvolle Spaltung von Subjekt und Objekt. In Wahrheit aber gibt es – im Bereich des Geistes – keine Zweiheit. Atman und Brahman sind eins, d.h. das individuelle Selbst ist identisch mit dem universalen Selbst, der „Seelengrund" ist eins mit dem „Weltgrund".

„Dieser mein Atman im Innersten des Herzens
ist kleiner als ein Reiskorn oder Gerstenkorn oder Senfkorn
oder Hirsckorn oder als eines Hirsekorns Kern.
Und dieser mein Atman im Innersten des Herzens
ist größer als die Erde, größer als der Luftraum,
größer als der Himmel, größer als diese Welten."

„Der Allwirkende, Allwünschende, Allriechende,
Allschmeckende,
das All Umfassende, Schweigende, Unbekümmerte,
dieser ist mein Atman im Innersten des Herzens,

er ist das Brahman. Zu ihm werde ich eingehen,
wenn ich von hier geschieden bin."

(Chandogya-Upanishad 3, 14; aus: Weisheit des alten Indien, hg. J. Mehlig, Bd. 1, Leipzig/Weimar, 1987, S. 229f.)

Diese Identität ist durch die Überwindung von Unwissenheit, also durch Erkenntnis (Gnosis) und durch die Lösung von allen Bindungen an die Welt der irreführenden Vielheit zu erlangen; allerdings nicht durch bloßes Nachdenken, sondern durch inneres Erleben, durch intuitive Schau, also auf mystischem Wege. Das dafür nötige Wissen wird dem noch Unwissenden und Unerlösten durch einen schon Wissenden und Erlösten als Geheimnis mitgeteilt. Wie die spätantike Gnosis ist auch diese weltentsagende mystische Upanishadlehre vom Pessimismus geprägt.

Auch in einer anderen indischen Erlösungslehre geht es um die Erkenntnis der radikalen Geschiedenheit von Materie und Seele bzw. Geist (prakriti und purusha). In der Samkhya-Lehre soll die ewige individuelle Seele aus der leidvollen Umklammerung durch die materielle Welt vermittelst „Unterscheidungsschau" erlöst werden. Der praktische Weg dieser Religionsphilosophie ist Yoga, wodurch die vollkommene Isolierung und Befreiung des Geistes von der Materie erreicht werden soll. Auch die Samkhya-Philosophie ist pessimistisch gestimmt; auch sie geht davon aus, dass das Leiden nicht durch rationales Denken aufgehoben werden kann, sondern allein auf religiösem Wege – durch das erlösende Wissen um die Ewigkeit der Seele und ihre Befreiung aus dem Kreislauf ständiger Wiederverkörperung und durch das mystische Erleben eben dieser Befreiung des Geistes von der Materie.

Die Heilswege von Upanishadmystik, Samkhya-Philosophie, Yoga und Buddhismus liegen – bei allen Unterschieden – letztlich auf derselben Linie: Es ist der Erlösungsweg der Erkenntnis und des Wissens (Sanskrit: Jnana-Marga), wie ihn auch die spätantike Gnosis lehrt und praktiziert. Buddha hat zwar die Existenz eines Selbst (atman) abgelehnt und die Behauptung vom Nicht-Selbst (an-atman, an-atta) dagegengestellt, geht aber mit seiner Grundvorstellung, dass die Welt Leiden ist und das Leiden auf geistig-meditativem Wege überwunden werden kann, ebenfalls von einer negativen Welterfahrung und Weltbewertung aus. Weltüberwindung ist nach Buddha durch Erkenntnis und Analyse der Strukturen und kausalen Zusammenhänge von Welt und Mensch möglich – mit dem Ziel des Verlöschens von Lebensdurst und Verblendung. Das aber geschieht durch mystisches Aufgehen im Nirvana.

Solche auf Wissen und Erkenntnis angelegte Heilslehren und Vorstellungen vom „Selbst" weisen parallele Strukturen mit der spätantiken Gnosis auf. Das trifft auch und besonders auf philosophische und religiöse Strömungen der griechischen Antike wie Platonismus und Orphik zu. Was von diesen antiken Vorstellungen direkt zur Gnosis hinführt und als prägnostisch eingestuft werden kann, ist im Rahmen der „gnostischen Bauelemente" (→I. 7.1) zu prüfen.

Wenn hier indische Formen der Identitätsmystik und des zur Erlösung führenden Erkenntnisweges herangezogen werden, so deshalb, weil diese heute auf vielfältige Weise im abendländischen Raum wirken und zeugen, wie ähnlich und doch verschieden gnostisches und gnostizierendes Denken auftreten kann, ohne dass solche Erscheinungsformen voneinander abhängig und miteinander verschränkt sein müssen. „Gnosis" ist nicht an einen Ort gebunden und nicht nur an einem Ort entstanden! Das gilt sowohl für die Gnosis ganz allgemein als auch speziell für die spätantike Gnosis, jene Ausprägung gnostischen Denkens, mit dem es das frühe Christentum und seine Theologen zu tun hatten. Natürlich hat jede Ausprägung auch ihre Vorgeschichte und Wirkungsgeschichte, wo sich wirkliche und nicht bloß vermeintliche Abhängigkeiten feststellen und nachweisen lassen.

1.8 Gnosis als geistige Befreiung

Befragt man die vorgeführten religionsphilosophischen Ansätze auf ihre Beziehungen zur jeweiligen geschichtlichen und gesellschaftlichen Situation, erweisen sich viele von ihnen als systemkritisch. Das trifft für den frühen Buddhismus als antibrahmanische Reformbewegung (gegen die Praxis der Tieropfer, die doppelte Moral usw.) ebenso zu wie für die spätantike Gnosis, die deshalb häufig als Protestbewegung oder Protestreligion (→1,4) bezeichnet wird. Das gilt für einzelne Vertreter ebenso wie für ganze Gruppen, und das bezieht sich nicht nur auf die Entstehungssituation der Gnosis, sondern auch auf die Haltung der so genannten christlichen Gnostiker gegenüber der Großkirche (→II, 7.6), d.h. dem aus ursprünglich selbstständigen Gemeinden entstandenen zentralen Kirchengebilde („katholische Kirche"). Systemkritik findet sich aber auch in der islamischen Mystik, dem Sufismus – gegenüber der etablierten Kalifenherrschaft – und natürlich bei den alternativen religiösen Bewegungen im Mittelalter und in der Gegenwart.

In allen diesen Protesthaltungen und -bewegungen geht es um den Vorwurf an die andere Seite, sich zu sehr mit der „Welt" eingelassen und sich in ihr eingerichtet zu haben, die materielle Welt zu genießen, den finsteren Mächten und der Macht zu erliegen, das Böse nicht zu meiden. Im Gegensatz dazu wollen sich die Gnostiker von der „bösen" Welt abwenden, alles Weltliche loslassen, um sich den heilbringenden letzten Dingen zuzuwenden. Psychologisch handelt es sich dabei um die Kompensation von Unheilerfahrungen und Frustrationen in der „Welt" (→1.4) durch eine intensive, weltflüchtige Frömmigkeit. Solche Versuche, die „Trostlosigkeit" dieser Welt zu überwinden und sich jenseits von ihr – in der religiösen Innerlichkeit – anzusiedeln, haben in der Religions- und Kirchengeschichte in vielgestaltiger Weise stattgefunden. Dazu gehören auch Gnosis und Neu-Gnosis.

Gnostische Ideen haben sich früher wie heute deshalb so rasch verbreitet, weil sich zu bestimmten Zeiten besonders viele Menschen in Krisensituationen befinden. Über die Ursachen lässt sich zusammenfassend so viel sagen: Potentielle Anhänger gnostischen Denkens sind „Aussteiger" aus einer für sie inakzeptablen, unerträglichen Gesellschaft oder Gemeinschaft, es sind Alternative und von den herrschenden politischen bzw. religiösen Verhältnissen Enttäuschte und Ausgeschlossene; Menschen, die das Gefühl haben, dass ihnen diese Welt fremd geworden ist und nichts mehr geben kann, solche auch, die der Politik, Kultur und Moral ihrer Zeit überdrüssig sind und unter deren Verfall leiden, in Sonderheit Intellektuelle; schließlich religiöse Kreise, die zum Esoterischen und Elitären neigen und der Faszination der Gnosis erliegen. Ihnen allen kann eine etablierte, angepasste, allzu „weltliche" Religion oder Philosophie nichts (mehr) geben. Sie suchen nach religiösen oder philosophischen Angeboten, von denen sie sich eine befriedigende Erklärung dieser Welt, die Bewältigung ihrer Krisen, Selbstfindung und (neue) Identität und nicht zuletzt seelischen Halt versprechen.

So nimmt es nicht wunder, dass die (spätantike) Gnosis von ihren Anhängern als geistige Befreiung erlebt wird. Sie ist eine geistige, aber keine gesellschaftliche „Revolution". Sie führte nicht zu einem gesellschaftlichen Wandel, den sie auch gar nicht anstrebte, sondern im Gegenteil zur Desintegration einer Gruppe von Menschen. Sie diente also nicht – wie sonst in der Regel Religion – der gesellschaftlichen Integration. Ob dieser desintegrierende Faktor der Gnosis auch bei ihrer weiteren Entwicklung eine Rolle spielt, ist in Kapitel II und III mit zu bedenken.

2. *Die Quellenlage*

2.1 Gnostische Originalquellen

Der Bestand an gnostischen Originalquellen aus spätantiker bzw. frühchristlicher Zeit hat sich in den letzten hundert Jahren ständig vergrößert, vor allem seit 1945/46 in der Nähe der oberägyptischen Stadt Nag Hammadi, bei dem antiken Chenoboskion, eine ganze Bibliothek von 13 Kodizes mit 52 koptischen Handschriften gefunden wurde (der einzelne Nag-Hammadi-Kodex, lat. Codex, wird im Folgenden NHC abgekürzt, →Lit.-Verz.). Die Schriften stammen aus der ersten Hälfte des 4. Jahrhunderts; die Entstehung einzelner Texte reicht bis in das zweite Jahrhundert zurück. Diese Bibliothek enthält vorwiegend gnostische bzw. christlich-gnostische Texte, von denen vor allem die Evangelien nach Thomas und Philippus über die Fachwelt hinaus bekannt wurden. Von besonderer Bedeutung sind jene Nag-Hammadi-Schriften, die sich mit der Christologie, Sakramentslehre und Gemeindeordnung des frühen Christentums auseinander setzen und gegen die Großkirche polemisieren, wie die Apokalypse des Petrus, das Testimonium Veritatis und der Zweite Logos des großen Seth. In der Bibliothek von Nag Hammadi finden sich aber auch zahlreiche nichtchristlich-gnostische Texte und solche, die nur wenige christliche Elemente aufgenommen haben oder erst nachträglich verchristlicht worden sind. Eine besondere Überraschung war, dass der Fund auch drei hermetische Schriften enthält, darunter den bisher nicht bekannten Traktat „Über die Achtheit und Neunheit" (NHC VI, 6).

Alle diese Texte haben erheblich dazu beigetragen, das Verhältnis zwischen Christentum und Gnosis in ihrer Frühzeit und die Beziehungen zwischen Gnosis und Kirche genauer und aus erster Hand kennen zu lernen. Der christlich-kirchlichen Sicht steht nunmehr die gnostisch-christliche Sicht als Korrektiv gegenüber.

Schon vor dem sensationellen Fund von Nag Hammadi waren gnostische Handschriften in koptischer Sprache bekannt, darunter der Papyrus Berolinensis mit dem Evangelium nach Maria, der Sophia Jesu Christi und dem Apokryphon des Johannes. Weitere bekannte koptisch-gnostische Schriften sind die Pistis Sophia (Codex Askewianus) und die beiden Bücher des Jeu (Codex Brucianus), alle aus dem 3. Jahrhundert. Paralleltexte zur Sophia Jesu Christi und zum Apokryphon des Johannes finden sich unter den Nag-Hammadi-Schriften, was für die Textforschung von besonderer Bedeutung ist. Die meisten koptischen Schriften sind Übersetzungen aus dem Griechischen, so auch das Apokryphon des Johannes, das schon Irenäus um 180 n. Chr. kannte.

Schon länger bekannt sind nichtchristliche Texte mit gnostischen Vorstellungen aus dem Corpus Hermeticum in griechischer Sprache (2./3. Jh. n. Chr.), wozu vor allem der so genannte Poimandres (Corpus Hermeticum I) und der 13. Traktat (Über die Wiedergeburt), aber auch der 4. Traktat (Der Mischkrug) zu rechnen sind. Wie der Handschriftenfund von Nag Hammadi zeigt, waren hermetische Texte bei den Gnostikern im Umlauf und beliebt. Zu den hermetischen Schriften („Hermetica") gehören religiöse und philosophische Texte aus griechisch-hellenistischer und ägyptischer Tradition, die unter dem Namen des Gottes Hermes Trismegistos zusammengefasst wurden. In Nag-Hammadi-Kodex VI (NHC VI) findet sich außer dem schon erwähnten Traktat „Über die Achtheit und Neunheit" (De Ogdoade et Enneade) (VI, 6) auch das in mehreren Sprachen (griechisch, lateinisch, koptisch) und Fassungen bekannte „Gebet" (VI, 7) und ein Teil des vorher nur in lateinischer Sprache erhaltenen „Asclepius" (Kap. 21–29). Dessen ursprünglicher Titel im griechischen Original lautete „Logos teleios" (Vollkommene Lehre). Auch hier erweisen sich die verschiedenen Fassungen als sehr wichtig für die Textgeschichte.

In syrischer Sprache erhalten sind die Oden Salomos aus dem 2. Jahrhundert. Gnostische Vorstellungen finden sich auch in manchen apokryphen „Apostelgeschichten", darunter in den

Johannesakten und in den Thomasakten (mit dem „Perlenlied").

Die Ordnung der Quellentexte kann nach verschiedenen Gesichtspunkten erfolgen: 1. nach literarischen Gattungen wie Offenbarungsreden, Lehrschriften, Abhandlungen, Spruchsammlungen, Exzerpten, Erzählungen, Apokalypsen, Exegesen, Homilien, Florilegien, Gebeten und Briefen. Besonders beliebt ist bei den gnostischen Autoren der Dialog als literarisches Genus; 2. nach gnostischen Schulen wie Valentinianer, Sethianer, Simonianer usw.; 3. nach den Kategorien: nicht christlich, verchristlicht, christlich-gnostisch (christliche Gnosis bzw. gnostisches Christentum).

Einen Bereich für sich stellen die mandäischen Texte dar, zu denen vor allem „Ginza" (Der Schatz), „das große Buch" mit dem Rechten und dem Linken Ginza sowie das „Johannesbuch" als Zeugnisse der mandäischen Gnosis gehören, des Weiteren die „Mandäischen Liturgien" mit Gebeten und Ritualtexten und die mit vielen Zeichnungen versehenen Schriftrollen „Diwane" mit mythologischen Schilderungen. Weitere Originalquellen zeugen von dem reichen Schrifttum dieser in Resten noch existierenden gnostischen Gemeinschaft (→Lit.-Verz.).

Den krönenden Abschluss der spätantiken Gnosis bildet der Manichäismus, der eine reichhaltige Literatur hinterließ. Lange Zeit war man allerdings auf die Schriften der Ketzerbestreiter angewiesen, z.B. auf „Contra Manichaeos" von Alexander von Lykopolis (um 300), die „Acta Archelai" des Bischofs Hegemonius aus Mesopotamien (4. Jh.), das „Panarion haeresium" (Arzneikästchen) gegen die Irrlehren des Epiphanius von Salamis (4. Jh.) und auf Augustins (354–430) gründliche Auseinandersetzung mit dem Manichäismus, dem er angehörte, bevor er Christ wurde. Unter den vielen Theologen, die sich mit dem Manichäismus befassten, sind auch Ephraem der Syrer (4. Jh.) und Theodor bar Konai (8. Jh.), zudem islamische Autoren wie Abu Isa al-Warraq (9. Jh.) und al-Biruni (10./11.

Jh.). Bei ihnen finden sich auch Originaltexte aus den Schriften Manis und des Manichäismus.

Aber erst das 20. Jahrhundert bescherte der Forschung zahlreiche Originalquellen aus Zentralasien (u. a. Turfantexte) und Ägypten (Medinet Madi im Fajum) in uigurischer, sogdischer, parthischer, mittelpersischer und koptischer Sprache, unter letzteren die Kephalaia (= Hauptstücke; Lehrreden Manis), die manichäischen Homilien und ein Psalmenbuch. So verfügt man heute über viele manichäische Quellen theologischen, mythologischen und historischen, hymnischen und katechetischen Charakters. Ein besonderer Glücksfall war die Auffindung des griechischen Kölner Mani-Kodex (in den sechziger Jahren des 20. Jh.), der biografisches Material über Mani enthält.

Je weiter sich die Gnosis entwickelt und verbreitet hat, desto günstiger ist die Quellenlage. Zeugnisse aus den Anfängen der Gnosis sind rar. Aus dem ersten nachchristlichen Jahrhundert gibt es nur wenige Texte, während die Quellensituation im 2. Jahrhundert schon besser ist. Ob es eine „vorchristliche Gnosis" gab, ist umstritten, obwohl die Wurzeln der Gnosis sicherlich in vorchristliche Zeit zurückreichen.

2.2 Die Gnosis bei den Theologen der Alten Kirche

Bevor gnostische Quellen in größerer Zahl zur Verfügung standen, war man für Informationen über die Gnosis weitgehend auf Berichte der „Kirchenväter" angewiesen, die sich mit den Lehren der Gnostiker auseinander setzten. Zu nennen sind vor allem die so genannten Ketzerbestreiter (Häresiologen) Irenäus und Hippolyt, sodann Tertullian, Klemens von Alexandrien und Origenes (2./3. Jh.), Epiphanius und Augustin (4./5. Jh.). Sie alle beschreiben gnostische Lehren, Richtungen und Schulen, die sie theologisch bekämpfen, von denen sie aber auch Gedankengut aufnehmen (→Lit.-Verz.: Bibliothek der Kirchenväter).

Lange Zeit war man der Meinung, dass diese Darstellungen aus apologetischen Gründen stark verzerrt und damit unzuverlässig sind. Bei Vergleichen mit den neu gefundenen Originalquellen hat man jedoch festgestellt, dass dieses Urteil sehr zu differenzieren und teilweise auch zu revidieren ist. Das gilt vornehmlich für Irenäus, dessen Werk „Adversus haereses" (Gegen die Häresien) für die Kenntnis der frühen Gnosis besonders wichtig ist. Es ist die lateinische Version der um 180 in griechischer Sprache verfassten „Entlarvung und Widerlegung der angeblichen Gnosis", die nur fragmentarisch bei Hippolyt, Euseb und Epiphanius erhalten ist. Die Arbeitsweise des Irenäus entspricht dabei durchaus heutigen wissenschaftlichen Vorstellungen, wenn er zuerst die Lehren seiner gnostischen Gegner aufgrund seiner guten Quellenkenntnis sorgfältig referiert, bevor er sie aus kirchlich-theologischer Sicht kritisiert und zu widerlegen sucht.

Das gilt allerdings nicht für alle Kirchenschriftsteller in gleichem Maße. Es muss jeweils geprüft werden, welche Gesamtintention ein Autor hat und welche Interessen er vertritt, wie objektiv er in diesem Rahmen urteilt und wie zuverlässig seine Angaben sind. Alle diese Berichte sind aber bis heute unentbehrlich, wenn man den Versuch unternimmt, eine Geschichte der spätantiken-frühchristlichen Gnosis zu schreiben und die zahlreichen Richtungen und Lehren zu ordnen.

Von den anderen „Häresiologen" sind noch folgende hervorzuheben: Ein Schüler des Irenäus war Hippolyt, der sich in seiner „Widerlegung aller Häresien" u.a. mit 33 gnostischen Häresien befasst (Buch 5–9), die er auf das „Heidentum" (Philosophie, Astrologie, Mysterienreligionen) zurückführt und aus deren Quellen er reichlich zitiert. Auch Tertullian verfasste antihäretische Werke, darunter „Adversus Marcionem" (Gegen Marcion, 5 Bücher aus dem Jahre 207), „Adversus Valentinianos" und „De praescriptione haereticorum" (Von der Prozesseinrede der Häretiker, um 200). Von Klemens von Alexandrien stammen die 8 Bücher „Stromateis" (Teppiche), in denen er die wahre, kirchliche Gnosis (!) von der „fälschlichen" Gnosis (z.B. der Valentinianer) unterscheidet und damit bereits neue Wege beschreitet. Klemens bereicherte auch die Exzerpt-Literatur durch die „Excerpta ex Theodoto“ mit Auszügen aus den Schriften des Theodotus, des Ptolemäus und anderer Valentinianer. Origenes schrieb acht apologetische Bücher „Contra Celsum“, in denen er auf gnostische Lehren eingeht. In einer späteren Zeit und Situation schrieb Augustin „Contra Faustum“ und „De moribus Manichaeorum“ (Über die Ethik der Manichäer), worin er sich mit dem Manichäismus auseinander setzt.

Zum Verständnis der Gnosis aus dem Geist der Spätantike tragen nicht zuletzt die Werke und Ideen der klassischen und zeitgenössischen Religionsphilosophen bei, vor allem Platon und Plotin (Enneaden), Philo und Porphyrius.

3. *Die Grundpfeiler der Gnosis*

3.1 Der Antikosmismus

Negative Erfahrungen in und mit dieser Welt, Identitätsverlust oder die Suche nach einer alternativen Denk- und Lebensweise (→1.4 und 1.8) haben jene Menschen, die uns als Gnostiker be gegnen, zu einer weltablehnenden Grundhaltung geführt, für die Hans Jonas die treffende Bezeichnung Akosmismus bzw. Antikosmismus geprägt hat.

> Es ist die „Welt der Finsternis, die ganz von Schlechtigkeit voll ist. Sie ist ganz
> voll von Schlechtigkeit, voll verzehrenden Feuers.“ Es ist die „Welt, die voll Lug
> und Trug ist, die mit Disteln und Dornen besät ist“, eine „Welt des Wirrsals und
> des Trubels ohne Festigkeit, … der Finsternis ohne Licht, … des Gestanks ohne
> Wohlduft, … der Verfolgung und des Todes ohne Leben in Ewigkeit, …“
>
> *(Rechter Ginza, 1. Buch, 80, Lidzbarski, S. 14)*

3.2 Die Dualismen

Der Antikosmismus äußert sich in verschiedenen Dualismen, d. h. gegensätzlichen Prinzipien und Kräften: Zum Ersten in einem kosmologischen Dualismus, einer strengen Trennung von Licht und Finsternis (die im Manichäismus von Anfang an da ist, →III, 3, in der syrisch-ägyptischen Gnosis aber erst durch Emanation und „Fall" in der göttlichen Sphäre entsteht). Dem entspricht zum anderen ein strenger Dualismus zwischen einer akosmischen, geistigen, guten Gottheit auf der einen Seite und dem niederen Weltschöpfer (Demiurg) mit seinen Archonten, dem Kosmos, der Welt und Materie auf der anderen Seite. Der antikosmischen Grundhaltung entspricht drittens ein Dualismus von Geist-Selbst und materiellem Körper. Ersterer gehört als „Lichtfunke" zur akosmischen Lichtsphäre, letzterer zur Finsterniswelt. Im Laufe der Entwicklung gnostischer Systeme wurde diese Dichotomie (Zweiteilung) von Geist (oder Seele) und Leib zur Trichotomie (Dreiteilung) von Geist – Seele – Leib/Fleisch (griechisch: Pneuma – Psyche – Soma/Sarx) erweitert.

3.3 Pneuma und Psyche / Geist und Seele – und die Spaltung der göttlichen Potenz

Bei den gnostischen Texten ist besonders zu beachten, dass der Begriff „Psyche" (Seele) in unterschiedlicher Bedeutung vorkommt. „Psyche" wird sowohl im Sinne von „Pneuma" (Geist) gebraucht, das der göttlichen Sphäre und Lichtwelt zugehört und von dort in die untere, materielle Welt gelangt, als auch in der Bedeutung der unteren, eingeschlossenen Seele, die bei ihrem „Fall" von den Gestirnen mit negativen Eigenschaften versehen und belastet worden ist. Hans Jonas hat daher die Begriffe „überkosmische" und „kosmische" Psyche/Seele gewählt, um diesen Doppelcharakter von Psyche auszudrücken. Das weist zugleich auf die Spaltung der göttlichen, geistigen Potenz (Psyche, Pneuma, Selbst) hin, die als weitere fundamentale Vorstellung der Gnosis festzuhalten ist. Auf ihr beruht der soteriologische Ansatz der Gnosis: Das Licht/der Geist wurde vorzeiten gespalten und ist nun auseinander gerissen, getrennt, zerstreut – und befindet sich sowohl in der Licht- als auch in der Finsterniswelt. Darin liegt die Tragik der Lichtwelt, aber auch das ganze Elend der Menschen-Welt.

3.4 Das Erlösungskonzept

Der von den Gnostikern gewählte Erlösungsweg aus dem Dilemma dieser Welt besteht in der Erkenntnis des eigenen göttlichen „Selbst". Sie muss von außen kommen und führt zum „Aufstieg" in die Lichtwelt, wodurch die getrennten Teile wieder vereinigt werden (→1.6).

Dazu heißt es im Evangelium Veritatis:

> „Folglich ist einer, wenn er Gnosis hat, ein Wesen von oben. Wenn man ihn ruft, hört er (und) antwortet er. Er wendet sich zu dem, der ihn ruft, und er geht hinauf zu ihm ... Wer solcherart Gnosis erlangt, weiß woher er gekommen ist und wohin er geht. Er weiß, (es) wie einer, der betrunken war und sich von seiner Trunkenheit abwandte, der sich zu sich selbst wandte und das Seine in Ordnung brachte."
>
> *(NHC I, 3 p. 22, 2–20)*

3.5 Ein gnostischer Fragespiegel

Erkenntnis und Wissen, Gnosis also, führen zur Befreiung des „Selbst" aus Finsterniswelt und körperlichem Gefängnis. Es geht um die Erkenntnis der eigenen Herkunft, Bestimmung und tatsächlichen, existentiellen Befindlichkeit; mithin um die Erkenntnis

> „Wer wir waren, was wir wurden; wo wir waren,
> wohinein wir geworfen wurden;

wohin wir eilen, woraus wir erlöst werden;
was Geburt ist, was Wiedergeburt".

(Klemens von Alexandrien, Excerpta ex Theodoto 78,2)

Dass der mit Geist (Pneuma) begabte Mensch nicht von dieser Welt ist und in dieser Welt – außer sich selbst – nichts zu suchen hat, wird ihm vom Erlöser gesagt und ist der Schlüssel für seine Erlösung und Rückkehr aus der Fremde in die Heimat:

„Du warst nicht von hier und deine Wurzel war nicht von der Welt ...
Du verehre und preise den Ort, aus dem du gekommen bist."

(Rechter Ginza, 15. Buch, Lidzbarski, S. 379)

Die für die Gnosis typische Weltsicht hat sich auf alle Denk- und Lebensbereiche nachhaltig ausgewirkt – sowohl auf die Anthropologie, Theologie und Erlösungskonzeption als auch auf die gnostische Geschichtsauffassung, Daseinshaltung und Ethik. Dabei ergeben sich vor allem vier grundsätzliche Fragen, auf die von den Gnostikern je nach ihrer Tradition und Richtung geantwortet wird:

Erstens: Wie ist es zur gegenwärtigen Lage der Welt und des Menschen gekommen?

Zweitens: Wer oder was hat Schuld daran?

Drittens: Wie kann man aus dieser Lage befreit werden?

Viertens: Wie soll man sich in dieser Welt verhalten?

Auf diese Fragen wird in gnostischen Darlegungen über die Entstehung der Welt und des Menschen, die Herkunft des Bösen, die Möglichkeiten und Voraussetzungen der Erlösung des Menschen und die entsprechenden ethischen Konsequenzen eingegangen. Da es im Rahmen dieser Publikation nicht möglich ist zu zeigen, auf wie unterschiedliche Weise Gnostiker die sie bewegenden Fragen und Anliegen zum Ausdruck bringen, sollen die Kerngedanken der mythologischen Gnosis in einem Abstraktionsmodell vorgestellt werden.

4. *Grundzüge der mythologischen Gnosis – ein Modell*

4.1 Die Probleme eines Abstraktionsmodells

Ein Modell ist eine gedankliche Abstraktion und Konstruktion, ein Muster, auf das Wesentliche reduziert. Auch das im Folgenden vorgestellte Gnosismodell ist eine Konstruktion, die wesentliche Züge und Vorstellungen aus verschiedenen gnostischen Richtungen und Systemen zusammenfasst, um ein Gesamtbild von Gnosis entwerfen zu können. Dieser Idealtypus soll allein zum leichteren Verstehen des Gesamtphänomens „spätantike Gnosis" und als Orientierung dienen. Es kann vorkommen, dass sich in manchen gnostischen Schriften die meisten Vorstellungen unseres Modells wiederfinden, in anderen dagegen nur wenige. Jeder Text ist ein „Individuum" mit eigenen Zügen, die nur bedingt und annähernd dem Idealtyp entsprechen!

Die gnostischen Mythen sind vielfach Kunstmythen, mit denen die Gnostiker, sofern sie sich der Mythologie bedienten, ihr Daseinsverständnis und ihre Weltdeutung zum Ausdruck bringen wollen. Das geschieht in einer beachtlichen Vielfalt (→7.2), wovon das Abstraktionsmodell nur die gemeinsamen Grundzüge herausstellt. Wo nötig, erfolgt ein Hinweis auf wesentliche Unterschiede der Systeme.

Die Textbeispiele sind als Illustration gedacht – unbeschadet der Tatsache, dass sie jeweils einem ganz bestimmten System angehören. Wer tiefer in die gnostischen Systeme eindringen will, dem sei die Lektüre der literarischen Zeugnisse empfohlen (→Lit.-Verz.: gnostische Quellen in Übersetzung. – Eine Beschreibung der gnostischen Systeme nach den Quellen findet sich in dem Standardwerk von Kurt Rudolph, Die Gnosis).

4.2 Licht und Leben. Gott und Geist

Im kanonischen Gebetbuch der Mandäer „Qolasta" (= Preisung) heißt es:

„Gepriesen sei das Erste Leben
und gepriesen sei das Wort des Ersten Lebens.
Gepriesen sei jener Glanz, das Licht und die Herrlichkeit.
Gepriesen sei jenes Licht, für das keine Grenze und für das kein Ende entstand und von dem nicht bekannt wurde, wann es entstand."

(ML, Qol 45, Übers. Kurt Rudolph, in: Die Gnosis, Bd. 2, S. 212)

Das höchste, oberste Wesen hat in den gnostischen Quellen viele Namen: Erstes Leben, Lichtkönig, Urvater und Vorvater, Vater des Alls, Erster Mensch. Dieser ferne, jenseitige, unbekannte, transmundane Gott ist Leben und Licht zugleich: „Licht und Leben sind der Gott und Vater ..." (Corp. Herm. I/21). Er ist von zahlreichen Lichtwesen umgeben, die aus ihm hervorgehen und das Pleroma, „die Fülle" der Lichtwelt, ausmachen. In den Thomaspsalmen des koptischen Psalmbuches der Mandäer liest man dazu:

„Mein Vater, das freudvolle Licht,
das freudvolle, das geehrte Licht.
Er berief die Äonen des Lichts,
er bestimmte sie zur Freude seiner Größe."

(Psalm 1, R. Haardt, Die Gnosis, S. 238)

Im valentinianischen System (→5.1) sind es die Achtheit (Ogdoas), Zehnheit und Zwölfheit, insgesamt 30 Äonen, die aus dem Urvater (Bythos) und seiner Paargenossin (Ennoia) paarweise hervorgehen, und zwar in absteigender Linie (Emanation). Sie alle füllen das Pleroma. Die unterste Gestalt ist die Sophia, die bei dem Versuch, den Bythos ganz zu erkennen und zu erfassen – was nur seinem Sohn Nous zukommt –, in große Erregung gerät und damit das ganze Pleroma verwirrt. Diese Erregung, sozusagen ihre Fehlgeburt, wird von ihr abgetrennt und als Sophia Achamoth aus dem Pleroma in den „Ort der Mitte" verbannt. Ihre Kinder sind jene Geistwesen (Pneumata), die durch den niederen Schöpfergott, den Demiurgen, in Menschen gelangen, die dadurch zu Geistmenschen (Pneumatikern) werden.

4.3 Finsternis und Fall

Dem Licht „gegenüber" ist Finsternis, hervorgegangen aus dem Chaos.

> „Die Finsternis existiert durch ihre eigene böse Natur, (ist) heulende Finsternis,
> öde Dunkelheit, und sie weiß weder das Erste noch das Letzte".
>
> *(Rechter Ginza, 12. Buch, Lidzbarski, S. 277)*

Was bei den Griechen einmal harmonischer Kosmos war, dessen Schönheit, Ordnung und Gesetze sie verehrten, ist nun zum Chaos degradiert worden, zur Welt der Finsternis. Sie umfasst alles, was Welt heißt: den ganzen Kosmos mit seinen Gestirnen, den Fixsternen und Planeten, die nunmehr zu den Mächten der Finsternis gehören und den Menschen tyrannisieren. (Im Manichäismus spielen Mond und Sonne eine positive Rolle →Kap. III, 3). Die Menschen fühlen sich der Heimarmene, der Macht des Schicksals, ausgeliefert. Heimarmene und Pronoia, Schicksal und Vorsehung, sind nunmehr getrennt. Die eine gehört zur Welt der Finsternis, die andere zum Lichtort. Zwischen beiden ist ein tiefer Graben. Was einmal zusammengehörte, ist gespalten. Gott hat mit dieser Welt nichts (mehr) zu tun. Er ist außerhalb von ihr – ihr Gegenprinzip.

Der gnostische Mythos erzählt in vielen Varianten, wie vorzeiten das Licht in die Finsternis geriet: entweder durch das Fehlverhalten eines himmlischen Wesens (vgl. 4.2: die Sophia) oder durch den Angriff der Finsternis auf das Licht (wie im Manichäismus). Er erzählt, wie die transkosmische Seele (Psyche), die Geistwesen (Pneumata) oder die Lichtfunken, Teile des Lichts also, in die Welt der Finsternis gelangt sind. Die Folge dieses „Falls" ist die Vermischung von Licht und Finsternis und die Gefangenschaft der Seele, des Geistes, der Lichtfunken in der Materie. Nach gnostischer Ansicht ist das die Katastrophe schlechthin, und alle Anstrengungen sind darauf gerichtet, dem entgegenzuwirken, die Lichtfunken wieder zu befreien, Licht und Finsternis zu „entmischen". Das bedeutet in der Konsequenz, die Geschichte der Menschheit, die so gesehen eine Geschichte der Vermischung von Licht und Finsternis, ein Dahinvegetieren unter dem Diktat der Finsternismächte ist, zurückzuspulen, so dass am Ende alles Licht wieder versammelt ist und alles außerhalb des Lichts ins Nichts zurückfällt. Das ist die Vision des Gnostikers, der aber vorerst mit den Realitäten dieser Welt fertig werden muss.

4.4 Die Entstehung der Welt (Kosmogonie). Sophia und Demiurg

Die Entstehung der Welt wird in den gnostischen Systemen vielfältig und ausführlich dargestellt, wobei vieles an jüdische Vorstellungen anklingt und Umpolungen auffallen (→7.1–3). Die gnostische Kosmogonie hat immer etwas mit einer Störung (einem Irrtum, einem Fehltritt, einer Leidenschaft, einer Provokation) (in) der Lichtwelt und mit der Vermischung von Licht und Finsternis zu tun. Es ist die Einwirkung eines negativen Faktors oder bösen Prinzips. In dem syrisch-ägyptischen Gnosistyp ist daran meistens ein weibliches Wesen beteiligt, häufig die Sophia (oder Pistis Sophia), die an oberster Stelle neben dem Urvater, dem obersten Gott steht. Sie möchte ohne ihren „Paargenossen" ein Werk vollbringen, was aber die Harmonie stört, sich als Fehltritt erweist, den „Fall" auslöst und die Erschaffung von Materie und Welt verursacht. Der weibliche Aspekt des höchstens Wesens kann je nach System auch andere Namen – wie Ennoia, Barbelo – haben. Diese Rolle der Sophia lässt an die jüdische Weisheitsliteratur denken, wo die Weisheit als Gehilfin Gottes bei der Schöpfung fungiert.

Der unmittelbare Hervorbringer der Welt ist der Demiurg

(Jaldabaoth), der in vielen gnostischen Systemen als der niedere, zum unwissenden, aber überheblichen Welterschaffer degradierte jüdische Schöpfergott auftritt. Er bildet sich ein, der Größte zu sein und über allem zu stehen:

> „Ich bin Gott, und es gibt keinen anderen außer mir." ... Eine Stimme aber kam aus der Sphäre der absoluten Macht und sprach: „Du irrst, Samael", das heißt der Gott der Blinden. Er sprach: „Wenn ein anderer vor mir existiert, möge er sich mir zeigen!"
>
> *(Das Wesen der Archonten NHC II, 4 p. 94, 21–28)*

Diese Selbstüberhebung des obersten Archonten und Demiurgen (Samael oder Saklas oder Jaldabaoth) wiederholt sich dreimal, dann wird er gefesselt und in die Tiefe gestoßen, während sein Sohn Sabaoth Buße tut und in den siebten Himmel erhoben wird. Die exklusiven Worte des Gottes der Bibel (Jes 45, 21; 46, 9) werden hier (und in anderen gnostischen Texten) dem Demiurgen in den Mund gelegt und noch verstärkt. Daran zeigt sich die Auflösung und fortschreitende Spaltung der ursprünglichen Einheit auch am Gottesbegriff. Die Parallelität dieses Zerfallsprozesses zeigt sich auch auf der ganzen Linie: Die Folge ist ein oberer und ein niederer Gott, eine obere und eine untere Sophia, eine überkosmische und eine kosmische Seele, Licht und Pneuma oben im Lichtort – Licht und Pneuma unten in der Finsternis.

Von den Funktionen der oberen und der unteren, gefallenen Sophia bei der Weltschöpfung handelt das valentinianische System (→I, 5). Dort entsteht durch den Fehltritt und die Fehlgeburt der Sophia die Sophia Achamoth, aus deren Leiden die materielle Substanz, aus deren Umkehr die seelische Substanz und aus deren Ehen mit den Engeln die geistige Substanz hervorgeht. Aus der seelischen Substanz schafft die Sophia Achamoth den Demiurgen, der aus Materie und dem Rest der seelischen Substanz die untere Welt schafft und zusammen mit den anderen Archonten (Planeten!) über den Kosmos herrscht.

Solche Kosmogonien finden sich in gnostischen Originalschriften wie der titellosen Schrift aus Nag-Hammadi-Kodex II, 5 (genannt „Vom Ursprung der Welt"), dem „Apokryphon des Johannes" (NHC III, 1; IV, 1 und im koptischen Papyrus Berolinensis), der Schrift „Das Wesen der Archonten" (NHC II, 4) und in mandäischen und manichäischen Texten.

Auch im Mandäismus (vgl. Kap. III, 2) sind Lichtwesen an der Entstehung der Welt beteiligt, indem sie sich mit der Finsternis einlassen. Das „Dritte Leben" und das „Vierte Leben", Abathur und Ptahil, bringen ohne Zustimmung des „Ersten Lebens" die irdische Welt (Tibil) hervor, wofür vor allem Ptahil als Demiurg verantwortlich ist. Behilflich sind ihm dabei die Finsternismächte, allen voran ihr oberster Herrscher Ruha, der sich seine Dämonensphäre mit den Gestirnen selbst schafft. Auch in diesem mythologischen System wird der Demiurg für sein Verhalten bestraft, durch einen Boten aus der Lichtwelt namens Manda dHaje (= Gnosis des Lebens!) gefesselt und aus der Lichtwelt ausgeschlossen.

Eine andere Stellung hat der Demiurg im Manichäismus (vgl. Kap. III, 3), wo die Vermischung von Licht und Finsternis durch den Angriff der Finsternis auf das Licht geschieht. Bei dem Kampf der beiden antagonistischen Prinzipien gerät der Erste Mensch oder Urmensch in die Gewalt der Finsternismächte (Archonten), denen er seine „fünf Söhne" (die Seele bzw. die Lichtelemente) überlässt, die die Archonten verschlingen. Der Urmensch wollte damit die Hyle (Materie) binden. Als der vom Lichtgott entsandte „Lebendige Geist" den Urmenschen befreit, bleiben die Lichtteile, bleibt seine „Seele" in den Archonten. Hier gelangen also die Lichtelemente/die Seele durch ein männliches (!) Wesen nach unten und in die Gewalt finsterer Mächte/der Materie. Deshalb schafft der Lebendige Geist aus den Leibern der Archonten den Kosmos, aus dem Licht ausgeläutert werden soll. Die Weltschöpfung im Manichäismus ist also eine Aktion zur Befreiung des Lichts aus der Finsternis.

Was auch immer zur Entstehung der Welt geführt hat, sie ist in jedem Falle der Gefängnisort des Lichts und das Herrschaftsgebiet der Finsternismächte, die eine Rückkehr des Lichts in die himmlische Heimat mit allen Mitteln verhindern wollen.

Die Frage ist nun, welche Rolle der Mensch in diesem kosmischen Drama spielt.

4.5 Der Mensch: seine Entstehung, sein Wesen, seine Lage

In dem zuletzt beschriebenen System des Manichäismus kommt es zur Schaffung des Menschen, da die Archonten durch Aktionen eines „Dritten Gesandten" viel Licht an die Tier- und Pflanzenwelt und die Dämonen verlieren und das restliche Licht festhalten wollen. Zu diesem Zweck schaffen sie die beiden ersten Menschen, einen Mann und eine Frau.

Nach valentinianischer Version schafft der Demiurg im Anschluss an die Weltschöpfung (s. o.) den Menschen, und zwar „aus der unsichtbaren Substanz" den irdischen (choischen) Menschen, in den er den seelischen (psychischen) Menschen einhauchte. Das Ganze umgibt er mit einem „fellartigen Gewand", dem fleischlichen (sarkischen) Leib. Bei diesem Schöpfungsprozess ist aber ohne Wissen des Demiurgen zusammen mit der Seele auch Geistiges (Pneumatisches) in den Menschen hineingekommen, da die Achamoth dem Demiurgen heimlich ein von ihr geborenes Geistwesen eingegeben hatte, ein Vorgang, der sich bei allen Neugeborenen (Pneumatikern!) wiederholt (zu den Einzelheiten s. die Skizze Kap. I, 5.1). Somit stammt die Seele vom Demiurgen, der Leib von der Erde, das Fleisch von der Materie, der Geist von der Achamoth (Irenäus, Adversus haereses I 5, 5–6).

Andere mythologische Systeme dieses Gnosistyps variieren die Erschaffung des Menschen. In der sethianischen Gnosis gelangt die himmlische Potenz auf ähnliche Weise in den Menschen. Im „Apokryphon des Johannes" (NHC II, 1 u. ö.) erblicken die Archonten das leuchtende Spiegelbild des Himmelsmenschen im Wasser des Chaos, wollen die Leuchtkraft des Bildes erhalten und bilden es mit ihrer Substanz nach. Aber diesem psychischen Adam fehlt der geistige Impuls; er bewegt sich nicht. Da wird der Demiurg von den Himmelsmächten dazu verleitet, das in ihm befindliche, von seiner Mutter Sophia stammende Licht Adam einzuhauchen. Dieser kann sich daraufhin zwar bewegen, aber die Archonten und der Demiurg versetzen ihn nach unten in die Welt, fesseln ihn an einen materiellen Körper und halten ihn in Unwissenheit.

So steht der Mensch im Mittelpunkt des ständigen Ringens der Mächte des Lichts und der Finsternis um das in der Materie eingeschlossene Licht (Pneuma). Die einen wollen es befreien und zurückführen, die anderen versuchen es mit allen Mitteln festzuhalten.

Der Mensch hat nach dieser zentralen gnostischen Vorstellung zwar Anteil am Licht und ist seinem eigentlichen Wesen nach geistig, aber er weiß es nicht. Die Finsternismächte haben über ihn den „Schlaf des Vergessens" gebracht. Solange er daraus nicht geweckt und über sein wahres Wesen nicht aufgeklärt wird, ist seine Lage in der Welt des Demiurgen, der widergöttlichen Kräfte und des Bösen, hoffnungslos.

4.6 Vom Schicksal der Seele

In gnostischen Texten begegnet die „Seele" in immer neuen Zusammenhängen und in unterschiedlicher Bedeutung und Bewertung, wovon schon die Rede war (→Kap. I, 3.3). Dieses Problem taucht in der trichotomischen Anthropologie, in der es um den pneumatischen, psychischen und materiellen Adam und dementsprechend um drei Menschenklassen geht, wieder auf. Im Rahmen der Mythologie erhält die himmlische Seele beim „Fall" negative Eigenschaften von den Finsternismächten (Planeten) und wird so zur kosmisch belasteten Psyche. Wo aus der Dichotomie (Zweiteilung in Geist oder Seele/Materie) eine Trichotomie (Geist, Seele, Materie) wurde, ist die Psyche in eine Zwischenstellung gekommen (vgl. den Brief des Jakobus, NHC I, 2 p. 12, 5–7: „Denn der Geist macht die Seele lebendig, der Leib aber tötet sie"), was auch für die Psychiker gilt! Im Manichäismus wird die Qualitätsverschlechterung der Seele auf ihre Verbindung mit der Materie zurückgeführt, weshalb sie geläutert werden muss. Eine solche Läuterung ist auch in anderen gnostischen Richtungen Grund für ethische Anstrengungen (→Kap. I, 6.2).

Der Kern des oft sehr komplizierten mythologischen Apparates ist die Feststellung, dass Licht in die Finsternis, die göttliche Seele in die materielle Welt geraten ist. Das schildert in einfacher und poetischer Weise der Naassenerpsalm, den Hippolyt in seiner „Refutatio" überliefert hat (Buch V 10, 2). Hier lässt sich Jesus als Soter zur Befreiung der Seele vom Vater entsenden. Das Zauberwort am Schluss des Psalms lautet „Gnosis".

„Urprinzipium aller Dinge, erster Grund des Seins und Lebens ist der Geist (Nous),
Zweites Wesen, ausgegossen von dem ersten Sohn des Geistes, ist das Chaos,
und das Dritte, das (von beiden Sein und Bildung) hat empfangen, ist die Seele (Psyche).

Und sie gleicht dem scheuen Wilde,
das gehetzt wird auf der Erde
von dem Tod, der seine Kräfte
unentwegt an ihr erprobt.

Ist sie heut' im Reich des Lichtes,
morgen ist sie schon im Elend,
tief versenkt in Schmerz und Tränen.

Der Freude folgt die Träne,
der Träne folgt der Richter,
dem Richter folgt der Tod.

Und im Labyrinthe irrend
sucht vergebens sie den Ausweg.

Da sprach Jesus: Schau', o Vater,
auf dies heimgesuchte Wesen,
wie es fern von deinem Hauche
kummervoll auf Erden irrt,
will entflieh'n dem bitt'ren Chaos,
aber weiß nicht, wo der Aufstieg.

Ihm (dem Wesen, der Seele) zum Heile
sende, Vater, mich,
dass ich herniedersteige
mit den Siegeln in den Händen,
die Äonen all durchschreite,
die Mysterien alle öffne,
Götterwesen ihm entschlei're –
und des heil'gen Wegs Geheimnis
– Gnosis nenn' ich's – ihm verkünde."

(Übers. nach A. von Harnack)

4.7 Erweckung, Befreiung und Heimkehr (Soteriologie)

Voraussetzung für den Empfang der Gnosis ist das Erwachen aus dem Schlaf des Vergessens und der Unwissenheit. Das geschieht durch den erlösenden, göttlichen „Ruf", einen Erlöser oder Offenbarer. In der „Dreigestaltigen Protennoia" (NHC XIII, 1) gehört zu den ICH-BIN-Worten (vgl. das Johannes-Evangelium und Bronte, NHC VI, 2) auch die Selbstoffenbarung der Gottheit als Ruf:

„Ich bin es, die voll des Rufes ist,
Durch mich kommt die Gnosis ...
Ich bin die Erkenntnis und das Wissen,
die ich einen Ruf aussende,
so dass sie mich durch sie (die Gnosis) erkennen,
weil ein Same in ihnen ist."

(p. 36, 9–16; Übers. G. Schenke)

Die Funktion der Erweckung des potentiellen Pneumatikers übernimmt in der Praxis die esoterische Belehrung, die Lektüre einer Offenbarungsschrift oder die Predigt:

> „O ihr Menschen, erdgeborene Männer, die ihr euch der Trunkenheit, dem Schlaf und der Unkenntnis Gottes hingegeben habt, werdet nüchtern, hört auf trunken und vom unvernünftigen Schlaf betört zu sein! ... Warum ... habt ihr euch dem Tode ausgeliefert, die ihr die Macht habt, an der Unsterblichkeit teilzuhaben? Kehrt um, die ihr gemeinsam im Irrtum wandelt und an der Unwissenheit Anteil habt."
>
> *(aus dem „Poimandres", Corpus Hermeticum I, 27–28. vgl. Eph 5, 14: „Wache auf, der du schläfst!")*

Verbunden mit dem Weckruf ist die Botschaft von der himmlischen Herkunft des Geist-Menschen (der lichten Seele, des Pneuma) sowie die Aufforderung, sich dessen zu erinnern und sich selbst zu erkennen. Diese Erkenntnis des göttlichen Selbst ist zugleich Gotteserkenntnis (vgl. den Text aus dem Evangelium Veritatis, NHC I, 3 p. 22, 2–20, →3.4).

Die Erkenntnis und das erlangte Wissen um die wahren Zusammenhänge von Gott und Welt, Geist und Materie bedeutet die Aufhebung der Selbstentfremdung. Damit hat der erweckte Gnostiker allen anderen gegenüber eine exklusive Stellung.

> „Denn, wer sich selbst nicht erkannt hat, hat gar nichts erkannt. Wer aber sich selbst erkannt hat, hat auch schon Erkenntnis über die Tiefe des Alls erlangt ...
> (deshalb) ergründe dich selbst und erkenne, wer du bist, wie du bist und wie du sein wirst! ..."
>
> *(Das Buch des Thomas, NHC II, 7 p. 138/Anfang, Übers. U.-K. Plisch)*

Bei der Selbst-Erkenntnis des Pneumatikers, die ihm von oben zuteil wird, handelt es sich letztlich um ein göttliches Geschenk. Aus diesem Grunde gibt es in den Texten auch die Bitte um Erlösung, z. B. im „Gebet des Apostels Paulus" (NHC I, 1, Zeile 22f.): „Erlöse meine ewige Licht-Seele und meinen

Geist." Die von außen kommende Erlösung aus der Agnosia (Unwissenheit) ist jedoch kein rationaler Vorgang, sondern Erleuchtung, mystisches Erleben (→1.6!).

Die erweckte, erwachte, zur Gnosis gelangte „Seele" kann nun wieder aufsteigen und aus der Fremde in ihre himmlische Heimat zurückkehren. Das geschieht im gnostischen „Mysterium" als unio mystica schon hier und jetzt, endgültig aber erst nach dem Tode.

Beides wird in gnostischen Texten als Ziel und Vollendung des Seelenschicksals beschrieben.

„Die Auslegung der Erkenntnis" (NHC XI, 1) spricht von der Heimholung der Seele durch den Erlöser:

„... o Seele! ... Ich wurde überaus klein, damit durch meine Erniedrigung ich dich hinaufbrächte in die große Höhe, zu dem Ort, aus dem du herausgefallen bist (und) gebracht wurdest in diese Grube."

(p. 10, 22–31; Übers. U.-K. Plisch)

Im koptisch-manichäischen „Psalm der Wanderer" wird die Seele getröstet und ermahnt:

„O Seele, woher stammst du?
Du stammst aus der Höhe.
Du bist der Welt fremd ...
O Seele, vergiss dich nicht!
Denn sie stellen dir alle nach,
die Jäger des Todes ...
O Seele, erhebe dich
und geh in deine Heimat! ...
Du ... Licht von Ewigkeit zu Ewigkeit. ..."

(Übers. A. Böhlig, in: Die Gnosis Bd. 3, S. 262f.)

Wenn die Seele, das Symbol des Lichts, befreit und erlöst den Aufstieg geschafft und alle Gefahren bei ihrer „Himmelsreise" überwunden hat, kann von ihr gesagt werden:

„Den Körper des Todes legte sie ab
und wurde erlöst auf ewig,
und wurde erhoben ins Paradies,
in das Reich der Seligen."

(aus einem manichäischen Hymnus, bei A. Böhlig, S. 123)

Im mandäischen Ginza werden der befreiten Seele Hymnen dargebracht, in denen die Tiefen und Höhen ihres Schicksals anklingen:

„Heil dir, heil dir, Seele,
weil du aus der Welt abgeschieden bist.
Du hast die Verwesung zurückgelassen
und den stinkenden Körper, in dem du dich befandest,
die Wohnung, das Wohnhaus des Bösen …
die Welt der Finsternis,
des Hasses, des Neides und des Streites,
die Wohnung, in der die Planeten wohnen,
die Leiden und Gebrechen bringen …
Steh auf, steh auf, Seele,
steig auf zu deiner ersten Erde (= Urheimat) …
Setz dich auf deinen Thron des Glanzes,
den dir das Leben am Lichtort errichtet hat …"

Und so wird die Seele mit Freude im Lichtreich empfangen:

„Komm in Frieden, du Freigeborene …
komm in Frieden, du reine Perle …
komm in Frieden, Auserwählte, Reine …
Die Seele fliegt dahin,
bis sie das Tor des Hauses des Lebens erreichte …"

(Übers. K. Rudolph, in: Die Gnosis, Bd. 2, S. 336–338)

4.8 Von der Rettung, Läuterung oder Verlorenheit der Seele (Individual-Eschatologie)

Um die „Himmelsreise" (auch „Auferstehung") der „Seele" zu ermöglichen, hat ihr der Erlöser durch seinen Abstieg und Aufstieg den Weg gebahnt und ihr das nötige Wissen für die Bewältigung der Hindernisse auf diesem Heim-Weg vermittelt. Dafür braucht sie vor allem „Passworte", um an den feindlichen Archonten vorbeizukommen. Seelen, denen das gelingt, weil sie rein und sündlos sind, steigen weiter auf in die Lichtwelt, zum „Ruheort". Andere aber, die noch der Läuterung bedürfen, werden von den Archonten festgehalten und in Straforte (Purgatorien) versetzt (vgl. aus dem gleichen Grunde die Seelenwanderung und Wiederverkörperung!). Hier muss die Lichtwelt schließlich helfend eingreifen und die Seele befreien, wie ja auch sonst Lichtwesen die Seele begleiten und beschützen. Das alles spielt sich im Mythos ab und wird literarisch vermittelt. Aber es gibt neben der gnostischen Heilslehre auch kultische Handlungen und Mittel, die der Reinigung der Seele und ihrer Rückkehr ins Lichtreich dienen sollen, denn diese Heimkehr erscheint den Gnostikern nicht so selbstverständlich, wie es die (in 4.7) zitierten Texte vermuten lassen. Zwar hat jede Seele die Chance, gerettet zu werden, aber die Gnostiker wissen auch, dass nicht jedes Samenkorn aufgeht, nicht jede pneumatische Anlage sich entfaltet, nicht jede Seele erlöst wird und auch ein Rückfall in Agnosia (Unwissenheit) und Finsternis möglich ist. Es können sogar Seelen (Licht!) verloren gehen, weil sie die Gnosis nicht annehmen oder in Sünde verharren, also ihrer Bestimmung nicht gerecht werden – ein wunder Punkt in dem sonst so geschlossenen System der Gnosis! (Vgl. dazu Kap. III, 3.3: Die Ethik der Manichäer.)

Damit stellt sich zum einen die Frage, wer unter welchen Bedingungen erlöst werden kann, und zum anderen das Problem von Sein und Sollen – das auch den Apostel Paulus besonders beschäftigt hat – und damit die Frage nach dem Verhältnis von

Eschatologie und Ethik sowie nach der Bedeutung des Kultus (s. dazu Kap. I, 6.1–3).

Wie differenziert die Seelenrettung gesehen und wie stark die Gefährdung der Seele betont wird, hängt von der gnostischen Richtung und vom Autor eines Textes ab. Doch darin sind sich alle einig, dass ein steter Kampf zwischen den lichten und finsteren Kräften das Heil des Gnostikers unmittelbar berührt.

4.9 Das Ende von Spaltung, Welt und Geschichte (Universal-Eschatologie)

Mit dem Aufstieg in das Lichtreich hat sich das Schicksal der einzelnen Seele vollendet. Sie ist wieder an ihrem Ursprung und nicht mehr getrennt von ihrem göttlichen Urgrund. Wenn alle Seelen (Lichtfunken), soweit sie nicht verloren gehen, in das Lichtreich zurückgekehrt sind und das zerstreute Licht wieder vereint ist, hat die Scheidung des Vermengten, die Entmischung von Licht und Finsternis ein Ende. Die unselige Spaltung ist aufgehoben, das Pleroma ist wieder (weitgehend) komplett, der „Mangel" behoben.

Nach Ansicht der christlichen Gnostiker hat die Scheidung von Licht und Finsternis mit dem Tode Jesu eingesetzt und wird von apokalyptischen Erscheinungen begleitet. Diese „Wehen" der Endzeit steigern sich zum kosmischen Inferno, wenn die Welt der Materie und des Bösen vernichtet wird. Der Mythos beschreibt, wie das Licht die Finsternis „verschlingt", als hätte es sie nie gegeben, „und der Mangel (der durch den Fall ausgelöst wurde) wird ausgerissen bis zu seiner Wurzel", hinab in die Finsternis, damit sich das ganze Drama und die Weltgeschichte nie wiederholt (vgl. Evangelium Veritatis, NHC I, 3 p. 24/25; Rheginusbrief, NHC I, 4 p. 49 Anfang; Vom Ursprung der Welt, NHC II, 5 p. 125, 32 ff.).

5. *Beispiele für die mythologische Gnosis*

5.1 Das valentianische System

(nach Irenäus, Adversus haereses I, 1–8, skizziert nach der Systembeschreibung von Hans-Martin Schenke, in: Umwelt des Urchristentums, Band 1, Berlin 1965, S. 392–395)

			Urvater (Bythos)	– Ennoia (Sigé)
			(geistige Begattung, sie zeugen:)	
		Emanationen	Nous (monogenés)	– Aletheia (Wahrheit)
	ACHTHEIT		Logos	– Zoé
			Anthropos	– Ecclesia (Kirche)
30 WESEN				später noch Christus und Hl. Geist
=	ZEHNHEIT		plus zehn weitere Wesen	
PLEROMA	ZWÖLFHEIT		12 Wesen, darunter:	Parakletos und Pistis
das Reich				Theletos und SOPHIA
der Vollkommenheit				(= unterstes Wesen)

ORT DER MITTE

Die Sophia versucht den Urvater zu erfassen; dadurch Verwirrung im Pleroma, Fehlgeburt der Sophia, von S. abgelegt, aus dem Pleroma verbannt = untere SOPHIA oder ACHAMOTH, erhält von Christus ihre erste vorläufige Gestaltung, die zu Empfindungen führt – sie LEIDET über ihre Ferne von der Heimat. – Der Soter heilt sie von ihrem Leiden, das er von ihr abtrennt u. bringt sie zur Erkenntnis, Umkehr, Metanoia. METANOIA und LEIDEN jetzt abgetrennt u. für sich.

Die ENGEL des Soter schwängern die ACHAMOTH → GEISTWESEN, Kinder der Achamoth, SPERMATA. Anzahl der Engel = Anzahl der PNEUMATIKER.

Leiden → materielle Substanz
Umkehr → seelische Substanz
Geistwesen → geistige Substanz

WELT

Aus der seelischen Substanz schafft die Achamoth den DEMIURGEN, der aus dem Rest der seelischen Substanz und aus der materiellen Substanz die ganze UNTERE WELT SCHAFFT: Der Demiurg ist nur seelisch u. glaubt, dass er von sich aus die Welt schafft (in Wirklichkeit wirken Soter und Achamoth. Sie lassen die Welt so werden, dass sie Abbild des Pleroma wird). Vom Demiurgen werden 7 HIMMEL und die übrige Welt geschaffen, dann die MENSCHEN (aus unsichtbarer Materie, Seele u. Fleischesleib) mitsamt den GEISTWESEN, die dem Demiurgen heimlich von der Achamoth eingeblasen werden! Er verpflanzte sie mit der Seele in die unwissenden Menschen. So gelangen alle Kinder der Achamoth im Laufe der Geschichte in die Menschen, aber nicht in alle! Daher gibt es die Menschenklassen: Pneumatiker, Psychiker (Seele u. Materie) u. Hyliker. Die Geistwesen reifen während ihrer Bindung an die Seele.

ENDE DER WELT, der Geschichte; Vernichtung des Materiellen

ABSTIEG DES SOTER, dadurch erfährt der Demiurg von der oberen Welt, tut Buße. Soter weist den Weg aus dem Kosmos. Soter nimmt Geistiges u. Seelisches, aber nichts Materielles an, daher nicht leidensfähig (Doketismus). RUF des Soter → Gnosis.

AUFSTIEG der Seelen und Geister bis zum Ort der Mitte. Die Pneumatiker gehen später in das Pleroma ein. Himml. Hochzeit von Achamoth u. Soter und der Kinder der Achamoth mit den Engeln des Soter.

5.2 Das sethianische System (nach dem Ägypter-Evangelium, NHC III, 2; IV, 2)

Vereinfachte Übersicht. (Zur Erklärung → 5.3)

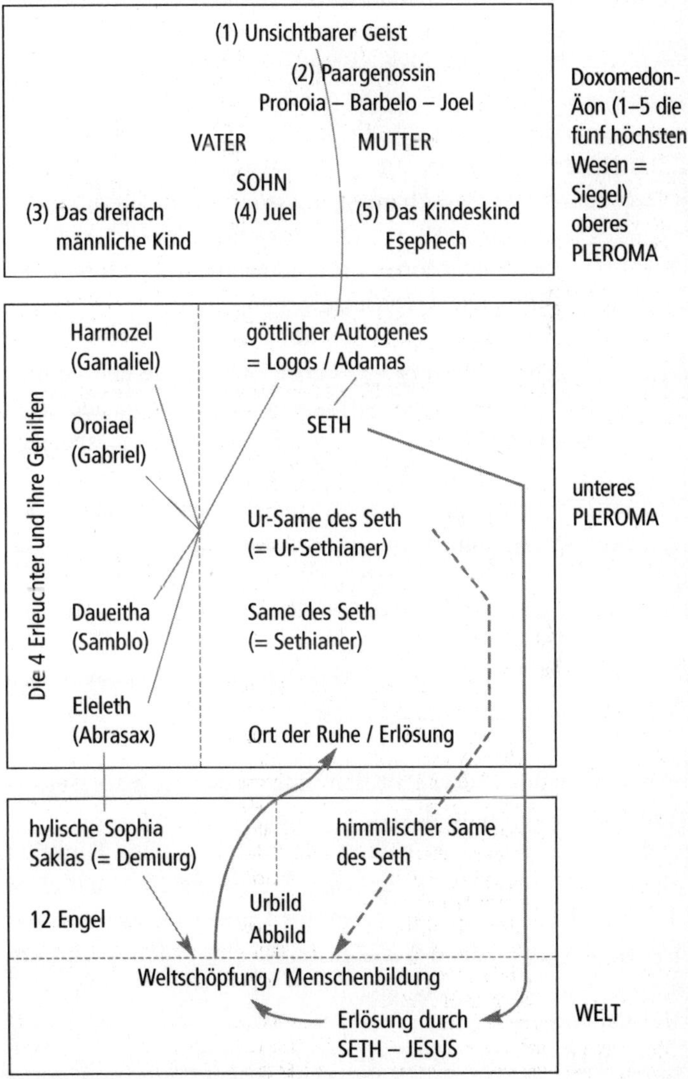

5.3 Erläuterungen zum sethianischen System nach dem Ägypter-Evangelium

Der Sethianismus ist ein ursprünglich nichtchristliches Phänomen. Das zeigen die Nag-Hammadi-Schriften „Die drei Stelen des Seth" (VII, 5), „Ode über Norea" (IX, 2), „Marsanes" (X) und „Allogenes" (XI, 3), auch „Die Apokalypse des Adam" (IV, 5) und „Zostrianus" (VIII, 1), die beide nur Spurenelemente an Christlichem enthalten. Einige Texte weisen eine mehr oder weniger starke Verchristlichung auf, so „Das Apokryphon des Johannes" (II, 1; III, 1; IV, 1), „Das Ägypter-Evangelium" (III, 2; IV, 2) und „Die dreigestaltige Protennoia" (XIII, 1). Stärker verchristlicht sind „Die Hypostase der Archonten" (II, 4) und „Melchisedek" (IX, 1). „Der Zweite Logos des großen Seth" (VII, 2) ist keine sethianische Schrift, obwohl sie den Namen Seth im Titel benutzt. Zum Sethianismus gehörig ist auch eine von Irenäus berichtete Mythologie (I 29) und eine spezielle Gnostikergruppe bei Epiphanius (Panarion 26; 39f.).

Diese Texte gehören bei allen Unterschieden der Ausführung dem gleichen System an, das als Sethianismus bezeichnet werden darf und dessen Träger die Sethianer gewesen sind, die eine eigene, bedeutende Richtung der frühen Gnosis repräsentieren. Dieser aus den genannten Texten erhobene Sethianismus ist allerdings nicht deckungsgleich mit dem, was die Häresiologen darunter verstehen, doch können die Originaltexte zum Vergleich und als Korrektiv dienen.

Entscheidend bei der Identifizierung eines Textes als „sethianisch" ist nicht allein das Vorkommen des Namens Seth (der unter Umständen sogar fehlen kann), sondern seine Funktion in einem spezifischen, unverwechselbaren System. Zu diesem gehört auch das als Beispiel gewählte Ägypter-Evangelium, das aus der zweiten Hälfte des 2. oder dem beginnenden 3. Jahrhundert stammt. Es ist eine nicht sehr umfangreiche Schrift in zwei Versionen.

Das Ägypter-Evangelium erscheint als Erweiterung und Auffüllung eines mythologischen Systems, wie es im „Apokryphon des Johannes" vorliegt. Die fünf höchsten Wesen sind „die fünf Siegel", die ihren „Sitz im Leben" wohl im Kult haben (Taufe!). Die Göttertrias „Vater – Mutter – Sohn" befindet sich (mit einer Ausnahme) nicht unter den angerufenen obersten Gottheiten und hat im Kult offensichtlich keine Rolle gespielt. Das Ägypter-Evangelium kennt drei übereinander gelagerte Sohnes-Gestalten: das dreifach männliche Kind, das Kindeskind und den göttlichen Autogenes (= himmlischer Adamas). „Der große unvergängliche Seth" wird als „der Sohn des unvergänglichen Adamas" bezeichnet. Adamas ist der Vater aller Menschen, Seth der Vater aller „heiligen Menschen". Das sind die in Sodom (!) lebenden Sethianer, die Gnostiker. Seth sät seinen Samen in die einzelnen dafür vorgesehenen Menschen.

Für die Entstehung der unteren Welt ist der Phoster (Erleuchter) Eleleth verantwortlich, weil er auf der Berufung eines Herrschers für diese Sphäre besteht. Daraufhin treten „die hylische Sophia", der Demiurg Saklas und zwölf Engel auf den Plan; Welt und Menschen werden erschaffen.

Die Sethianer sind in dieser Welt auf mannigfache Weise gefährdet: durch Naturkatastrophen, Lügen-Propheten, Verfolgung und das Wirken des Diabolos. Doch das auserwählte Geschlecht der sethianischen Gnostiker bleibt standhaft. Alle Plagen und Verfolgungen fallen auf die Mächte der Finsternis selbst zurück.

Die Rettung kommt von Seth, der nach dem Willen des göttlichen Autogenes herabgesandt wird. Er durchschreitet als Beistand der Seinen die „drei Parusien" und erscheint in seiner dritten Parusie in Jesus (!) zur Erlösung der Seinen. Das ist „der lebendige Jesus, den der große Seth angezogen hat".

Christus erscheint in den Texten sethianischer Prägung als der göttliche Autogenes. Im Ägypter-Evangelium wird er deutlich von Jesus getrennt und ist nicht tief in das System integriert. Hier bildet Christus mit dem „dreifach männlichen Kind" die „Kirche".

6. Zwischen Himmel und Erde: Das Leben der Erweckten

6.1 Die Geisteshaltung der Gnostiker: Freiheit und Erwählung

Der aus dem Schlaf der Unwissenheit erweckte und zur Gnosis gelangte Pneumatiker weiß, dass seine Heimat das Lichtreich ist und er in der Fremde lebt, und er kennt den Weg zurück nach oben. Er weiß aber nicht nur, woher er stammt und wohin er gehört, sondern auch, wie das Licht in die Finsternis geraten und das Böse in die Welt gekommen ist.

Bei der Behandlung dieser zentralen Frage gibt es zwar Unterschiede in den Systemen (der „orientalischen" und „griechischen" Gnosis), doch letztlich führen sie alle die Entstehung des Bösen auf das Wirken mythischer Mächte zurück. Ob es nun der Angriff der Finsternis auf das Licht (wie im Manichäismus) oder das Fehlverhalten von Lichtgestalten, der Abfall des Lichts ist, die Folge ist stets, dass die eingetretene Vermischung und Verwirrung, die Gottferne und das Regiment der Finsternismächte, der „Mangel" im Himmel und die „Unwissenheit" auf der Erde dem Bösen zum Zuge verhelfen. Es wird durch die Aktionen der widergöttlichen Kräfte zu einer realen Macht, die hinter der Sünde und allen schlimmen Eigenschaften steht. Im Mythos erhält die nach unten geratende Seele von den Archonten (Planeten) schlechte Eigenschaften, die auf den Menschen übertragen werden. Hinzu kommt der negative Charakter der Materie, der Welt und des Körpers, die aus minderwertigem Stoff entstanden und den Menschen zur Sünde treiben.

Die Lage des Menschen in der Welt ist dementsprechend schlecht, die Lage des erweckten Gnostikers kompliziert. Er muss in dieser von Finsternis beherrschten Welt leben, obwohl er schon aus ihrem Bann befreit ist. Diese Freiheit ist es, die ihn aus der Welt heraushebt. Sie beruht darauf, dass er mit dieser Welt wesenhaft nichts zu tun hat. Wie die Perle, die in den Kot gefallen ist, ohne dabei an ihrer Substanz Schaden zu nehmen (Evangelium des Philippus, NHC II, 3, Spruch 48; vgl. Irenäus I

6, 2), befindet sich der Gnostiker im Schmutz dieser Welt, ohne sich dabei innerlich zu beflecken. Das gilt wenigstens im Prinzip, auch wenn es in der Praxis nicht immer ohne Beeinträchtigungen des inneren Menschen abgeht.

„Die Freiheit ... ist die Erkenntnis der Wahrheit, die besteht, bevor die Unwissenheit entstanden ist" (Tractatus Tripartitus, NHC I, 5 p. 117, 23ff.), d.h. Freiheit ist in erster Linie Gnosis, Erkenntnis und Wissen, und „die Erkenntnis bedeutet Freiheit" (Evangelium nach Philippus, 123c/p. 84, 10f.). Das bezieht sich auf die kosmischen Gesetze, gegenüber denen der Gnostiker frei ist, ebenso wie auf die Schuld gegenüber allem Bösen und Schlechten in dieser Welt. Wie der Mythos berichtet, ist der Mensch Opfer und nicht Verursacher des Bösen. Schuld an allem Elend ist das urzeitliche Versagen mythischer Mächte. Der Mensch, zumal der Pneumatiker, ist schuldlos in den Bannkreis des Bösen geraten und in Sünde (= Materie/Hyle) verstrickt worden. Aus diesen Zwängen muss er befreit werden, aber nicht durch die Vergebung seiner Schuld, sondern durch Gnosis. Daher gilt im Prinzip: „Der aber keine Sünde begangen hat, (dem) genügt Gnosis und der braucht sich in keiner Weise um Buße zu kümmern" (Zostrianus, NHC VIII, 1 p. 25, 5–9). Ein anderes ist es, dass der Körper immer wieder zur Sünde verleitet. Dem gilt es zu widerstehen (→Ethik 6.2); dafür hat der Manichäismus die Beichte und Reue vorgesehen. In gnostischen Schriften mit starkem christlichen Einfluss ist auch von Sündenvergebung die Rede (vgl. Die Interpretation der Gnosis, NHC XI, 1 p. 14, 31ff.).

Damit tritt an die Stelle der Theodizee die Anthropodizee, an die Stelle der Rechtfertigung Gottes die Selbstrechtfertigung und Entlastung des Menschen. So gesehen ist der Erlöste ohne Sünde und trägt nicht die Verantwortung für den schlimmen Zustand dieser Welt.

Diese Grundhaltung zu Sünde und Schuld, Freiheit und Verantwortung prägt das Selbstbewusstsein des Gnostikers, das von einem starken Erwählungsbewusstsein bestimmt wird. Er weiß durch die empfangene Gnosis, dass er im Kern göttliches Licht bzw. Pneuma ist. Er ist wie Licht vom Lichte und Pneuma vom Pneuma (Tractatus Tripartitus NHC I, 5 p. 118, 29 ff.). Er ist somit selbst Gott, selbst Erlöser und wie dieser „fehllos, lauter und gut … sündlos und unschuldig" (Zweiter Logos des großen Seth, NHC VII, 2 p. 60, 9 f.; 62–64). Mit dieser exklusiven Stellung steht er über dieser Welt und allen ihren Einrichtungen, auch wenn sie religiöser Natur sind, und er steht über allen Menschen, die der Weck-Ruf noch nicht erreichte oder die nicht auf ihn reagierten und sich damit als Sarkiker (Fleischesmenschen) erwiesen haben. Der Pneumatiker braucht also seine Qualifikation als Geistmensch nicht erst zu erwerben – er hat sie bereits! „Selig ist, wer ist, ehe er wurde; denn der, der ist, war und wird sein", sagt „der Herr" im Evangelium nach Philippus (Spruch 57; so auch im Thomasevangelium, 19a).

Aus dieser unterschiedlichen Disposition der Menschen resultieren die Menschenklassen in der Gnosis. Zunächst wurde nur zwischen Pneumatikern und Sarkikern (oder Hylikern) unterschieden. Mit der Entfaltung der gnostischen Systeme kamen die Psychiker (Seelischen) hinzu (anthropologische Trichotomie, vgl. Kap. I, 4.6). Als Psychiker galten den christlichen Gnostikern die Kirchenchristen, die „in der Mitte" stehen und um ihre Erlösung erst noch ringen müssen.

6.2 Die Daseinshaltung der Gnostiker: pneumatisches Leben und Ethik

Die Überzeugung der Gnostiker, von vornherein pneumatisch qualifiziert zu sein, wird von Irenäus und Klemens von Alexandrien besonders herausgestellt und in engem Zusammenhang mit Erlösung und Ethik gesehen. Sie berichten über die Valentinianer, auch über Basilides, dass nach deren Lehre der Pneumatiker „von Natur aus gerettet" sei (physei sozomenos). Seine „geistige Wesenheit" sei unverlierbar und würde durch „materielle Handlungen" nicht beschädigt (Adversus haereses I 6, 1–2; 7.5; Stromateis IV 89,4; Excerpta ex Theodoto 56,3). Aus diesem Heilsansatz ergibt sich die Frage, wie sich aus gnostischer Sicht Ethik und praktische Moral darstellen. Um sie zu beantworten, ist eine Stelle am Schluss der Nag-Hammadi-Schrift „Vom Ursprung der Welt" (NHC II, 5) hilfreich:

> „Es ist nötig, dass jeder zu dem Ort geht, von dem er gekommen ist. Jeder Einzelne wird nämlich durch seine Handlung und seine Erkenntnis seine Natur (physis) offenbaren."
>
> *(p. 127, 14–17)*

Wenn der Gnostiker den Erweckungsruf hört und annimmt, gelangt er zur Gnosis, was ihn als Pneumatiker „offenbart". Seine pneumatische „Natur" wiederum lässt ihn so leben und handeln, dass daran seine geistige Wesenheit „offenbar" wird. In dieser dialektischen Spannung realisiert der Gnostiker seinen pneumatischen Wesenskern. Er handelt als Erlöster, aber er tut sich nicht moralisch hervor, um erlöst zu werden. Die Grundsätze für eine praktische Lebensführung und Daseinsgestaltung ergeben sich dann aus den Fundamenten der Heilslehre, wobei die einzelnen Richtungen und Gruppen unterschiedliche Wege gehen.

Die Existenz des Pneumatikers in der „Fremde" erfordert eine Lebensführung, die dem Antagonismus von Licht und Finsternis, Geist und Materie in jeder Situation Rechnung trägt. Das bedeutet: dem Geistigen zum Zuge zu verhelfen und dem Materiellen abzusagen, die weltlichen Gesetze und gesellschaftlichen Normen abzulehnen und alles Fleischliche und Körperliche als Teil der Finsterniswelt zu behandeln. Wo das gnostische Denken konsequent umgesetzt wird, ist der Antinomismus, die Revolte gegen „das Gesetz" (Nomos, Tora) des Demiurgen die logische Konsequenz (→Beispiele in Kap. II, 7.6). Ob das Aufbegehren gegen alles Weltliche, Etablierte und die Verachtung der Materie zur Askese oder zum Libertinismus führen, bleibt zunächst offen, denn das gnostische Denken lässt beides zu. Nach dem Gewinn der Freiheit von Welt und Gesetz kann sowohl durch Askese wie durch zügellose Sexualität gegen die sittlichen Normen protestiert und die Überlegenheit des Gnostikers zum Ausdruck gebracht werden. Durch beides löst sich die „normale" Ordnung auf, die vom Teufel ist, weil sie das Licht bindet! So führt alles zum Heil, und es ist „alles erlaubt", was ihr entgegenwirkt. Ob der Libertinismus, wo es ihn gab, nicht eher ein geistiges Aufbegehren als ein tatsächliches körperliches Ausleben gewesen ist, ist eine andere Frage. Nach den erhaltenen gnostischen Originalquellen war der Libertinismus ohnehin die Ausnahme, Askese die Regel. Das Bewusstsein, zu den Auserwählten zu gehören, verstärkte den pneumatischen Impuls, der göttlichen Herkunft gemäß im Glanze Gottes und des Lichts zu leben. Nur so „bringt er die Frucht hervor, die ihm gleicht" (Interpretation der Gnosis, NHC XI, 1 p. 21, 30–34). Nur so kann der Gnostiker letztlich seine pneumatische Integrität gegenüber der materiellen Welt wahren.

Über den Libertinismus und seine sexuelle Komponente aus der Sicht der Kirchenväter wird an anderer Stelle noch zu reden sein (→Kap. II, 7.4). Hier sollen die Appelle und Anstrengungen der Gnostiker gewürdigt werden, den Angriffen der Finsternis und des Fleisches zu widerstehen und die Fesseln der Hyle abzustreifen.

Für die Absage an alles Materielle und Fleischliche finden sich in den gnostischen Schriften viele Zeugnisse, drastisch formuliert z.B. im 7. Traktat des Corpus Hermeticum:

> „Aber zuerst musst du das Kleid ganz und gar zerreißen, das du trägst, das Gewebe der Unwissenheit, die Stütze des Bösen, die Fessel des Verderbens, die finstere Umhüllung, den lebendigen Tod, die empfindungsfähige Leiche, das Grab, das du ständig mit dir herumträgst!"

Starke Worte zur Leibfeindlichkeit enthält auch „Das Buch des Thomas" (NHC II, 7) als Wehe- und Wach-Ruf:

„Wehe euch, die ihr eure Hoffnung auf das Fleisch setzt und auf das Gefängnis, das zerfallen wird – wie lange wollt ihr noch schlafen? ... Eure Freiheit habt ihr ausgeliefert an die Knechtschaft! ... Ihr seid gelaufen entsprechend euren eigenen Lüsten ... Wehe euch, die ihr den Verkehr mit der Weiblichkeit und das unzüchtige Zusammensein mit ihr liebt! ... Wachet und betet, dass ihr nicht im Fleisch bleibt, sondern dass ihr der bitteren Fessel des Lebens entkommt! ... Wenn aber alle Auserwählten das tierische Wesen abgelegt haben, dann wird dies Licht nach oben zu seiner Heimat zurückkehren ... (dann) werdet ihr einen Ruheort erhalten ... Und ihr werdet herrschen mit dem Herrscher ..."

(Übers. H.-M. Schenke, Das Thomasbuch, Berlin 1989, S. 27–39 = p. 139–145 passim)

Dem entspricht die Aufforderung im mandäischen Ginza:

„Verlasse diese Welt und den stinkenden Körper ... Denn deine Zeit ist gekommen, dein Maß ist voll, aus dieser Welt zu scheiden."

(Übers. M. Lidzbarski, S. 432 u. 430)

Natürlich ist die endgültige Befreiung vom Körper erst mit dem leiblichen Tode möglich, weshalb der Tod als Scheidung von Geist und Materie, Licht und Finsternis eine positive Bedeutung in der Gnosis hat.

Im „Thomasbuch" war bereits von den „Lüsten", der sexuellen Begierde (Epithymia) und vom Geschlechtsverkehr die Rede. Davon soll sich der Gnostiker fern halten. Leidenschaft, Lust und Befleckung sind zu bekämpfen, obwohl sie erst im Eschaton aufhören werden (Apokalypse des Adam, NHC V, 5 p. 73 u. 75). Nur die Erweckten haben erkannt, dass „die Unbeflecktheit zum Licht gehört" und „die Leidenschaft ... die Seelen der an diesem Ort Gezeugten festhält, die, die beflecken und die befleckt werden" (Testimonium Veritatis, NHC IX, 3 p. 29, 30ff.). Vielfach werden vor allem Ehe und Kinderzeugung verworfen, weil sie eine Einrichtung des Demiurgen sind, eine neue „Seele" in Gefangenschaft führen, Bindung an die Welt bedeuten und der Befreiung des Lichts hinderlich sind. Allerdings haben die Gnostiker keine einheitliche Ansicht zur Ehe. Die Valentinianer bejahten sie als Abbild der Syzygie (Gemeinschaft) himmlischer Gestalten. Die Manichäer erlaubten den „Hörern" die Zeugung von Kindern, während den „Auserwählten" Ehe und Geschlechtsverkehr untersagt war (→Kap. III, 3). Aber auch Libertinisten lehnten die Ehe und Kinderzeugung ab, weil dadurch Bindungen entstehen und die unbegrenzte Freiheit eingeschränkt wird.

Meistens wird im Rahmen einer asketischen Lebensführung sexuelle Enthaltsamkeit gefordert, und nicht selten trifft man in den gnostischen Schriften auf einen ethischen Rigorismus.

Bei ihrem Bemühen, die Zugehörigkeit zum Licht praktisch umzusetzen und ethische Imperative zu formulieren, haben sich die Gnostiker auch vorhandener Traditionen bedient, wie z. B. der Sextus-Sprüche (NHC XII, 1). Oft unterscheiden sich die Forderungen formal nicht sehr von den christlichen Geboten, obgleich ihre metaphysische Begründung und theologische Motivation eine wesentlich andere ist. Die gnostische Ethik ist ihrem Grundanliegen nach nicht altruistisch („Nächstenliebe"), sondern heilsegoistisch und gruppenbezogen.

Von den gnostischen Ermahnungen zu einem lichtgemäßen Leben zeugen folgende zwei Texte aus unterschiedlichen gnostischen Richtungen:

> „Seid weise untereinander, nicht nur im Wort …,
> sondern auch im Tun … (Haltet) gute Freundschaft!"
> „Werdet auch nicht zu Weibern, damit ihr nicht
> Bosheit gebärt samt deren Brüdern (nämlich):
> Neid und Spaltung, Zorn und Wut, Furcht
> und Zweifel, und eitle, nichtige Begierde!"

(Zweiter Logos des großen Seth, NHC VII, 2 p. 62, 1ff.; 65, 24–31. Zur ambivalenten Haltung gegenüber Frau und Weiblichkeit s. 6.3)

Im manichäischen Psalmbuch gibt der Soter der Seele folgende Anweisungen zum „seligen Leben" und eigenen Heil:

„Halte dein Fasten, meine Seele, und du wirst leben ... Gib deinen Händen Ruhe. Zieh an die Reinheit der Wahrheit. Gib die Liebe (deinem) Nous, ... die Weisheit deiner Überlegung ... Nicht gib Raum dem Zorn. Demütige deine Begierde. Zähme die Geschäftigkeit ... Bewahre deine Gebote."

(Text bei A. Böhlig, Die Gnosis, Bd. 3, S. 259)

6.3 Die Religionspraxis der Gnostiker: Gemeinde und Kultus

Der intellektuelle Charakter des gnostischen Denkens, die mystische Ausrichtung der gnostischen Heilslehre und die alles durchwehende Spiritualität lassen vermuten, dass die Gnostiker ohne Kultus auskamen, was für viele von ihnen auch zutrifft. Sie versammelten sich in Konventikeln zur gemeinsamen Lektüre von Offenbarungstexten oder betrieben sie als „Lese-Mysterien" auch allein. Andere Gnostiker bildeten Gemeinden, in denen sie an Erweckungspredigten teilnahmen (vgl. die Predigt Kap. I, 4.7), gemeinsam Hymnen sangen und beteten. Damit waren sie allerdings schon im kultischen Bereich angekommen, und der Schritt zu kultischen Riten und Bräuchen war nicht mehr weit, zumal die Gnostiker dem Einfluss kultischer Praktiken vieler Religionen in ihrem Umkreis ausgesetzt waren. Wie stark jedoch die spirituelle Grundeinstellung war, zeigt sich z. B. an der Spiritualisierung des Opfers zum „geistigen Opfer" in der hermetischen Gnosis (Corpus Hermeticum I, 31; XIII, 18 ff.; NHC VI, 6 p. 57, 18 f.). Deshalb haben viele Gnostiker auch Kultbräuche generell verworfen mit dem Hinweis, dass „die bloße Erkenntnis der unaussprechlichen Größe" zur Erlösung genüge und es dazu nicht sinnlicher und materieller Dinge bedürfe (Irenäus, Adversus haereses I 21, 4).

Hymnen und Gebete enthält das gnostische Schrifttum in reichem Maße. Davon zeugen schon die ausgewählten Beispiele (vgl. Kap. I, 1.6; I, 4.7; III, 3 u. ö.). Mehrmals überliefert ist ein hermetisches Gebet:

„Dies ist das Gebet, das sie sprachen:
– Wir danken dir!
Jede Seele und (jedes) Herz sind ausgestreckt zu dir,
O Name, dem man nicht zur Last fällt,
der herrlich ist in der Benennung Gottes
und gepriesen wird in der Benennung des Vaters.
– Denn zu jedem und zu allem (kommt) das Wohlwollen des Vaters,
die Liebe und die Zuneigung.
Und wenn es eine süße und einfache Lehre gibt,
so schenkt sie uns den Nous, den Logos und die Gnosis.
Den Nous, damit wir dich begreifen,
den Logos, damit wir dich erklären,
die Gnosis aber, damit wir dich erkennen.
– Wir freuen uns, nachdem wir erleuchtet wurden durch deine Gnosis.
Wir freuen uns, dass du dich uns gezeigt hast.
Wir freuen uns, dass du uns, die wir noch im Leibe sind,
vergottet hast durch deine Gnosis.
Der Dank des Menschen, der zu dir gelangt, ist (nur) der eine:
dass wir dich erkennen.
– Wir haben dich erkannt, o geistig (d. h. mit dem Nous) wahrnehmbares Licht.
O Leben des Lebens, wir haben dich erkannt.
O Mutterschoß jeglicher Kreatur, wir haben dich erkannt.
O Mutterschoß, der du gebierst in der (d. h. durch die) Natur des Vaters,
wir haben dich erkannt.
O ewige Dauer des zeugenden Vaters, so haben wir verehrt dein Gut (d. h. deine Güte)
– Es ist ein einziger Wunsch, den wir erbitten:
wir möchten bewahrt bleiben in der Gnosis.

Es ist eine einzige Bewahrung, die wir erstreben:
dass wir nicht straucheln in diesem so beschaffenen Leben.
– Nachdem sie diese (Worte) im Gebet gesagt hatten,
küssten sie einander und gingen, um ihre heilige (reine),
kein Blut enthaltende Speise zu essen."

(Nag Hammadi Codex VI, 7 p. 63, 33–65, 7; koptische Version; lateinisch in Kapitel 41 des Asklepius)

Die Bitte um Bewahrung in der Gnosis zeigt, dass die Gnostiker auch mit ihrem Verlust durch „Abfall" (so im Poimandres, Corp. Herm. I, 32) rechneten.

Der Kuss dient als spirituelles Ausdrucksmittel. Nach dem zitierten hermetischen Gebet bekräftigt er die geistige Verbundenheit der Teilnehmer, ebenso im Brief des Petrus an Philippus bei der Zusammenkunft der Jünger vor der Erscheinung Jesu (NHC VIII, 2 p. 140, 14). Auch der Apostel Paulus empfiehlt diesen Ritus: „Grüßt euch untereinander mit dem heiligen Kuss" (Röm 16, 16). Im hermetischen Traktat über die Achtheit und Neunheit leitet der rituelle Kuss zwischen Hermes und Tat die Epoptie (Mysterienschau) ein (NHC VI, 6 p. 57, 26 f.). Sexuelle Metaphorik findet sich in Spruch 31 des Philippus-Evangeliums:

„Denn die Vollkommenen werden durch einen Kuss schwanger und gebaren. Deswegen küssen wir uns gegenseitig. Wir empfangen die Schwangerschaft aus der Gnade, die wir untereinander haben."

In der Mythologie des Tractatus Tripartitus werden „Kuss" und „Küsse" als Bezeichnungen für die Nachkommenschaft („Schößlinge") vom Vater und vom Sohn gebraucht und mit der himmlischen Kirche in Verbindung gebracht (NHC I, 5 p. 58, 19 ff.). In dieser Schrift begegnet auch das Mysterium oder Sakrament des Brautgemachs (→Kap. II, 6.5.1), das im Himmel wie auf Erden die Vereinigung des Getrennten, der durch Fall und Tod getrennten Geschlechter, Wesen und Elemente symbolisiert. Kultisch verstanden ist es die „heilige Hochzeit“ (hieros gamos), mythologisch gesehen die Aufhebung der Spaltung, die Wiedervereinigung des Zusammengehörenden, wie es in der Androgynie (Mannweiblichkeit) und in der Syzygie (Paargenossenschaft) der himmlischen Wesen seinen tiefsten Ausdruck findet. Zahlreiche Gnostiker, vor allem Valentinianer, kannten das Mysterium des Brautgemachs als „himmlische Hochzeit“ der Erlösten und geistlich zu vollziehendes Ritual, wovon schon Irenäus berichtet (Adv haer I 21, 3). Nach der Entdeckung der Nag-Hammadi-Schriften fanden sich unter ihnen mehrere Texte zum Brautgemach, die diese bedeutsame Vorstellung und Zeremonie bestätigen. In Verbindung mit dem Wirken des Erlösers steht sie (wie im Tractatus Tripartitus) auch im „Zweiten Logos des großen Seth“, wo Christus von einem „neuen und vollkommenen ... Brautgemach der Himmel“ spricht, das er offenbart habe. „Ein im Geiste (zu vollziehendes) unbeflecktes Mysterium des nicht zu Ende gehenden Äons ist es“ (NHC VII, 2 p. 57, 7ff.). Von der „Hochzeit“, der „geistlichen Hochzeit, die in einer Vereinigung besteht“, der „unbefleckten Hochzeit“ (durch Jesus vollzogen, „indem er in allen wohnt und alle umfängt“) oder „Hochzeit der Wahrheit“ ist auch im weiteren Verlauf des Textes die Rede (p. 66f.). Im Philippus-Evangelium heißt es in den Sprüchen 126 und 127 (vgl. auch 122):

> „Die Mysterien dieser Hochzeit aber werden vollendet am Tage und im Licht. Jener Tag und sein Licht gehen niemals unter. Wenn einer zum Sohn des Brautgemachs wird, wird er das Licht empfangen ... Wer jenes Licht empfangen wird, kann nicht gesehen werden, noch kann er festgehalten werden. Und niemand kann einen solchen belästigen, selbst wenn er in der Welt wandelt. ... Wenn er die Welt verlässt, hat er die Wahrheit schon in den Abbildern empfangen ...“

(Übers. von H.-M. Schenke, in: W. Schneemelcher, Neutestamentliche Apokryphen, S. 173).

Hier wird die Bedeutung des Brautgemachs für den ungehinderten Aufstieg (der Seele) hervorgehoben, der rituell abgesichert werden soll. Auch der Gedanke, dass es sich bei solchen Vorstellungen und Riten um „Abbilder" der Vollendung im Pleroma handelt, wird betont (vgl. Spruch 67). Nach Irenäus (Adv haer I 7, 1) ist das Brautgemach „das ganze Pleroma", wo sich Bräutigam und Braut, der Soter und die Sophia Achamoth zu einem Paar vereinigen. Das geschieht, „wenn der gesamte Same vollendet ist"! In der „Exegese über die Seele" (NHC II, 6) sind die Ausführungen über das Brautgemach und die geistige Hochzeit in einen weiten soteriologischen Rahmen von der Buße über die Taufe bis zum Aufstieg der Seele eingebunden (bes. p. 131–134).

In der „Exegese über die Seele" wird die Reinigung der Seele sowohl mit dem Brautgemach (p. 132, 13) als auch mit der Taufe verbunden. Durch die Taufe erhält sie ihre „erste Natur" wieder und kann „zurückkehren" (p. 131, 27ff.). Die Taufe spielt bei vielen gnostischen Gruppierungen eine Rolle, vor allem bei den Mandäern (mit dreimaligem Untertauchen in einem fließenden Gewässer, allsonntäglich wiederholbar, mit Handauflegung, Salbung, Mahl und anderen Riten). Mani lehnte die Taufe ab. Häufig gehen gnostische Richtungen auf Taufbewegungen zurück (→Kap. I, 7.3). Bezeugt ist die Taufe für die Valentinianer. Im Tractatus Tripartitus, wo ihr eine längere Passage gewidmet ist (p. 127, 25ff.), wird sie Kleid (!), Schweigen, Brautgemach (!), Licht und ewiges Leben genannt. Die Gewandvorstellung verwendet auch das Philippus-Evangelium. In der Taufe zieht der Gnostiker den „lebendigen Menschen", die Unsterblichkeit und Vollkommenheit an (Spruch 101). Als Zeugnis für die Taufe in der sethianischen Gnosis sollen folgende Verheißungen aus einer Rede der Protennoia stehen:

> „Und ich lade euch ein in das Licht, das erhaben (und) vollkommen ist. Wenn ihr nun in dieses eingeht, werdet ihr Herrlichkeit empfangen von denen, die Herrlichkeit geben;

und es werden euch Throne geben die, die Throne geben; ihr werdet für euch Kleider empfangen von denen, die Kleider geben; und es werden euch taufen die Täufer; ihr werdet werden zu Herrlichkeiten über Herrlichkeiten. Dies (ist es), in dem ihr zuvor existiertet, als ihr Licht wart" (p. 45, 12–20).
(Übers. G. Schenke, Die Dreigestaltige Protennoia, Berlin 1984, S. 43)

Gleich sieben solcher himmlischen Taufen beim Aufstieg schildert die sethianische Schrift „Zostrianus" (NHC VIII, 1 p. 5. u. 6 u.ö.). Von drei Taufen (Geist-, Feuer-, Wassertaufe) spricht der Traktat „Vom Ursprung der Welt" (NHC II, 5 p. 122, 13–16), und von einer „dritten Taufe" des Erlösers (neben der Jordantaufe und dem Martyrium) hört man im „Zweiten Logos des großen Seth" (NHC VII, 2 p. 58, 16). Auch die hermetische Gnosis kennt die Taufe (Corp Herm IV, 4–7): eine spiritualisierte Taufe im Nous-gefüllten Krater zur Wiedergeburt des Mysten, d. h. des Eingeweihten.

Diese Beispiele zeigen, wie stark der Taufgedanke in weiten Kreisen der Gnosis verankert war und dass viele Gnostiker die Taufe – rituell oder spirituell – als bedeutsam für das Erlösungsgeschehen ansahen. Manche hielten freilich die (rituelle oder geistige) Salbung (mit Öl) für noch wichtiger (Philippus-Evangelium Spruch 95: „Die Salbung ist der Taufe überlegen ..."). Das bestätigt Irenäus (I 21, 4), der auch von einer Salbung oder „letzten Ölung" für Sterbende berichtet (I 21, 5). Verbunden damit ist die Versiegelung als Schutzmaßnahme und Bekräftigung erreichter Aufstiegsetappen, wie z.B. im „Marsanes" die 13 Siegel (NHC X, 1 p. 2, 12ff.) und die 5 Siegel der Protennoia (p. 48, 31ff.). Für Aufstiegsriten und -liturgien gibt es in der Gnosis viele Beispiele (masiqta, ein Auferstehungsritual für die Verstorbenen bei den Mandäern; die Entrückung/Himmelsreise in der Dreigestaltigen Protennoia (s.o.), bei Zostrianus (s.o.); vgl. die Metamorphosen des Apuleius, Kap. XI, 23).

Schließlich kannten die Gnostiker auch rituelle Mahlzeiten (so die Hermetiker, Valentinianer, Mandäer, Manichäer), die

„Eucharistie" (Philippus-Evangelium, Sprüche 53, 100 u.ö.), Totengedächtnismahle (Mandäer) sowie Sterbegebete (u.a. in der zweiten Apokalypse des Jakobus NHC V, 4 p. 62, 16ff. und in den manichäischen Psalmen), magische Formeln und Praktiken – alles in allem zusätzliche Mittel und Wege zur Erlösung (apolytrosis) der Vollkommenen, mehr oder weniger stark ausgeprägt zur Unterstützung der gnostischen Identitätsmystik. Was an solchen Mitteln den Kirchenvätern besonders suspekt erschien, ist an anderer Stelle zu behandeln (→Kap. II, 7.4).

Bleibt noch ein Wort zur Stellung der Frau, der Weiblichkeit und der Sexualität zu sagen, deren Ambivalenz in vielen Bereichen der Gnosis auffällt. Einen starken Anteil hat das weibliche Element am Mythos und in der Sexualsymbolik (Zweigeschlechtlichkeit und Paargenossenschaft göttlicher Wesen; Verführungsmythos). Ennoia, Barbelo und Sophia repräsentieren den weiblichen Aspekt der Gottheit, wobei gerade an der Sophia die Zwiespältigkeit und Doppelpoligkeit manifest wird. In einer langen Selbstvorstellung eines weiblichen göttlichen Wesens in der Schrift „Bronte" heißt es:

> „Ich bin die Erste und die Letzte
> Ich bin die Geehrte und Verachtete
> Ich bin die Dirne und die Ehrbare …
> Ich bin die Braut und der Bräutigam …"
> *(NHC VI, 2 p. 13, 16ff.)*

Wie in der oberen und unteren Sophia, in der überkosmischen und kosmischen Seele umfasst dieses weibliche Gottwesen alle Gegensätze. Dem entspricht die Beurteilung der Frau in der Gnosis: Sie hat einerseits eine hohe und geachtete Stellung als Mittlerin von Offenbarungen (Maria, Eva, Maria Magdalena, Salome), als Seherin und auch in Ämtern der Gemeinde. Andererseits steht das Weibliche für Lust, Fehltritt, „Fall" und Unvollkommenheit gegenüber der männlichen Vollkommenheit. Das alles variiert zwar in den Texten, zeigt aber die große Bedeutung, die die Gnosis dem Weiblichen beimisst.

7. *Vielfalt und Herkunft der spätantiken Gnosis*

7.1 Nährböden und Bauelemente

Das oben entworfene Grundmuster der Gnosis ergibt sich aus der Summe der gnostischen Quellen und den Referaten der Ketzerbestreiter. Dabei ist zu berücksichtigen, dass die Gnostiker ihre Vorstellungen von Gott und der Welt ganz verschieden umsetzen und einzelne Texte in Tendenz und Gestaltung erheblich voneinander abweichen können. Doch lassen sich in aller Regel die typisch gnostischen Grundgedanken benennen und ihre Einbindung in einen Bezugsrahmen beschreiben. Denn wie andere Religionen hat auch die Gnosis ein unverwechselbares Koordinatensystem, in dem die verwendeten Traditionen und „Bauelemente" unter dem Vorzeichen des Antikosmismus ihren festen Bezugspunkt erhalten. Mitunter ist es allerdings schwierig, einen Text als eindeutig gnostisch zu definieren. Oft ist es nur das Gefühl, dass hier eine besondere Geisteshaltung begegnet, und es war eben dieser „gnostische Geist", welchen die kirchlichen Gnosisgegner als mit dem christlichen Glauben unvereinbar empfanden.

Die Gnostiker haben ihr Weltgefühl und ihre Daseinshaltung auf unterschiedlichste Weise ausgedrückt und literarisch gestaltet, wobei die großen Systembildungen des 2./3. Jahrhunderts (z.B. Valentinianismus, Sethianismus, Basilidianische Gnosis) bereits eine längere theologische Entwicklung voraussetzen, während frühere Zeugnisse oft nur bildhaft, „naiv" und ansatzweise die gnostische Welt-Anschauung zum Ausdruck bringen. Mit der Entfaltung des gnostischen Denkens, vor allem der christlichen Gnosis, nahm die literarische Produktivität ständig zu. Die reiche Phantasie der gnostischen Theologen schuf zahlreiche in sich geschlossene, in den Details oft überbordende mythologische Systeme sowie Lehr- und Erbauungsschriften in großem Umfang. Häufig wurden religiöse oder philosophische Texte von den Gnostikern einfach weiterverwendet. Sie ergeben aber – durch die „gnostische Brille" gelesen –

einen anderen, ganz neuen Sinn, der der ursprünglichen Intention diametral entgegengesetzt sein kann. Ebenso oft wurden vorhandene Schriften unter gnostischem Vorzeichen umgeschrieben. Eine solche Gnostifizierung kann in die Tiefe gehen oder auch nur oberflächlich sein, wenn lediglich einzelne gnostische Vorstellungen eingetragen oder Namen (Erlöser) und Begriffe ausgewechselt werden. Von besonderer Bedeutung ist, auf welchem geistigen Boden, der dann zum Nährboden der Gnosis wird, dies jeweils geschieht: ob Gnostiker von der griechischen Philosophie, vom Judentum, vom Christentum oder vom Zoroastrismus herkommen bzw. von dort beeinflusst sind und wie sie die entsprechenden Vorstellungen ihrer Weltsicht dienstbar machen und ihnen den gnostischen Stempel aufdrücken.

Zu den „Bauelementen" gehören einmal jene Vorstellungen, die der Gnosis als Ausdrucksmittel ihrer Grundideen dienen. Diese konstitutiven, tragenden Vorstellungen haben in der Regel einen Wandlungsprozess durchlaufen, der in die gnostische Richtung führte, wodurch sie für die Gnostiker interessant und brauchbar wurden. Neben diesen Konstanten gibt es eine Fülle von Variablen, die von System zu System, von Richtung zu Richtung und von Ort zu Ort wechseln und dem einzelnen Zeugnis ein bestimmtes gnostisches Kolorit geben.

Die tragenden Elemente sind vor allem der Dualismus griechisch-platonischer und iranischer Prägung (Leib-Seele, Licht-Finsternis), Sophia-Weisheits-Traditionen, Adamsspekulationen und apokalyptisches Gedankengut aus dem Judentum, von wo auch pessimistisches Denken ausging; des Weiteren Nous-Pneuma- und Psyche-Vorstellungen des Platonismus und der Stoa (das Göttliche im Menschen!), Spekulationen über das Selbst bis hin zur gnostischen Ausformung eines doppelten Selbst, der Spaltung des Selbst; Gedanken der Identitätsmystik (Atman-Brahman-Identität), der Entsprechung von Makro- und Mikrokosmos; die Ur-Mensch-Anthropos-Vorstellungen aus dem Iranischen; starke Einflüsse aus dem Ägyptischen (Schicksal der Götter und Seelen) und aus den griechischen und „orientalischen" Mysterien (Abstieg, Aufstieg; Leben, Tod; Teilhabe des Mysten am Schicksal der Gottheit); dazu Erlösungs- und Erlöser-Vorstellungen, Mittler- und Heilsgestalten, Kosmogonien und Mythen sowie die ganze Fülle der variablen Elemente: der astrologischen, magischen und mantischen Traditionen aus vielen Kulturen, Religionen und Philosophien der alten Welt, aus der Orphik und Hermetik, aus dem griechisch-hellenistischen Bereich wie aus dem Babylonischen, aus der Stoa und von Philo. Die Gnostiker hatten eine klare Vorstellung von Gott, Welt und Mensch, aber sie waren in der Wahl des Materials zur Darstellung ihrer Welt-Anschauung nicht wählerisch. Sie hatten auch keine einheitliche und gemeinsame Terminologie. Auch darin waren sie sehr flexibel. Sie verwendeten die Sprachelemente der benutzten Traditionen (z.B. der platonischen Philosophie, der christlichen Religion) und fanden die jeweils passenden inhaltlichen wie sprachlichen Ausdrucksmittel für ihr Anliegen. Sie waren Meister im Auswerten, Ausprobieren, Umwerten und Übersetzen. Das zeigt die Vielfalt ihrer Richtungen und literarischen Produkte. (Wer die „vorbereitenden Traditionslinien", Vorprägungen und Umprägungen, Systembildungen und Mythenkonstruktionen im Detail verfolgen will, sei auf die Spezialartikel von C. Colpe und K. Berger verwiesen; →Lit.Verz.).

7.2 Erscheinungsformen und Richtungen

Die Vielfalt des Phänomens „Gnosis" nötigt zu einer Klassifizierung und Typisierung ihrer Ausformungen. Hans Jonas unterscheidet drei Hauptgruppen:

1. die heidnisch-griechische Gruppe,
2. die christlich-griechische Gruppe,
3. die orientalische Gruppe (mandäische und manichäische Literatur)

und folgende vier Typen: den iranischen Typ (manichäische und mandäische Schriften; Oden Salomos), den syrisch-ägyptischen Typ (die meisten Zeugnisse der christlichen Gnosis), den alexandrinisch-kirchlichen Typ (Origenes, Mönchsmystik) und den neuplatonischen Typ (Plotin) (Gnosis und spätantiker Geist, Bd. 1, 6f., 256f.). Beim dritten Typ differenziert Jonas zwischen der „männlichen Gruppe", wo eine männliche Gottheit den oberen Ort verlässt „und die Verbindung mit dem Niederen eingeht" (z.B. als Mensch oder Ur-Mensch; Poimandres in Corp. Herm. I), und eine „weibliche Gruppe", wo eine weibliche Gottheit von oben nach unten gerät, wie die Sophia (S. 335ff.). Damit sind die wesentlichen Unterscheidungen genannt. Bei den „Hauptklassen" ist berücksichtigt, dass es nichtchristliche (pagane, heidnische) und christliche Gnosis-Zeugnisse gibt. Ergänzend dazu ist zwischen den christianisierten und den genuin christlich-gnostischen Schriften und Systemen zu unterscheiden. Der Verchristlichung gnostischer Überlieferungen auf der einen entspricht die Gnostifizierung christlicher Traditionen (Petrus, Jakobus) auf der anderen Seite. Außerdem gibt es Zeugnisse von Entchristlichung (Paganisierung) oder Entgnostifizierung.

Ein anderer Gesichtspunkt ist die Unterscheidung zwischen mythologischer und nicht-mythologischer Gnosis. Die Mythologie ist nicht das Maß aller Gnosis. Wenn sie in den Abschnitten 4 und 5 dieses Kapitels im Vordergrund steht, dann deshalb, weil an der mythologischen Gnosis die gnostische Vorstellungswelt anschaulich demonstriert werden kann. An anderer Stelle wird das gnostische Denken an der Schriftauslegung verdeutlicht (→Kap. II, 7.2), und auch die philosophische Gnosis repräsentiert die typische Weltsicht und Daseinshaltung der Gnostiker.

Die bekannteste Einteilung ist die nach Richtungen und Schulen unter den Namen der Schulhäupter, von Offenbarungsgestalten oder speziellen Merkmalen. Hier sind vor allem zu nennen:

- Die simonianische Gnosis (→Kap. II, 6.1): Simon von Gittai verstand sich oder galt als „die große Kraft Gottes" (Apg 8,9ff.). Um ihn bildete sich ein Mythos, wonach Simon als „Erster Gott" verehrt wurde und mit ihm eine umherziehende ehemalige Hure namens Helena als „von ihm gezeugte Erste Ennoia" (Justin, Apologie 26, 1–3). Folgt man der Ausgestaltung dieses Mythos, so ging die Ennoia aus dem obersten Gott hervor, erschuf „Mächte und Engel", die zu Schöpfern der Welt wurden, geriet aber dabei in die Gewalt dieser (bösen) Mächte und (immer wieder) in einen menschlichen Körper, aus dem sie (als abgespaltene göttliche Potenz) erst wieder befreit werden musste, was durch den herabgestiegenen göttlichen Simon geschah (Irenäus, Adversus haereses I 23, 1–4; vgl. Hippolyt, Refutatio VI 9ff.). „Ennoia" symbolisiert die Seele.

Die weiteren Richtungen werden an anderer Stelle beschrieben:
- die sethianische Gnosis (→Kap. I, 5.2 und 3)
- die basilidianische Gnosis (→Kap. II, 6.3)
- die valentinianische Gnosis (→Kap. I, 5.1; II, 6.4; 6.5.1) mit verschiedenen Zweigen und Vertretern (Ptolemaios, Herakleon, Markus)
- die hermetische Gnosis (→Kap. I, 2.1)
- die mandäische Gnosis (→Kap. III, 2)
- die manichäische Gnosis (→Kap. III, 3).

Hinzu kommen noch Richtungen wie die Karpokratianer, die Ophiten, Naassener, Peraten, Doketen und Barbelognostiker (Näheres bei Kurt Rudolph: Die Gnosis).

7.3 Herkunft und Ursprung

Die Frage nach den Gründen und Voraussetzungen, unter denen eine Religion und Weltanschauung entsteht, ist sehr komplex. Das gilt auch für die Gnosis. Von den gesellschaftlichen Faktoren war schon die Rede (vgl. o. 1.4), ebenso von den Nährböden und Bauelementen. Deren Vielfalt hat der Gnosis oft den Vorwurf einer parasitären Erscheinung und Religionsmischung eingebracht. Dieser synkretistische Zug, die Ansiedlung auf verschiedenen geistigen Nährböden und das Auftreten in vielen Gewändern haben schon bei den Ketzerbestreitern der frühen Kirche zu divergierenden Ansichten über den Ursprung der Gnosis geführt. Während Hippolyt auf die griechische Philosophie abhebt, halten andere frühchristliche Autoren die Gnosis für einen Ableger bzw. eine Häresie des Christentums. Auch in der modernen Forschung wird die Herkunft der Gnosis unterschiedlich beurteilt. Die „Religionsgeschichtliche Schule" (Richard Reitzenstein, Wilhelm Bousset u. a.) betonen den „orientalischen Charakter" der Gnosis und denken dabei an Babylonien, Persien und Ägypten. Adolf von Harnack sucht in der Gnosis eine „akute Hellenisierung" des Christentums. Hermann Langerbeck und andere Forscher verweisen nachdrücklich auf die griechische Philosophie, während in jüngerer Zeit eine Herleitung aus dem Judentum bevorzugt wird und sich zunehmend Zusammenhänge mit den antiken Täuferbewegungen erschlossen haben.

Daraus ergeben sich für die Frage der geistesgeschichtlichen Einordnung, Verbindung und Abhängigkeit der Gnosis aus heutiger Sicht vier Schwerpunkte:

Zum Ersten: Gnosis und griechische Philosophie. Der Einfluss der griechischen Philosophie in Sprache und Vorstellungen auf die Gnosis griechischen Typs ist evident. Das gilt vor allem für Platon, den Platonismus und Neuplatonismus unter Einschluss der Orphik (s. o. 7.1). Die Wechselwirkung von Gnosis und Philosophie lässt sich gut an Plotin (ca. 204–270 n. Chr.) studieren. Er setzt sich in seinen „Enneaden" (II, 9) mit bestimmten Gnostikern auseinander, die in seiner Schule für Diskussionen sorgten. Es waren Vertreter einer philosophischen Spielart der sethianischen Gnosis (so Hans-Martin Schenke).

Obwohl Plotin – wie der ganze Neuplatonismus – viele Vorstellungen mit der Gnosis teilt, setzt er sich in wesentlichen Punkten, besonders in der Kosmologie und Ethik, von den Gnostikern ab.

Dieses Beispiel zeigt, dass Gnostiker in philosophischen Zirkeln ebenso zu finden waren wie in christlichen Gemeinden, wo sie philosophische Gedanken aufnahmen und gnostisches Denken weitergaben. Aber trotz des unbestreitbar großen Einflusses der Philosophie auf Gnostiker ist die Gnosis noch kein Ableger der Philosophie. Sie hat sich ihrer bedient, zentrale Vorstellungen übernommen und umgeformt. Aber die entscheidenden Impulse und Kerngedanken der Gnosis sind nicht aus der Philosophie ableitbar.

Die zweite Herkunftsvariante bezieht sich auf das Judentum, besonders auf ein „heterodoxes" Judentum. Ohne Frage haben die Traditionen aus dem Judentum, jüdische Vorstellungen und Menschen, auch Skeptiker und Apokalyptiker, großen Anteil an der Ausformung der Gnosis (s.o. 1.4 und 7.1). Andererseits richtet sich die gnostische „Protestreligion" auch gegen das Judentum. Viele gnostische Texte weisen antijüdische Äußerungen, Tendenzen und Exegesen auf (vgl. Kap. II, 7.2), was unterschiedliche Gründe hat (Abgrenzung der Gnostiker; spätantiker und christlicher Antijudaismus; Übernahme vorgeprägter Topoi; Auseinandersetzung mit biblischen Traditionen der Großkirche!). Das alles spricht aber weder für noch gegen eine Herleitung der Gnosis aus dem Judentum. Dieses hat den jüdisch und jüdisch-christlich geprägten Formen der Gnosis zahlreiche Vorstellungen und Begriffe geliefert, und manche jüdische („heterodoxe") Entwicklung strebte auch auf die Gnosis zu und ist in sie eingegangen. Der jüdischen Komponente kommt somit bei der Entfaltung der Gnosis eine große Bedeutung zu. So gesehen gehört das Judentum in den weiträumigen Prozess der Entstehung der Gnosis mit hinein, ist aber nicht allein dafür verantwortlich. Zudem ist der Geist der Gnosis ein anderer als der des Judentums.

Deshalb ist es auch besser, den Begriff „jüdische Gnosis" zu vermeiden und, was die gnostische Seite betrifft, eher von jüdisch oder judenchristlich geprägten Richtungen zu reden und beim Einfluss der Gnosis auf das Judentum von jüdischer Mystik und Esoterik auszugehen.

Der dritte Punkt betrifft das Verhältnis von Gnosis und Christentum, das in Kapitel II ausführlich behandelt wird. Von den Quellen her steht fest, dass die Gnosis das Christentum nicht voraussetzt. Es gibt nicht-christliche gnostische Texte und Systeme und solche, die eine sekundäre Verchristlichung klar erkennen lassen. So wie sich die christliche Gnosis und das gnostische Christentum auf christlichem Boden entwickelt haben, ist die nicht-christliche, pagane Gnosis unabhängig vor oder neben dem Christentum entstanden. Die Gnosis als übergreifendes Phänomen kann deshalb ihren Ursprung nicht im Christentum haben. Es hat dieses vielmehr mit geprägt (vgl. zum Johannes-Evangelium Kap. II, 3.3).

Bleibt als vierter Schwerpunkt die Beziehungen von Gnosis und Täufertum. Im Neuen Testament erscheint Johannes der Täufer als Vorläufer Jesu (Joh 1, 6ff. 19ff., bes. 25–27). Die gnostischen Mandaer im Euphratgebiet waren ein Teil der weit verzweigten Taufbewegung, und Mani gehörte bis zu seinem 24. Lebensjahr der jüdisch-christlichen Täufergemeinschaft der Elkasaiten an (→Kap. III, 2 u. 3). Die ursprünglich nichtchristlichen Sethianer kannten eine Taufe, die wahrscheinlich aus einem heterodoxen jüdischen Milieu stammt. Der Name „Dositheus" am Beginn der nichtchristlichen Schrift „Die drei Stelen des Seth" (NHC VII, 5) weist nach Samarien. Das Samaritanertum hatte schon A. Hilgenfeld mit der Gnosis in Verbindung gebracht. Hier war Simon Magus zu Hause, der nach Apg 8, 13 von Philippus getauft wird und möglicherweise selbst ein Täufer war. In diese Entwicklungslinie einer Täuferbewegung, die zuerst in den Sog der Gnosis und dann des Christentums geriet, gehört schließlich auch der Verfasser des Johannes-Evangeliums und sein Kreis (vgl. H.-M. Schenke, Was ist Gnosis?, in: J. B. Bauer, H. Galter (Hg.), Gnosis, S. 183 ff.). Die Frage nach Ursprung und Herkunft der Gnosis ist also nicht mit einem „Entweder-oder" zu beantworten. Die Variationsbreite der Gnosis zeigt, dass bei ihrer Entwicklung viele Faktoren eine Rolle spielen. Es ist auch zu berücksichtigen, dass es keine gnostische Zentrale gab, die die gnostischen Schulen, Konventikel und Gemeinden kontrollieren und gnostische Dogmen formulieren konnte. In letzter Instanz ist es die gnostische Geisteshaltung, die ständig neue Menschen und Gruppen in ihren Bann zog und den Impuls für immer neue Gestaltungen gegeben hat.

KAPITEL II

Gnosis und Christentum

– Die Geschichte einer Konkurrenz –

1. *Die großkirchliche These von der reinen, apostolischen Kirche*

Im dritten Buch seiner „Kirchengeschichte", Kapitel 32, schreibt Euseb von Caesarea in Palästina (260/65–339), ein indirekter Schüler des Origenes und Vertreter der in dieser Zeit schon etablierten frühen Kirche:

> „Als der heilige Chor der Apostel auf verschiedene Weise sein Ende gefunden hatte und jenes Geschlecht abgetreten war, welches das Glück hatte, mit eigenen Ohren der göttlichen Weisheit zu lauschen – da erhob sich zum ersten Male der gottlose Irrtum durch die Schuld lügenhafter fremder Lehrer. Diese wagten nun, da keiner der Apostel mehr am Leben war, mit frecher Stirn der Lehre der Wahrheit eine falsche so genannte Gnosis entgegenzusetzen." Diese Lehre – schreibt Euseb an anderer Stelle (Buch IV, Kapitel 7) – war vom Teufel, der „als Feind der Wahrheit und ständiger bitterster Gegner der menschlichen Erlösung im Kampf gegen die Kirche alle (nur) möglichen Mittel ausnutzte. ... Falsche, verführerische Männer sollten sich unseren christlichen Namen aneignen, um ... die von ihnen eingefangenen Gläubigen in den Abgrund des Verderbens zu stürzen ..."

Anschließend nennt Euseb die Namen von bekannten Gnostikern wie Menander, Saturninus, Basilides und Karpokrates.

So also stellt Euseb seinen Lesern die Geschichte der frühen christlichen Kirche dar und steht damit in einer Linie mit anderen Vertretern der sich herausbildenden Großkirche: Am Anfang – in der so genannten „apostolischen Zeit" – habe die eine, reine christliche Lehre gestanden. Danach seien „fremde Lehrer" aufgetreten, welche ketzerische Lehren verkündeten, die mit dem Evangelium nichts zu tun haben. So habe der Abfall von der „Lehre der Wahrheit" begonnen.

Der historische Sachverhalt indessen ist ein anderer, und es bedarf seiner Klarstellung, um dem wirklichen Verhältnis von Gnosis und Christentum bzw. Gnosis und Kirche gerecht zu werden.

2. Die Vielfalt des frühen Christentums

Aus dem Bestreben, das urchristliche Erbe in rechter Weise zu verwalten und die Verkündigung Jesu Christi zeitgemäß zu entfalten, ergab sich von Anfang an eine Vielfalt bei der Umsetzung der christlichen Glaubensüberzeugung in Predigt und Katechese und bei entsprechenden theologischen Ansätzen und Entwürfen. Das führte zu unterschiedlichen „Entwicklungslinien" schon im frühesten Christentum. Dazu gehört die paulinische Traditionslinie ebenso wie die johanneische, davon zeugen die Evangelien nach Matthäus und nach Lukas und das Evangelium nach Thomas ebenso wie die Petrus- und Jakobus-Tradition, dazu gehören die großen alternativen Bewegungen in der Frühzeit des Christentums – die endzeitlich-prophetisch-charismatische Bewegung der Montanisten ebenso wie die „Gegenkirche" des Marcion, und dazu gehört nicht zuletzt die Gnosis, namentlich die „christliche Gnosis", die zu einer der stärksten Konkurrentinnen der alten Kirche werden sollte.

Alle diese Bewegungen, Traditionen und Konzeptionen haben die frühchristlichen Glaubensvorstellungen, ihre Gottes- und Erlösungslehre, ihre Frömmigkeits- und Organisationsformen, die Herausbildung von Bekenntnisformulierungen und Kanon (Neues Testament) mit gestaltet und die geschichtliche Entwicklung des frühen Christentums so geprägt, wie sie bis heute nachwirkt und den christlichen Glauben bestimmt. Es ist eine Frage historischer Redlichkeit, diese Vielfalt nicht zu ignorieren und den Anteil der später von der Kirche als häretisch ausgeschiedenen Vorstellungen und Lehren an der Profilierung des christlichen Glaubens nicht zu unterschlagen. Vielfalt und Pluralismus haben den Vorteil eines weiten Horizonts, und das bedeutet nicht notwendigerweise eine Relativierung von religiösen und philosophischen Überzeugungen.

Die Vorstellung von einer einzigen und geraden Entwicklungslinie von der Zeit der Apostel bis zur frühkatholischen Kirche ist jedenfalls eine Fiktion und Zweckbehauptung. Denn die Festlegung dessen, was definitiv als rechtmäßig zu gelten hat und was Ketzerei ist, traf die Großkirche erst am Ende des 2. Jahrhunderts. Das betraf auch die Gnosis. Zuvor aber hatten Christentum und Gnosis in der besagten Vielfalt schon eine lange Wegstrecke nebeneinander und auch schon gegeneinander zurückgelegt. Von dieser Frühzeit finden sich Spuren auch im Neuen Testament.

3. *Gnosis und Neues Testament*

3.1 Das Problem der Unterscheidungskriterien

Die oft gestellte und unterschiedlich beantwortete Frage, ob das Neue Testament die Gnosis oder die Gnosis das Neue Testament voraussetzt, führt in der Sache nicht weiter, zumal diese Begriffe feste Größen suggerieren, die in Wirklichkeit noch gar nicht existierten, als sich christliche und gnostische Vorstellungen entwickelten. Beides war zugleich da und zwischen beidem gab es von Anfang an Wechselbeziehungen. Einerseits wirkte gnostisches Denken auf Christen ein, andererseits hatten christliche Glaubensinhalte großen Einfluss auf die Entfaltung der Gnosis und die Herausbildung einer christlichen Gnosis. Dazu hat vor allem Jesus Christus als Erlöser-Gestalt beigetragen, der „von oben" in die „Finsterniswelt" gekommen ist, um „die Seinen" zu erlösen, und der von den Mächten der Finsternis verfolgt und getötet wurde (→7.5).

Vieles, was im Neuen Testament gnostisch „klingt", muss aber noch nicht gnostisch sein. Das gilt vor allem für Wendungen und Begriffe, denn die Sprache allein ist noch kein ausreichendes Kriterium. Zudem gibt es keine einheitliche gnostische Begrifflichkeit. Daher muss jeweils gefragt werden, in welchem theologischen Kontext und Denkansatz Begriffe und Vorstellungen begegnen, ob dabei gnostische Grundgedanken durchschlagen – oder nicht.

Ob sich im Neuen Testament Schriften oder Passagen finden, die vom Denkansatz her gnostisch sind, lässt sich am besten feststellen, wenn man die in Kapitel I, 3 genannten „Grundpfeiler der Gnosis" als Raster benutzt. Als „Grundpfeiler" waren dort genannt: der Antikosmismus und kosmologische Dualismus, die Abtrennung eines niederen Weltschöpfers (Demiurgen) vom oberen, jenseitigen, guten Gott und der Dualismus von Geist und Materie.

Zu prüfen ist vor allem, ob die Vorstellung von der Spaltung der göttlichen Potenz (Pneuma, Geist) und von der Identität der getrennten und versprengten Teile in einem Text spürbar ist. Diesem Identitätsprinzip entsprechend geschieht die Befreiung des in der Finsternis und Materie gefangenen göttlichen Geistteils oder Lichtfunkens, d.h. die Erlösung des Gnostikers, durch eine Erweckung von außen, die von einer Erlöser-Gestalt aus der Lichtwelt ausgeht. Diese ist Licht vom Lichte, wie auch der Gnostiker Licht vom Lichte ist. Beide sind zwar noch getrennt, gehören aber wesenhaft zusammen und werden durch die Befreiung des göttlichen Selbst (Pneuma, Licht) aus der Materie und Finsternis wieder vereint. Somit ist dasjenige, was erlöst, identisch mit demjenigen, was zu erlösen ist. Anders gesagt: Zwischen Erlöser und zu Erlösendem oder schon Erlöstem besteht eine wesenhafte Identität.

Abgesehen vom Antikosmismus und Dualismus gnostischer Prägung ist dieser soteriologische, vom Erlösungsprinzip her bestimmte Ansatz ausschlaggebend für eine Beurteilung, ob ein Text zur Gnosis (spätantiker Prägung!) zu rechnen ist oder nicht. In der Praxis ist es zwar oft schwierig, diese Maßstäbe anzulegen und ein klares Urteil zu fällen, doch hebt das die grundsätzliche Forderung nicht auf, Texte auf ihren gnostischen bzw. christlichen Grundgehalt zu prüfen – sofern man überhaupt das Bedürfnis hat, zwischen beidem zu unterscheiden. Die frühen christlichen Schriftsteller hatten es – aus gutem Grund, weil zwischen beiden Heilskonzeptionen ein wesentlicher Unterschied in der Betrachtung von Gott, Welt und Mensch besteht.

3.2 Paulus und die Gnosis

Im Blick auf Paulus ist das Identitätskriterium von besonderer Bedeutung, da der Apostel die Pneumavorstellung für grundlegende Aussagen benutzt. So heißt es z.B. im Brief an die Gemeinde in Rom, Kapitel 8:

> „So gibt es nun keine Verdammnis für die, die in Christus Jesus sind (1). Denn das Gesetz des Geistes, der da lebendig macht in Christus Jesus, hat mich freigemacht von dem Gesetz der Sünde und des Todes (2). ... Ihr aber seid nicht fleischlich, sondern geistlich, wenn anders Gottes Geist in euch wohnt. Wer aber Christi Geist nicht hat, der ist nicht sein (9). Wenn aber Christus in euch ist, so ist der Leib zwar tot um der Sünde willen, der Geist aber ist Leben um der Gerechtigkeit willen (10). Wenn nun der Geist des, der Jesus von den Toten auferweckt hat, in euch wohnt, so wird derselbe, der Jesus Christus von den Toten auferweckt hat, auch eure sterblichen Leiber lebendig machen durch seinen Geist, der in euch wohnt (11)."
>
> *(Luther-Übersetzung)*

Die gnostischen Grundgedanken, die wir mit den Vorstellungen über das Schicksal der Lichtwelt beschrieben haben (Vermischung von Licht und Finsternis, Gefangenschaft des Lichts, Licht-Licht-Identität), werden in den verschiedenen Ausprägungen der Gnosis ganz unterschiedlich ausgedrückt. Im Bereich des griechischen und hellenistischen Denkens geschieht das mit Hilfe der Psyche- und Pneuma-Terminologie.

Dabei unterscheiden die Gnostiker zwischen einer oberen, „überkosmischen" und einer unteren, „kosmischen" Seele, deren Trennung auf einen urzeitlichen „Fall" (oder eine andere urzeitliche Aktion) zurückgeht (→I, 3.3; 4.3–4). Denselben Sachverhalt beschreibt die Vorstellung, dass der innere „Kern" des Gnostikers, sein Pneuma, sein Selbst himmlischen Ursprungs und göttlicher Natur ist, so dass das Wesen des Pneumatikers mit dem des Erlösers identisch ist. Der negative Aspekt dieser Identität ist die Spaltung des Pneuma (des Selbst, der Psyche), wobei zu beachten ist, dass sich die getrennten Teile nicht aus eigener Kraft wieder vereinigen können.

Für Paulus trifft diese Identitäts- und Spaltungsvorstellung jedoch nicht zu. Obwohl sich Passagen seiner Briefe in Gnosis-Nähe befinden, ist bei ihm „Pneuma" nicht ein Teil des himmlischen Selbst, sondern der „Geist des Glaubens" (2. Kor 4, 13). Somit gehört „Pneuma" bei Paulus in den Zusammenhang von Glauben und Rechtfertigung (vgl. C. Colpe, RAC 11, 605). Es ist der Geist Gottes, der als Gabe Gottes im Glaubenden „wohnt" und wirkt und ihn zu einem Leben in der Nachfolge Jesu Christi befähigt – und nicht der im Pneumatiker eingeschlossene Geist, sein Selbst. Trotz mystisch-gnostisch auslegbarer Formulierungen wie „in Christus sein", „Christus in sich haben", „den Geist haben" und der „Leib-Christi"-Vorstellung (2. Kor 5, 17; Röm 8, 9–11; 1. Kor 12, 27) ist festzustellen, dass Paulus keine gnostische Identitätsmystik lehrt, sondern zwischen göttlichem und menschlichem Geist, zwischen Erlöser und zu Erlösendem, Christus und dem Gläubigen, Gott und dem sündigen Menschen unterscheidet. Paulus geht es um die Vergebung menschlicher Schuld durch Gott und um die Versöhnung zwischen Gott und Mensch durch Jesus Christus

(2. Kor 5, 17 ff.) – nicht um die Befreiung des göttlichen Pneuma im Menschen. Der Glaubende „gehört" zwar Christus „an" (Gal 5, 24; vgl. 3, 29), aber er ist nicht mit ihm identisch und als von Christus Erlöster wird er auch nicht zu Christus.

Allerdings haben christliche Gnostiker wie Valentinus und seine Schüler Paulus durchaus im Sinne gnostischer Prinzipien verstanden und seine Schriften in ihrem Sinne ausgelegt (vgl. Ptolemäus bei Irenäus, Adversus haereses I 1 ff.; z. B. 8, 4 in Bezug auf 1. Kor 2, 6: „Weisheit (Sophia) bei den Vollkommenen"). Das ist ihnen von den Texten her nicht schwer gefallen (vgl. o. Röm 8; 1. Kor; Eph usw.), zumal sich Paulus bei seiner Auseinandersetzung mit der Gnosis auch auf deren Vorstellungen und Formulierungen einlässt. Die großkirchlichen Theologen hatten deshalb mit Paulus ihre Schwierigkeiten. Irenäus beklagt, dass die Irrlehrer „die Worte des Paulus ganz missverstehen, diese anders deuten (!) ... (und also) lügen" (Adv haer IV 41, 5). Jedenfalls hatte die Kirche einige Mühe, sich „ihren" Paulus zu sichern und in der großkirchlich-„rechtgläubigen" Tradition zu verankern.

3.3 Das Johannes-Evangelium – christliche Gnosis?

Probleme hatte die Großkirche auch mit dem Johannes-Evangelium, wobei die Frage nach seinem Verhältnis zur Gnosis bis heute kontrovers beantwortet wird. Von manchen Forschern wird der gnostische Charakter des vierten Evangeliums nachdrücklich bejaht, von anderen vehement bestritten. Fest steht, dass das Johannes-Evangelium eine auffällig andere Prägung hat als die synoptischen Evangelien des Markus, Matthäus und Lukas und es in mancher Hinsicht der Gnosis nahe steht. Dazu gehören Aussagen über das Wesen des Erlösers und des Glaubenden und über den Charakter der Welt. Obwohl das vierte Evangelium, so wie es vorliegt, keine volle Identifizierung des Glaubenden und potentiell Erlösten mit dem Erlöser vornimmt, bietet es doch gerade an dieser Stelle zahlreiche Anhaltspunkte für ein gnostisches Verständnis (vgl. vor allem Joh 3). Es ist daher kein Zufall, dass es für gnostische Auslegungen herangezogen wurde, wie die im Johanneskommentar des Origenes überlieferten 48 Fragmente aus Exegesen des Gnostikers Herakleon (gest. 254) zeigen. Herakleon, ein prominenter Schüler des Valentinus, deutet z. B. die Wendung „in ihm" aus dem Satz „Was in ihm (d. h. dem Logos) geworden ist, war das Leben" (Joh 1, 3 f.) auf die Pneumatiker, die er von den Psychikern und Sarkikern ganz nach der gnostischen Trichotomie unterscheidet (Fragm. 2). Die Aufrichtung des Tempels „in drei Tagen" (Joh 2, 19) bezieht er auf die Auferstehung der Gemeinde, die am dritten, pneumatischen Tag geschieht. Das ist die Gemeinde der Pneumatiker, nicht etwa der (Groß-)Kirche! (Fragm. 15). Ganz im gnostischen Sinne trennt er den „Vater der Wahrheit" vom Schöpfergott (Demiurgen) (Fragm. 20 und 22 zu Joh 4, 21 f.), wie er auch sonst den pneumatischen vom psychischen und materiellen Bereich, die Licht- von der Finsterniswelt deutlich abgrenzt und die „Vorgaben" des Johannes-Evangelium für sein gnostisches Verständnis dieser Schrift geschickt ausnutzt.

Es sind vor allem dualistische Vorstellungen und Begriffe, die das 4. Evangelium in Gnosisnähe rücken, so der schillernde Kosmos-Begriff, wonach die Welt als Ort der Finsternis und des „Fürsten dieser Welt" erscheint (1, 5; 12, 31; 16, 11) und dem Reich des Erlösers entgegengesetzt wird (18, 36). Dieser stammt von oben und ist nicht von dieser Welt, während die Sünder von unten her und somit von dieser Welt sind (8, 23). Wer von oben her gezeugt bzw. neu geboren wird, kann das Gottesreich „sehen" (3, 3). „Was vom Fleisch (Sarx) geboren wird, das ist Fleisch; und was vom Geist (Pneuma) geboren wird, das ist Geist" (3, 6). Folglich sind diejenigen, die zum Erlöser gehören, nicht von dieser Welt, wie auch er nicht von dieser Welt ist (17, 14 u. 16). Er kommt vielmehr (als der Logos) herab „in sein Eigentum" und zu „den Seinen" (1, 11). Alle, die ihn aufnehmen, erweisen sich als die Seinen, die „aus Gott gezeugt bzw. geboren" sind (1, 13). Für Herakleon bedeutet das: Sie sind von Natur aus Pneumatiker, wohingegen diejenigen, die den himmlischen Erlöser nicht annehmen und ihm nach dem Leben trachten, ihrem Wesen nach Choiker (Erdenmenschen) sind. Sie haben „den Teufel zum Vater und gehören zur Finsterniswelt" (Joh 8, 43 f.; Herakleon Fragm. 44, 46, 47; Joh 1, 4 f., s. o.).

Von diesen (und anderen) Aussagen her gesehen nimmt es nicht wunder, dass das Johannes-Evangelium nicht selten als gnostische bzw. christlich-gnostische Schrift bezeichnet wird. Ernst Käsemann hat vor allem in der Erlöservorstellung gnostische Züge gesehen und (wie F. Chr. Baur, G. P. Wetter und andere vor ihm) den johanneischen Christus als den „über die Erde schreitenden Gott" charakterisiert. Es sei „deutlich, dass Johannes gnostische Verkündigung vorbereitet oder bereits unter ihrem Einfluss steht. Denn sie erblickt in der Sammlung der irdisch zerstreuten Seelen für die himmlische Heimat das Ziel der Weltgeschichte." Der göttliche Ruf ergeht an die „vom Wort her lebende und die himmlische Einigung irdisch repräsentierende Gemeinde" der Erwählten. Wie in der Gnosis geht es in Johannes 17 um „eine geheime Jüngerbelehrung. ... Ihnen wird Einsicht vermittelt, welche die Welt nicht hat und nicht einmal haben soll ..." (E. Käsemann, Jesu letzter Wille, Tübingen 1966, S. 52, 129, 17). Das allein ist typisch für gnostisch-christliche Offenbarungsschriften.

Luise Schottroff ist in ihrem Buch mit dem bezeichnenden Titel „Der Glaubende und die feindliche Welt. Beobachtungen zum gnostischen Dualismus und seiner Bedeutung für Paulus und das Johannesevangelium" (Neukirchen/Vluyn 1970) zu dem Ergebnis gekommen, dass „mit dem Johannes-Evangelium die gnostische Heilslehre in den Kanon gelangt" ist. „Johannes ist das erste uns ausführlicher bekannte System einer Gnosis, die sich christliche Traditionen adaptiert" (S. 295).

Die Lösung dieser nach wie vor umstrittenen Frage könnte so aussehen, dass der Verfasser des vierten Evangeliums im Umkreis einer frühen Gnosis gelebt und in seiner Schrift Traditionen einer von der Gnosis beeinflussten Gemeindegruppe aufgearbeitet hat. Christliche Gemeinden, die mehr oder weniger vom gnostischen Denken beeinflusst oder – wie wohl in diesem Falle – schon geprägt waren und ein gnostisierendes oder gnostisches Christentum vertraten, hat es zweifellos schon früh gegeben. Das Johannes-Evangelium ist dafür ein beredtes Zeugnis, und der ganze johanneische Kreis steht für einen langwierigen Prozess, der schließlich in die Großkirche mündet. Hier sind es ursprünglich Anhänger einer Täufergemeinde gewesen, die zuerst von der Gnosis und dann vom christlichen Glauben „ergriffen" wurden. Die von einer Grundschrift des Johannes-Evangeliums über eine spätere Redaktion erfolgte Wendung, die sich in den Johannesbriefen fortsetzt, zeigt deutlich diesen Prozess und erschwert zugleich die eindeutige Zuordnung dieser Schrift. Man könnte auch sagen, dass sich die Konturen zwischen gnostischen und „genuin" christlichen Vorstellungen verwischen. Denn während es einerseits dualistische Züge aufweist und eine deutliche Distanz zur „Welt" herstellt, die sich unter anderem an der Christusgestalt mit ihrem „naiven Doketismus" (Käsemann; →7.5.3) zeigt, redet das Johannes-Evangelium andererseits von Gottes Zuwendung zur „Welt" (3, 16: „Also hat Gott die Welt geliebt") und lässt den Erlöser in die Welt und ins Fleisch eingehen (1, 14: „Und das Wort ward Fleisch"; das ist aber auch noch nicht antignostisch!). Es hebt das Gegenüber von Erlöser (Jesus) und Erlöstem (Glaubenden!) nicht auf, obwohl beide sehr nahe gerückt werden, und es degradiert den Schöpfergott nicht zum Demiurgen.

So bleibt der Charakter dieser Schrift in der Schwebe, was auf den angedeuteten Prozess von Gnostifizierung und nachfolgender Christianisierung der hinter ihr stehenden Gemeinde zurückzuführen ist. Das Johannes-Evangelium gehört aber gerade deshalb in die Frühgeschichte der Begegnung von Gnosis und Christentum hinein (→Kap. II, 5 ff.).

3.4 Was ist gnostisch, was christlich? Nochmals zur Unterscheidung und Differenzierung

An Paulus und am Johannes-Evangelium ist deutlich geworden, wie schwierig es ist, Vorstellungen und Texte als gnostisch oder gnostisierend, nicht-gnostisch oder anti-gnostisch einzustufen. Für die Zeit des frühesten Christentums liegt der Grund darin, dass sich die Gnosis ebenso wie das Christentum erst zu entfalten begann und sich noch keine fertigen Denksysteme gegenüberstanden. Auch gab es noch keine Instanz wie später die Großkirche, die bestimmte Gedanken für ketzerisch erklärte. Insofern sind Etikettierungen wie häretisch und rechtgläubig für die Frühzeit anachronistisch.

In der Regel sind von beiden Denk- und Glaubensrichtungen Vorstellungen und Begriffe verwendet worden, die aus den vorhandenen religiösen und philosophischen Traditionen zur Verfügung standen. Da sie im Rahmen unterschiedlicher Denkansätze gebraucht wurden, „haftete" ihnen schon bald ein gewisser spezifischer „Klang" an, den man im Nachhinein als „typisch gnostisch" oder „christlich"(-kirchlich) wahrnimmt. Solange es in frühchristlicher Zeit unterschiedliche Entwicklungslinien gab, fand ein reger Austausch von Gedanken und Vorstellungen statt, die bereits mit dem jeweils anderen Denkansatz verknüpft waren und diesen sozusagen „repräsentierten". In diesem Sinne sind Formulierungen im Neuen Testament zu beurteilen, die aus gnostischen Schriften vertraut sind, aber für sich genommen noch keinen Beleg für den gnostischen Charakter einer Schrift oder Textstelle darstellen, vor allem dann nicht, wenn entscheidende Identifikationsmerkmale der Gnosis (→Kap. I, 3) fehlen. Entscheidend ist jeweils, in welchem Bezugsrahmen einzelne Formulierungen stehen!

Beispiele gnostischen Einflusses im Neuen Testament sind auch der Brief an die Epheser (Mythos von Fall und Erlösung der Sophia; Sophia als Erlöserin und zu Erlösende, vgl. Eph 5, 22–33), der Kolosser- und der Hebräerbrief. In ihnen finden sich gnosisspezifische Vorstellungen, ohne dass die Verfasser und ihre literarischen Produkte einfach unter „Gnosis" eingeordnet werden können, zumal sie auch Korrekturen an gnostischen Vorstellungen vornehmen und sich damit gegen die Gnosis wieder abgrenzen.

In vielen Fällen kann man zunächst nur von einer gnostischen Tendenz reden. Ob und wie „gefährlich" solche gnostischen Tendenzen sind, konnte erst derjenige sagen, der gnostische Systeme und ihre Wirkungsgeschichte kannte – wie später die Kirchenväter und Ketzerbestreiter. Doch gab es auch schon in der Zeit des frühen freien Gedankenaustausches Kritiker der Gnosis aus guten theologischen Gründen. Andererseits kann man noch am Verfasser des zweiten Petrusbriefes und an Ignatius, die sich beide bewusst mit der Gnosis auseinander setzten, beobachten, wie unbeschwert frühchristliche Autoren mit Gedanken, Bildern und Begriffen gnostischer Prägung umgingen (vgl. 2. Petr 1, 4. 20f.; 2, 1ff.; 3, 15f.; zu Ignatius s. u.).

4. Kritik an der Gnosis im Neuen Testament

Nach der geschilderten Begegnung und Überlappung gnostischer und christlicher Vorstellungen verwundert es nicht, dass sich Schriften gnostischer Herkunft oder mit gnostischem Einfluss zugleich von gnostischen Positionen abgrenzen oder gegen die Gnosis polemisieren. Ein prominentes Beispiel dafür ist das Johannes-Evangelium mit seinen verschiedenen Stadien gnostischer und christlicher Diktion. Hier fällt auf, dass bestimmte gnostische Grundvorstellungen nicht auftauchen, vielleicht schon bei der Abfassung fehlten, weil sie in der entsprechenden Gemeindetradition nicht bekannt waren – oder vom späteren christlichen Überarbeiter (Redaktor) nicht übernommen wurden, der sich ja gegen bestimmte gnostische Positionen auch bewusst abgrenzt.

Solche Abgrenzung gegen gnostische Positionen spielt dann

in den Johannesbriefen eine Rolle, die sich deutlich von einem gnostisierenden Christentum distanzieren und zum kirchlichen Christentum hinwenden. Hier wird die Fleischwerdung Jesu Christi besonders herausgestellt (1. Joh 4, 2f.; 2. Joh 7), während die singuläre Äußerung von Joh 1, 14 (der Logos wurde Sarx/Fleisch) in einer zum Doketismus neigenden Schrift nur bedeutet, dass der Erlöser in die irdisch-sarkische Sphäre eintrat – wie in der Gnosis auch. Wer diese Wende zum kirchlichen Christentum nicht mit vollzieht, wird kurzerhand aus der Gemeinde ausgeschlossen (1. Joh 4, 1; 2, 19; 2. Joh 9–11).

Wie schon festgestellt (→3.2), hat auch Paulus Begriffe und Vorstellungen, die in der Gnosis von zentraler Bedeutung sind, verwendet – allerdings in einem anderen theologischen Bezugsrahmen –, und er hat dadurch letztlich gnostisches Denken durchbrochen. So, wenn er im Gegensatz zur Gnosis das Pneuma als Gabe Gottes für den sündigen Menschen versteht. Damit und vor allem durch seine Kreuzestheologie wehrt er den Doketismus ab, wonach der himmlische Erlöser nur scheinbar Mensch wurde oder nur zeitweilig ein irdisches Gewand anzog. Paulus musste sich auch in seinen Gemeinden mit Anschauungen auseinander setzen, die mit seiner Theologie nicht zusammenstimmten, darunter mit gnostischen Geist- und Erlöservorstellungen und Sophiaspekulationen (vgl. 1. Kor 1, 18 bis 2, 16; 1. Kor 12 und 15; 2. Kor 4, 10ff. und 5, 16ff.; zur Sophia/Weisheit s. den Eph.brief). Weiterhin finden sich antignostische Positionen im ersten und zweiten Timotheusbrief (1. Tim 1; 6, 20; 2. Tim 2, 17ff.) und im Titusbrief.

Bei diesen Auseinandersetzungen mit der Gnosis ist nicht nur ein direktes oder indirektes Vorgehen zu unterscheiden, sondern auch eine auf Argumenten beruhende Abgrenzung von bloßer Polemik und Konfrontation. Im letzteren Falle wird nur noch die für „richtig" gehaltene der „falschen" Lehre entgegengesetzt (vgl. 1., 2. Tim; Judas; 2. Petr). Dieses unterschiedliche Umgehen mit den so genannten „Irrlehren" und ihren Vertretern setzt sich dann so fort bei den „apostolischen Vätern"

(Ignatius, Polykarp) und „Apologeten" (Melito von Sardes, Justin) bis hin zu den Theologen der Großkirche wie Irenäus, Hippolyt, Klemens von Alexandrien und Origenes.

In einem Zeitraum von rund hundert Jahren – von der Wirksamkeit des Paulus an gerechnet bis zu der des Irenäus – entwickelten sich also sowohl die christliche Gnosis wie auch das kirchliche Christentum miteinander, nebeneinander und gegeneinander zu zwei Glaubensrichtungen, deren unterschiedliche Denkansätze immer deutlicher zu Tage traten.

5. Die Variationsbreite christlich-gnostischer Begegnungen

Wenn man bedenkt, dass eine Fülle von Vorstellungen und Begriffen aus der Geisteswelt der Spätantike, aus westlichen wie östlichen Religionen und Philosophien zur Zeit der Entstehung des frühen Christentums und der Gnosis aufeinander trafen, von unterschiedlichen Ansätzen her neu geprägt, kombiniert, in neue Zusammenhänge hineingenommen wurden und dass in diesem „Schmelztiegel" allmählich Neues entstand, dann ist es nicht verwunderlich, dass diese Vielfalt der Gedanken damals wie heute nicht leicht zu übersehen ist. An der Herausbildung einzelner zentraler Vorstellungen lässt sich auch zeigen, dass es dabei um komplizierte Prozesse ging, die sich lange hinzogen und erst allmählich zu überblicken waren. Das betrifft das kirchliche Christentum ebenso wie die christliche Gnosis. Wie beides gleichzeitig sich entwickelt, ineinander greift, aber auch kollidiert, wie christliches und gnostisches Denken sich verbindet und entsprechendes Gedankengut sich vermischt, konnte schon am Neuen Testament beobachtet werden.

Bevor nun die „christliche Gnosis" näher betrachtet wird, ist festzuhalten, dass sich gnostische und christliche Vorstellungen auf vielerlei Weise begegneten und beeinflussten und gnostisches Denken vom frühen Christentum ganz unterschiedlich aufgenommen (oder abgewehrt) wurde. Das erstreckt sich von der differenzierten Verarbeitung gnostischen Gedankengutes in urchristlichen Schriften bis hin zu einer christlichen Gnosis, die von vornherein als christlich konzipiert ist, und zu einem gnostischen Christentum, das sich vor allem in den Kirchengemeinden etablierte. Später ist es eine „katholisch"-christliche Gnosis, die in der Großkirche das gnostische Erbe auf höherer Ebene theologisch zu integrieren suchte. Daneben gab es auch eine Gnosis, die vom Christentum unberührt blieb oder sich davon fern hielt, und es gab gnostische Texte, die nur oberflächlich verchristlicht wurden, häufig nur durch die Übernahme von „Jesus Christus" als Erlöser-Name. Die Vielfalt und Buntheit des gesamten Erscheinungsbildes lässt sich nur andeuten, und die Grenzen zwischen Gnosis und Christentum sind fließend!

6. *Die christliche Gnosis: Lehrer, Schulen und Richtungen*

6.1 Die Vorläufer

Obwohl die Gnosis keinen Stifter kennt, gilt für die Kirchenschriftsteller Justin und Irenäus der aus der Apostelgeschichte bekannte Simon Magus (Apg 8, 9–25) als Ahnherr der Gnosis. Er wirkte zu Beginn des ersten Jahrhunderts n. Chr. in Samarien und war der „Vater" der simonianischen Gnosis, des Simonianismus. Sein Schüler soll der 80 n. Chr. gestorbene Samaritaner Menander gewesen sein, der in der syrischen Stadt Antiochia lehrte, wo auch der Apostel Paulus gewirkt hat. Ebenfalls aus Samarien stammte der Gnostiker Dositheus. Sie alle lebten und wirkten zu einer Zeit und in Gegenden, wo sich die christliche Botschaft gerade zu entfalten begann.

6.2 Satornil, Kerinth und andere christliche Gnostiker

Der erste namentlich bekannte christliche Gnostiker war nach Ansicht der Kirchenväter Satornil (Saturninus) aus Syrien, dessen Tod bereits in die Zeit der Wirksamkeit der großen christlichen Gnostiker in der ersten Hälfte des 2. Jahrhunderts fällt. Satornil lehrte einen „unbekannten Vater", von dem die Engel, Kräfte und Gewalten stammen. Welt und Mensch sind durch die (sieben) Engel geschaffen. Einer der Engel sei der Gott der Juden, also der biblische Schöpfergott.

„Als von oben von der höchsten Macht ein leuchtendes Bild erschien, das sie nicht festhalten konnten, weil es sofort, wie er sagt, wieder nach oben eilte, ermunterten sie sich selbst mit den Worten: ‚Lasst uns einen Menschen machen nach Bild und nach Gleichnis' (1. Mos 1, 26). Als das geschehen war, sagt er, und das Gebilde sich nicht aufrichten konnte wegen des Unvermögens der Engel, sondern wie ein Wurm daherkroch, da erbarmte sich seiner die obere Kraft, weil es zu ihrem Gleichnis geschaffen war; sie sandte einen Funken des Lebens, der den Menschen aufrichtete, mit Gliedern versah und zum Leben erweckte. Dieser Funke des Lebens eilt nach dem Tode zu seiner Art zurück, und das Übrige löst sich zu dem, woraus es entstand, wie er sagt, wieder auf."
Christus, der himmlische Erlöser, sei nur „zum Scheine als Mensch erschienen". „Weil den Vater alle ‚Mächte' vernichten wollten, sei Christus zur Vernichtung des Gottes der Juden erschienen und zur Rettung derer, die ihm glauben, das seien die, die den Lebensfunken in sich hätten. Denn er (Satornil) sagt als Erster, dass zwei Arten von Menschen von den Engeln gebildet seien, die eine böse, die andere gut. Und da die Dämonen den Bösen halfen, sei der Heiland erschienen zur Vernichtung der bösen Menschen und Dämonen und zur Rettung der guten. Heiraten und zeugen, sagt er, sei vom Satan ..."

In diesem Referat des Irenäus (Adversus haereses I 24, 1–2 nach der Übers. in W. Foerster, Die Gnosis, Bd. 1, S. 56f.) finden sich bereits solche Vorstellungen, die von den Kirchenvätern als mit der biblischen Botschaft unvereinbar bekämpft wurden. Auch der Antijudaismus der Gnostiker ist hier fest verankert.

Christlich-gnostische Lehren vertraten in der ersten Hälfte des 2. Jahrhunderts auch Karpokrates in Kleinasien, Kerdon in Rom und um die Mitte des 2. Jahrhunderts Kerinth in Kleinasien. Letzterer lehrte nach Irenäus (I 26, 1) den ersten und obersten Gott und die Schaffung der Welt durch eine niedere Macht, die den obersten Gott nicht kennt. Kerinth unterscheidet den „pneumatischen" Christus, der leidensunfähig war, vom irdischen Jesus, der gekreuzigt wurde und auferstand. Bei der Taufe kam Christus als Taube auf Jesus herab und trennte sich vor der Passion wieder von ihm. In der Zeit, da beide vereinigt waren, hat der himmlische Christus in irdischer Zeit den „unbekannten Vater" verkündigt und Wunder vollbracht. Das berichtet auch Hippolyt (Widerlegung VII 33; X 21).

6.3 Basilides

Zwei Vertreter einer christlich geprägten Gnosis erlangten besondere Bedeutung: Basilides und Valentinos (Valentinus). Basilides hat sich ebenso wie Valentinos als christlicher Theologe verstanden. Er wirkte Mitte des 2. Jahrhunderts in Alexandria und war einer der ersten Exegeten von Rang und Namen. Euseb berichtet in seiner Kirchengeschichte (IV 7, 7), dass Basilides „24 Bücher über das Evangelium", also eine breit angelegte Auslegung der christlichen Botschaft verfasste, wovon nur wenige Auszüge bei Klemens von Alexandrien überliefert sind. Sonst existieren keine Originalquellen seiner Werke, sondern nur Berichte bei Irenäus und Hippolyt. Diese Darstellungen seiner Lehre weichen jedoch stark voneinander ab, was möglicherweise auf die Bildung von Schulen im Gefolge des Basilides zurückzuführen ist. Eine basilidianische Schule wurde von seinem Sohn Isodoros geleitet.

Für die heutigen, häufig betont monistischen Ausprägungen der Gnosis ist von Belang, dass die ursprünglich dualistischen

Lehren des Basilides – wie Irenäus in Buch I 24, 3–7 wiedergibt – später monistisch interpretiert wurden und so bei Hippolyt unter dem Vorzeichen der griechischen Philosophie erscheinen!

Auch Basilides geht von der urzeitlichen Vermischung der lichten und finsteren Sphäre aus. Sein ausgedehntes mythologisches System kann man bei Irenäus nachlesen. Danach lässt der „ungewordene Vater" sechs Engel und Mächte entstehen, die den ersten Himmel bilden. Daraus gehen weitere Engel und Himmel hervor, bis am Ende dieser Emanationen 365 Himmel stehen. Die Engel im letzten Himmel schufen die Welt. Ihr Anführer sei der „Gott der Juden". Um die Menschen von der Herrschaft der weltschöpferischen Mächte zu befreien, sandte der „ungewordene und unnennbare Vater" Christus, seinen Nous (Verstand, der dem oberen Pneuma/Selbst entspricht). Er sollte alle, die an ihn glauben, erlösen. Christus erschien auf Erden als Mensch, habe aber nicht gelitten,

> „sondern ein Simon von Kyrene habe, dazu gezwungen, das Kreuz für ihn getragen; er (Simon) sei von ihm (Jesus) verwandelt worden, dass er für Jesus gehalten wurde, und sei aus Unwissenheit und Irrtum gekreuzigt worden, Jesus aber habe Simons Gestalt angenommen, dabeigestanden und sie (die verblendeten Menschen und Archonten, KWT) verlacht. Denn da er eine unkörperliche Kraft sei und der Nous des ungewordenen Vaters, habe er sich verwandelt wie er wollte und sei zu dem aufgestiegen, der ihn gesandt habe, und habe sie verlacht, da sie ihn nicht halten konnten und er allen unsichtbar war. Darum seien die, die dies wissen, frei von den Weltschöpfer-Mächten. Man solle nicht den, der gekreuzigt ist, bekennen, sondern den, der in Menschengestalt gekommen sei und von dem man meinte, er sei gekreuzigt, der Jesus genannt und vom Vater gesandt sei, um durch diese Veranstaltung die Werke der Weltschöpfer zu zerstören."

(Text bei W. Foerster, Die Gnosis, Bd. 1, S. 81f.; ebenda der Hippolyt-Bericht, S. 84ff.)

Soweit der Bericht des Irenäus. In jedem Falle – auch nach der Version, die Hippolyt von der Lehre des Basilides gibt – geht es um die Befreiung des Pneumatikers oder Gnostikers aus dieser Welt, die Scheidung des Vermischten und die Wiedervereinigung alles Göttlichen. Aus dem zitierten Text ist zu entnehmen, dass der Nous als erlösende Kraft des Gnostikers, also des mit Nous begabten Menschen, vorgestellt ist und damit hier eine zentrale gnostische Vorstellung begegnet.

Andererseits haben Basilides und sein Sohn Isidor viel zur Bewältigung anstehender theologischer Probleme beigetragen und können als Wegbereiter von Klemens von Alexandrien und Origenes angesehen werden.

6.4 Valentin

Der andere bedeutende Vertreter einer christlichen Gnosis war Valentinos (Valentinus). Er stammte aus Ägypten und wirkte längere Zeit in Rom, wo es um die Mitte des 2. Jahrhunderts zwischen ihm und der Kirche zum Bruch kam. Von seinen Schriften sind nur Fragmente bei Hippolyt und Klemens von Alexandrien überliefert, doch gibt es Originaltexte des Valentinianismus in der Bibliothek von Nag Hammadi. Der Valentinianismus breitete sich von Rom bis nach Südgallien aus und gelangte im Osten bis nach Kleinasien, Syrien und Ägypten. Mit seinen beiden Zweigen, dem westlichen und dem östlichen Zweig, war die valentinianische Gnosis die am weitesten verbreitete Richtung der christlichen Gnosis im Mittelmeerraum und damit – abgesehen von Marcions Gegenkirche – die stärkste Konkurrentin des kirchlichen Christentums. Dementsprechend ernst wurde sie von den kirchlichen Theologen genommen, die auch das komplizierte mythologische System in den verschiedenen Varianten genau beschrieben haben. Diese finden sich in den Werken von Irenäus, Hippolyt, Klemens von Alexandrien, Epiphanius und Origenes. Dazu gehört eine ausgedehnte Kosmologie, die Schilderung der Ur-Katastrophe, die für die Vermischung von Licht und Finsternis, die Schaffung der Welt und des Menschen durch den Demiurgen und die Gefangenschaft des Pneumatikers verantwortlich ist, sowie die Einteilung der Menschen in Pneumatiker (die wesenhaft geistig sind), Psychiker (die aus Seele und Materie bestehen und das Heil durch Glauben und gute Werke erlangen können; das sind die Kirchenchristen!) und Hyliker (die nur materiellen Menschen).

An dem skizzierten Modell der valentinianischen Gnosis nach Irenäus (→Kap. I, 5.1) lässt sich überblicken, wie das mythologische Programm von Fall und Aufstieg abläuft, welche Folgen die Geistspaltung (Sophia – Sophia Achamoth/Geistwesen) hat und wie in einer umfänglichen Heilsveranstaltung die Rückkehr der Pneuma-Teile in ihre himmlische Heimat und dadurch die Wiedervereinigung des gespaltenen und zerstreuten Pneuma/Lichts möglich wird.

In der Christologie hatten die Valentinianer unterschiedliche Auffassungen. Die einen lehrten, dass Jesus das Pneuma von Anfang an besaß, während andere mit der Taufe das Pneuma in Jesus eingehen ließen. Christus und Jesus wurden in das große kosmische Drama eingebaut, das Erlösungsgeschehen dementsprechend interpretiert, alles in allem christliches Gedankengut unter gnostischem Vorzeichen verstanden und in variablen Systemen gelehrt.

Valentin hatte eine Reihe namhafter Schüler, unter ihnen Ptolemaios und Herakleon, die die westliche, italische Richtung repräsentierten, und Theodotos und Markos vom orientalischen Zweig des Valentinianismus. Ihre Werke sind auszugsweise und in Zitaten bei den Kirchenschriftstellern erhalten, so z.B. Auslegungen von Stellen des Johannes-Evangeliums bei Origenes.

6.5 Originaltexte der christlichen Gnosis

Es ist ein großes Glück für die Gnosisforschung, dass der Handschriftenfund von Nag Hammadi eine Vielzahl von Texten ganz unterschiedlicher Prägung enthält (→Kap. I, 2.1). Darunter sind auch solche, die wesenhaft christlich-gnostisch sind. Einige davon könnte man auch zur christlichen Literatur rechnen, da ihr Mischungsverhältnis dies ohne weiteres zulässt. Jedenfalls wird der Bestand an originaler christlich-gnostischer Literatur durch die Bibliothek von Nag Hammadi erheblich erweitert. Auch im Blick auf die Auseinandersetzung zwischen Kirche und Gnosis haben die Nag-Hammadi-Schriften wertvolle Belege geliefert (→Kap. II, 7). In den weiten christlich-gnostischen Rahmen gehören alle Schriften von Kodex I: ein Gebet des Apostels Paulus, der Brief des Jakobus (Epistula Jacobi apocrypha), das Evangelium Veritatis, der Brief des Rheginus über die Auferstehung sowie der Tractatus Tripartitus. Aus Kodex II sind zu nennen: Das Evangelium nach Philippus (II, 3) und das Buch des Thomas (II, 7); aus Kodex III der Dialog des Erlösers (III, 5); aus Kodex V die Apokalypse des Paulus (V, 2) sowie die erste und die zweite Apokalypse des Jakobus (V, 3 und 4); aus Kodex VI die Taten des Petrus und der zwölf Apostel (VI, 1); aus Kodex IX Melchisedek (IX, 1); aus Kodex XI Die Interpretation der Gnosis (XI, 1).

Von großer Bedeutung für das Verhältnis von Gnosis und Kirche sind die schon erwähnten Schriften: Der Zweite Logos des großen Seth (VII, 2), die Apokalypse des Petrus (VII, 3), der Brief des Petrus an Philippus (VIII, 2) und Testimonium Veritatis (Zeugnis der Wahrheit, IX, 3).

Hinzu kommen Schriften, die sekundär verchristlicht worden sind wie das Apocryphon des Johannes (NHC III, 1; IV, 1), das Ägypter-Evangelium (III, 2; IV, 2), die Sophia Jesu Christi (III, 4) und die Dreigestaltige Protennoia (XIII, 1), und solche Texte, die nur christliche Elemente enthalten, z. B. Die Hypostase der Archonten (II, 4) und die titellose Schrift vom Ursprung der Welt (II, 5).

Alle diese Texte haben unsere Kenntnisse über das Verhältnis von gnostischem und christlichem Denken, von christlicher Gnosis und kirchlichem Christentum sowie von gnostischem Christentum und Großkirche wesentlich bereichert und vertieft.

6.5.1 Der valentinianische Tractatus Tripartitus – ein Schritt in Richtung Kirche

Lange Zeit war man für Auskünfte über Valentinus und den Valentinianismus auf die Kirchenväter und Ketzerbestreiter angewiesen. Jetzt stehen auch Originalschriften zur Verfügung, vor allem der Dreiteilige Traktat (NHC I, 5), das Philippus-Evangelium (II, 3) und die erste Apokalypse des Jakobus (V, 3), dazu eine valentinianische Abhandlung und ein valentinianisches Gebet (XI, 2 und 2A).

Wegen seiner mythologischen Eigenart innerhalb des Valentinianismus und seiner schönen, klaren Sprache soll der Tractatus Tripartitus hier besonders herausgestellt werden. Anders als im valentinianischen System nach Irenäus I 1–8 (→Kap. I, 5.1) hat der „Vater" hier keine Gefährtin (Ennoia, Sige), und an die Stelle der Triade Vater-Mutter-Sohn (Nous) tritt hier die Dreiheit Vater-Sohn-Kirche, wobei der Sohn die Kirche als Gefährtin bekommen hat. Das ist ein Schritt hin zum kirchlichen Christentum.

Von sprachlicher Eleganz ist die Charakterisierung des „Vaters":

> „Uneingeschränkt Vater und Gott ist allein der,
> den keiner gezeugt hat, während Er es ist,
> der das All erzeugt und erschaffen hat.
> Er ist anfangslos und endlos. …
> Kein Verstand vermag ihn zu verstehen,
> kein Wort kann ihm je entsprechen,
> kein Auge kann ihn je sehen,
> kein Körper kann ihn je umfassen
> auf Grund seiner unerreichbaren Größe,
> seiner unergründlichen Tiefe,
> seiner unermesslichen Höhe

und seiner unfassbaren Ferne. …
Wenn er aber unbegreiflich ist,
so folgt daraus, dass er unerkennbar ist …
Er allein ist es, der sich erkennt …
(Er ist es), der Nous für sich allein ist …
Er ist Wonne.
Er ist Lust.
Er ist Wahrheit.
Er ist Freude.
Er ist Ruhe.
Das, was er ersinnt,
was er sieht,
was er sagt,
was ihm als Denken zu eigen ist,
übersteigt alle Weisheit
und ist über alle Vernunft
und über alle Ehre
und über alle Schönheit
und alle Süßigkeit
und alle Größe
und alle Tiefe
und alle Höhe."

Der Vater „hat einen Sohn, der in ihm ruht …" Er ist „Erstgeborener und Einziger Sohn". „Nicht nur der Sohn existiert von Anfang an, sondern auch die Kirche existiert von Anfang an." Sie ist „seine (d. h. des Sohnes) Gefährtin" und vereinigt in sich die Gemeinde der Geistmenschen (Pneumatiker).

Interessant sind Funktion und Eigenschaften des Logos, der „eine Frucht der Weisheit" ist. „Dieser Äon war der letzte, der hervorgebracht" wurde, und zwar für die Schöpfungen.

„Der Vater aber und die Glieder des Alls zogen sich hinter ihm zurück, damit die Grenze, die der Vater gezogen hatte, eingehalten werde …" Der Logos „konnte den Anblick des Lichtes nicht ertragen, sondern blickte in [die] Tiefe – und zweifelte. Daraus entstand ein Zwiespalt, [an dem] er litt, und eine Abkehr infolge des Zweifels und Zwiespaltes, ein Vergessen und Nichterkenntnis seiner selbst und <des> Seienden. Seine Selbstüberhebung und seine Erwartung, das Unerreichbare erreichen zu können, verfestigte sich (in) ihm und blieb in ihm ..."

Diejenigen aber, die durch den Logos „aus dem hochmütigen Denken entstanden waren, gleichen den Pleromata, deren Imitationen sie sind, Nachbildungen, Schatten und Trugbilder, die bar des Logos und des Lichtes sind, die dem nichtigen Denken angehören, da sie Gebilde von Nichts sind. Deswegen wird auch ihr Ende sein wie ihr Anfang: Sie stammen aus dem, was nicht existiert, auf dass sie zurückkehren zu dem, was nicht sein wird ... Sie dachten von sich selbst, sie seien selbstentstanden und anfangslos, da sie nichts sahen, was vor ihnen existierte. Deshalb lebten sie in Ungehorsam und Abtrünnigkeit" ... Und „so geschah es denn, dass viele als Geschöpfe aus ihnen hervorkamen: als Kämpfer, als Krieger, als Aufrührer, als Abtrünnige; es sind solche, die sich nicht unterordnen, sondern lieber andere kommandieren ..."

„Der Logos also war zur Ursache derer geworden, die entstanden waren, und mehr und mehr geriet er in Verlegenheit. Er war fassungslos: anstelle von Vollkommenheit sah er Mangel; anstelle von Einigkeit sah er Spaltung ..."

„Da nun die, die entstanden waren, sich nicht selbst erkannten, erkannten sie weder die Pleromata, aus denen sie entstanden waren, noch den, der zur Ursache geworden war, dass sie ins Dasein traten."

Schließlich kommt es aber doch zur Umkehr (Metanoia) des Logos und zur Offenbarung des Sohnes.

„Diesen nennt man mit Fug und Recht ‚Soter' und ‚Retter' und ‚Wohlgefälliger' und ‚Geliebter', ‚Zuflucht' und ‚Christus' und ‚Licht derer, die (vorher)bestimmt sind' ..."

„Als der Logos, der mangelhaft war, erleuchtet wurde, hob

sein Pleroma an. Er machte sich frei von denen, die ihn anfangs verwirrt hatten, er wurde ungetrübt von ihnen, er streifte jenes hochmütige Denken ab. Er empfing die Vereinigung mit der Ruhe ..."

„Für alle, die aus ihm hervorgekommen sind", betet der Logos „um die gesicherte Heilsordnung". Um das Heil derer, die gerettet werden sollen, zu erreichen, wird der Erlöser herabgesandt.

„Er hat nicht nur den Tod derer auf sich genommen, die er zu retten gedachte, sondern er hat auch ihre Niedrigkeit angenommen, zu der sie herabgestiegen waren, als sie geboren wurden in Leib und Seele, nämlich dadurch, dass er sich empfangen und gebären ließ als ein Kind an Leib (und) Seele."

„Er, der Erlöser, war ein Abbild <des> Einen, das heißt das All dem Leibe nach. Daher bewahrte er den Typos der Ungeteiltheit, aus der die Leidensunfähigkeit stammt."

Der Erlöser hat sich zwar im Leiden offenbart und hat sich freiwillig in dieses hineinbegeben – was den Menschen unfreiwillig auferlegt ist –, aber er ist seinem Wesen nach leidensunfähig.

Was die Seinsweise (ousia) der Menschheit betrifft, so ist sie erwartungsgemäß trichotomisch.

„Die pneumatische Gattung (...) ist wie Licht von Licht und wie Pneuma von Pneuma ... (sie) wird die vollständige Rettung in jeder Hinsicht empfangen ..."

„Die psychische Gattung (...) ist wie Licht aus Feuer: Sie zögerte, den zu erkennen, der sich ihr offenbart hatte, und darüber hinaus (zögerte sie), im Glauben zu ihm zu eilen ..."; sie steht „in der Mitte" und „ist ihrer Bestimmung nach ambivalent hinsichtlich des Guten ..."

„Die hylische Gattung aber ist feindselig in jeder Hinsicht, da sie finster ist und sich abwendet vom Aufgang des Lichtes

> ... Sie ist voll Hass gegen den Herrn, dass er sich offenbart hat." So wird sie „den Untergang in jeder Hinsicht" empfangen.

Das aus dem Valentinianismus gut bekannte Mysterium oder Sakrament des „Brautgemachs" (Philippus-Evangelium, Exegese über die Seele [NHC II, 3 u. 6], Markosier [Irenäus I 21, 3]), das nicht nur mythologisch (Braut, Bräutigam, Brautgemach) eine Rolle spielt, sondern auch für die Frage nach Kultpraktiken der Gnostiker von Bedeutung ist, findet sich auch im Tractatus Tripartitus:

> „Die ‚Erwählung' aber ist von gleichem Leib und gleicher Substanz wie der Erlöser, da sie auf Grund ihrer Einheit und ihrer Verbindung mit ihm wie ein Brautgemach ist. Denn in erster Linie um ihretwillen (Sing.) ist Christus gekommen. Die ‚Berufung' aber hat den Platz derer inne, die sich im Brautgemach freuen und heiter und fröhlich sind über die Vereinigung des Bräutigams mit der Braut." ...

Mit Ausführungen über die Erlösung der Erwählten und die Wiederherstellung (Apokatastasis) „aller Glieder des Leibes der Kirche" „in das Pleroma" hinein strebt der Traktat seinem Höhepunkt zu: der Rettung aller Irdischen, aller Engel und „Pleromata der Äonen" und „lichtbringenden Kräfte", so wie auch der „im Fleisch erschienene" Sohn „zuerst die Rettung empfangen hatte durch den Logos, der auf ihn herabgestiegen war". „Die Rettung ist ein Aufstieg <zu> den Stufen, die im Pleroma sind ..." In diesen eschatologischen Rahmen fügt sich auch ein längerer Passus über die Taufe ein,

> „die die Rettung ist hin zu Gott dem Vater und dem Sohn und dem heiligen Geist, nachdem das Bekenntnis durch den Glauben auf diese Namen hin abgelegt worden ist, die ein einziger Name des Evangeliums sind, wenn sie zum Glauben gelangt sind an das, was ihnen gesagt ist, nämlich dass sie existieren. Von da an haben sie das Heil ..."

„Unwandelbar und unerschütterlich hält sie (d.h. die Taufe) die, die sie halten, die nämlich, die die Entfernung (von der Welt) angenommen haben. – Sie wird ‚Schweigen' genannt … Sie wird auch ‚Brautgemach' genannt", auch Licht und ewiges Leben.

In diesen Passagen des Tractatus Tripartitus in der ausdrucksstarken Übersetzung von Peter Nagel (Tübingen 1998) sind nahezu alle Elemente der christlichen Gnosis mythologischer Prägung enthalten. Interessant und auffällig ist, dass die Funktionen verschiedener mythologischer Gestalten (Sophia, Achamoth, Christus, Soter) auf den Logos konzentriert werden, der dadurch der Sophia in nicht-valentinianischen Systemen angeglichen wird. Vor allem aber geht es dem Verfasser wohl darum, die valentinianischen Vorstellungen der Kosmologie, Anthropologie und Soteriologie denen der Großkirche anzunähern, wobei er freilich die zentralen gnostisch-christlichen Positionen nicht aufgibt. Trotz deutlicher Übereinstimmungen mit der Kirchenlehre bleibt auch der exklusive Anspruch der Gnostiker, die wahre Lehre zu haben, gegenüber den Kirchenvätern bestehen. Diese erweisen sich nicht zuletzt darin als „Psychiker", dass sie das wahre Wesen des Erlösers, seine schlechthinnige Leidensunfähigkeit, nicht erkennen.

6.5.2 Erlöserdialoge und Geheimoffenbarungen

Eine für die Gnosis typische Literaturgattung bilden die Dialoge mit dem Erlöser. Es sind allerdings nur formal echte Gespräche, denn der Dialog mit dem Erlöser ist nur der Einstieg in eine Offenbarungsrede, in der der Erlöser esoterisches Wissen an Auserwählte mitteilt. Solche „geheimen Worte", die aufgeschrieben zur „Geheimschrift" werden, teilt in der christlichen Gnosis der Auferstandene seinen Jüngern und Jüngerinnen mit. Dafür stehen im Folgenden einige ausgewählte Beispiele.

In der Sophia Jesu Christi (Papyrus Berolinensis Gnosticus 8502 und NHC III, 4) steht am Anfang eine Erscheinung des Erlösers. Nachdem er „von den Toten auferstanden" war, kamen seine zwölf Jünger und sieben Frauen in Galiläa auf einem Berg zusammen. Sie waren bis dahin im „Unklaren", d.h. in Unkenntnis „über das wahre Wesen des Alls, den Heilsplan (Oikonomia)" und über vieles andere, was mit dem Heilsplan des Erlösers zu tun hatte.

„Da erschien ihnen der Erlöser (Soter),
nicht in seiner ursprünglichen Gestalt,
sondern im unsichtbaren Geist (Pneuma).
Sein Aussehen aber war das Aussehen
eines großen Engels des Lichtes. ...
Er sagte: Der Friede sei mit euch! ...
Und sie wunderten sich alle (und) fürchteten sich.
Der Erlöser lächelte und sprach zu ihnen:
Worüber denkt ihr nach oder
worüber seid ihr im Unklaren oder
wonach sucht ihr?
Philippus sagte:
über das wahre Wesen (Hypostasis) des Alls
und den Heilsplan (Oikonomia) des Erlösers.
Er sagte: Ich will, dass ihr alle erfahret ...,
wer Gott ist oder welcher Art er ist ..." usw.

(BG 8502 in der 2. Aufl. von H.-M. Schenke, 1972, S. 194ff.)

Im Laufe des Dialogs, bei dem Philippus, Matthäus, Maria Magdalena oder Thomas nur gelegentlich durch (gezielte) Fragen zu Worte kommen (ein Stilmittel!), weist der „vollkommene Erlöser" immer wieder darauf hin, dass er „aus dem unendlichen Licht" oder „aus dem Grenzenlosen" gekommen ist, um die Jünger „über alle Dinge" zu belehren und ihnen „die genaue Wahrheit" zu verkünden. „Euch aber ist es gegeben zu wissen ..." Was sie ausführlich zu wissen bekommen, handelt wie auch sonst in den beschriebenen gnostischen Kosmogonien und Anthropogonien von der Entstehung der oberen und unteren Welt, vom Schicksal des Menschen und seiner Erlösung und vom Wirken des Erlösers. Dieser Inhalt ist nicht spezifisch christlich, sondern nur die Rahmenhandlung und einige Versatzstücke. Hier ist gut zu sehen, wie Christus als Erlöser in der Gnosis Aufnahme fand und wie er durch einen entsprechenden Rahmen einem nichtchristlichen mythologischen Programm vorgeschaltet wird.

Um Geheimoffenbarungen geht es auch im Buch des Thomas (NHC II, 7):

> „Die geheimen Worte, die der Erlöser zu Judas Thomas sprach und die ich, Matthäus, niedergeschrieben habe ... Der Erlöser sprach: Bruder Thomas, höre mir zu, solange du noch Gelegenheit dazu in der Welt hast, auf dass ich dir enthülle, was du in deinem Herzen zu ergründen gesucht hast ...
> ergründe dich selbst und erkenne, wer du bist, wie du bist und wie du sein wirst! Weil du mein Bruder genannt wirst, darfst du nicht in Unkenntnis über dich selbst bleiben. Und ich weiß, dass du zu erkennen begonnen hast. Denn du hast schon erkannt, dass ich die Erkenntnis der Wahrheit bin. Während du also mit mir gewandelt bist, hast du schon, wiewohl noch unwissend, Erkenntnis erlangt ... Wer aber sich selbst erkannt hat, hat auch schon Erkenntnis über die Tiefe des Alls erlangt ...
> Thomas aber sprach zu dem Herrn: Deswegen also bitte ich dich, dass du mir noch von deiner Himmelfahrt sagst, wonach ich dich frage ..."
>
> *(Übers. von H.-M. Schenke, in: W. Schneemelcher, Bd. 1, 1990, S. 198f.)*

In den Antworten des Erlösers dominiert die Mahnung zum stetigen Wachsen in der Selbsterkenntnis und in der Erkenntnis dessen, was den Gnostiker an die Welt der Finsternis bindet, nämlich alles Fleischliche, alle Lust und Begierde.

Im Brief des Jakobus (wohl an Kerinth) (NHC I, 2) aus dem frühen 2. Jahrhundert wird der Herrenbruder Jakobus als Empfänger von geheimen Offenbarungen hoch geschätzt, die er gemeinsam mit Petrus vom Erlöser erhält. Er gibt sie an jene weiter, denen sie zugedacht sind und die sie verstehen und umsetzen können. Die einfachen Kirchenchristen sind dazu nicht in der Lage. Deshalb behandelt der Verfasser dieses „Briefes“ (eines Offenbarungsdialoges mit Rahmen) die christlichen Traditionen, an die er anknüpft, als bisher unverstandene Worte Jesu. Erst die wirklich Wissenden, die Pneumatiker, die Gnostiker können sie entschlüsseln und richtig verstehen.

An seinen Briefpartner schreibt Jakobus:

> „Du hast mich gebeten, dir eine Geheimlehre zu übermitteln, die mir und Petrus vom Herrn offenbart wurde ... Ich sende sie dir, und zwar dir allein ... Sei jedoch sorgsam und achte darauf, diese Schrift nicht vielen mitzuteilen. Diese wollte der Erlöser nicht einmal allen von uns, seinen zwölf Jüngern, mitteilen. Heil aber denen, die erlöst werden durch den Glauben an diese Lehre!“ (p. 1, 8ff.).
>
> *(Übers. nach D. Kirchner, in: W. Schneemelcher, Bd. 1, 1990, S. 238f.)*

Die Erscheinung des Herrn erfolgt hier „550 Tage nach seiner Auferstehung von den Toten“, als die zwölf Jünger gerade „beieinander saßen und sich an das erinnerten, was der Erlöser jedem von ihnen, sei es im Geheimen, sei es öffentlich, gesagt hatte und es zu Büchern ordneten“!

Abschließend sei noch ein Erlöserdialog mit den Aposteln erwähnt, der ebenfalls in Briefform gekleidet ist: es ist der Brief des Petrus an Philippus (NHC VIII, 2). Als Philippus diesen „Brief“ empfangen hatte, ging er freudig zu Petrus, der die Apostel auf den Ölberg zusammenrief, wo sie gemeinsam beteten.

> Da erscheint ihnen „ein großes Licht ... Und eine Stimme rief ihnen zu und sprach: Hört auf meine Worte, damit ich euch sende! Was verlangt ihr nach mir? Ich bin Jesus Christus, der allezeit bei euch ist.“
>
> *(p. 134, 9–18)*

Als Antwort legen die Apostel ihrem erhöhten Herrn einen Fragekatalog vor, der für die Gnosis typisch ist (vgl. I, 3.5). Sie wollen „den Mangel der Äonen und ihr Pleroma" erkennen und wissen, wie sie „an diesem Wohnort festgehalten werden", wie sie „hierher gekommen sind" und auf welche Weise sie „wieder gehen werden" und warum „die Mächte" gegen sie streiten. Eine „Stimme aus dem Licht" erinnert sie daran, dass er, Christus, ihnen das alles schon einmal gesagt habe, aber es ihnen wegen ihres Unglaubens nochmals sagen werde, und so geschieht es in Frage und Antwort, wobei auch das Leiden und die Kreuzigung zur Sprache kommen (→7.5; eine Übersetzung der relativ kurzen Schrift durch H.-G. Bethge findet sich im Band 1 von W. Schneemelcher, 1990, S. 280ff.).

6.5.3 Die Auferstehung – kein gnostisches Thema?

Aus der Vielfalt gnostisch-christlicher Schriften – sowohl hinsichtlich des Inhalts als auch der Form – greifen wir noch einen Text heraus, der ein zentrales christliches Thema behandelt – die Auferstehung. Je stärker sich die Gnostiker christlichen Vorstellungen annäherten, diese übernahmen, in ihr Gedankengebäude einbauten und uminterpretierten, desto mehr mussten sie sich auch mit Themen befassen, die an sich mit ihren Grundvorstellungen nicht zusammenpassten – wie Leiden, Kreuzigung und Auferstehung. Gnostische Christen in den kirchlichen Gemeinden hatten damit nicht weniger Probleme als christliche Gnostiker außerhalb der Kirche. Sie versuchten, die sich vom unterschiedlichen Denkansatz her ergebenden Paradoxien exegetisch durch entsprechende Deutungen zu lösen. So nimmt es nicht wunder, dass sich unter den Originaltexten auch eine „Abhandlung über die Auferstehung", der so genannte Rheginusbrief (NHC I, 4) befindet, über dessen Intention viel gerätselt worden ist.

Der fingierte Brief ist eine Belehrung, ein Lehrschreiben. Den Inhalt will sein Verfasser von seinem „Herrn Jesus Christus" selbst empfangen haben, wie er am Schluss betont. Es geht in der kurzen Schrift um die Erlösung des Menschen aus dieser Welt, um seine Rückkehr in das Pleroma und um die Voraussetzung, Mittel und Wege dafür. Der Erwählte stammt von oben und gehört wieder dorthin. Deshalb soll er sich in den Glauben (an die Auferstehung) einüben, „damit er nicht irre" und nicht länger in der Finsternis bleibe, „sondern sich selbst wieder (als der) empfange, der (er) ursprünglich ist" (p. 49, 34–36) – mit anderen Worten: damit er sein Selbst, sein Eigentliches wiederfinde, durch das er zur Lichtwelt gehört:

> „Das All, das heißt wir, wir sind gerettet …
> (Und) es wird nicht vergehen das Denken derer,
> die gerettet sind; es wird nicht vergehen der Nous derer,
> die ihn erkannt haben. Deshalb sind wir auserwählt
> für die Rettung und Erlösung, da wir bestimmt worden sind
> von Anfang an …" (p. 47, 26 f.; 46, 21 ff.).

Von dieser gnostischen Grundposition her beschreibt der Verfasser das Wie einer Rückkehr des potentiell Geretteten zu seiner eigentlichen Seinsweise, und zwar mit Vorstellungen und Begriffen aus der christlichen Tradition und in Aufnahme (deutero)paulinischer Gedanken (Kolosser-, Epheserbrief).

Die Erlösung des einzelnen Glaubenden wird an Christus Jesus als den wahren Erlöser gebunden. Dieser fungiert als Erwecker und Wegbereiter.

> Er „hat den Tod verschlungen" (vgl. Jes 25, 8; 1. Kor 15, 54; 2. Kor 5, 4). „Er richtete sich selbst auf."
> „Und durch unseren Glauben haben wir den Sohn des Menschen erkannt und sind zu dem Glauben gekommen, dass er von den Toten auferstanden ist. Und dieser ist es, von dem wir sagen: Er ist zur Auflösung des Todes geworden."
> *(p. 45, 14 f. 19; 46, 14–19)*

Daran haben die Glaubenden Anteil. Sie haben mit dem Soter diese Welt des Todes überwunden. Nun können die erlösten Pneumatiker in ihre himmlische Heimat zurückkehren:

„Dann aber (geschah es), wie der Apostel (Paulus) gesagt hat: ‚Wir haben mit ihm gelitten, und wir sind mit ihm auferstanden, und wir sind mit ihm zum Himmel gestiegen' (vgl. Röm 6, 5 mit Kol 2, 12; 3, 1; Eph 2, 6) ... Wir werden von ihm zum Himmel emporgezogen wie die Strahlen durch die Sonne ... Das ist die pneumatische Auferstehung. Diese verschlingt die psychische und ebenso auch die sarkische."

(p. 45, 14–46, 2)

Das ist so verstehbar, dass die pneumatische/geistige Auferstehung sowohl die psychische/seelische als auch die sarkische/fleischliche Auferstehung überbietet, obwohl der Verfasser an anderer Stelle versucht, die sarkische Auferstehung gelten zu lassen und sie in seine Interpretation mit einzubeziehen (vgl. p. 44, 14 ff.; 47, 4 ff.). Er weiß aber selbst, dass er damit „die Auflösung schwieriger Dinge" unternimmt, deren „Lösung in die Mitte kommt" (p. 45, 1 ff.). Dieser Versuch, die gnostische Aufstiegsvorstellung mit der sarkischen Auferstehung zu verbinden, ist aber nicht nur eine Gratwanderung, sondern ein vergebliches Unterfangen. Beides lässt sich nicht harmonisieren. Dennoch stellt der Rheginusbrief einen beachtenswerten Versuch dar, ein Thema aus gnostisch-christlicher Sicht aufzuarbeiten, um dessen Klärung schon der Apostel Paulus gerungen hat und das – wie die Christologie der frühen Christenheit – viele Nuancen und Facetten aufweist.

6.6 Marcion, der „Erzketzer"

Nur mit Einschränkung kann Marcion (griech: Markion) in einem Abschnitt über „christliche Gnosis" mit behandelt werden. Er war ein Zeitgenosse des Basilides und kam zur gleichen Zeit wie Valentinus (um 140 n. Chr.) nach Rom, wo er bis zu seinem Ausschluss aus der Christengemeinde im Jahre 144 wirkte. Möglicherweise war Marcion vom christlichen Gnostiker Kerdon beeinflusst. Jedenfalls teilt er eine Reihe von

Grundvorstellungen mit der Gnosis, während er sich in anderen, wesentlichen Punkten von ihr unterscheidet.

Marcion vertritt einen theologischen Dualismus, der den oberen, „fremden", „guten Gott" vom niederen Demiurgen trennt. Dieser Weltschöpfer ist kein anderer als der Gott der Juden, der für diese schlechte und böse Welt verantwortlich ist und die Menschen unter das gnadenlose Gesetz versklavt hat. Antikosmismus, Antijudaismus und Antinomismus sind somit drei Charakteristika, die Marcion mit der Gnosis gemeinsam hat.

Anders als in der Gnosis ist aber bei Marcion der Mensch nicht seinem Wesen nach göttlich, er ist vielmehr durch und durch Sünder und bedarf der Erlösung aus der Knechtschaft der Sünde. Das ist etwas anderes als die Befreiung des Pneuma aus dem materiellen Kerker. Der Mensch ist demnach nicht „von Natur aus erlöst" durch den ihm innewohnenden Lichtfunken, der seine Identität mit der Lichtwelt verbürgen würde. Das ist ein entscheidender Unterschied zur Gnosis. Hinzu kommt, dass sich Marcion auch der gnostischen Mythologie im Sinne der ausgedehnten Kosmogonie, Äonenlehre usw. nicht bedient hat. Er hat auch keine eigenen Offenbarungsschriften verfasst, sondern das Lukas-Evangelium und zehn Paulusbriefe benutzt. Beides, Evangelium und Apostolikon, hat er bearbeitet, indem er es von judaistischen Verfälschungen (!) „reinigte". Damit wollte er ein Gegenstück zu den Offenbarungsschriften des Gottes der Juden schaffen und schuf den ersten Kanon christlicher Schriften.

Das Heilsgeschehen stellte sich Marcion so vor: Zur Erlösung der sündigen Menschen sendet der „fremde Gott", der Gott der Liebe und Barmherzigkeit, seinen Sohn, der einen Schein-Leib (= Jesus) annimmt, um in die Welt des Demiurgen hinabsteigen zu können, und dort den Kreuzestod erleidet. Das ist der Preis, den er an den Demiurgen als „Lösegeld" bezahlen muss, um die Menschen aus der Sklaverei des Gesetzes, das Marcion mit dem Alten Testament gleichsetzt, befreien zu können. Diese Erlösung ist reine Gnade und kann nur im Glauben angenommen werden. Der Glaubende, der auf diese Weise vom Demiurgen losgekauft ist, muss sich durch strenge Askese auch körperlich aus der Welt des Demiurgen lösen, um dessen Herrschaft nicht verlängern zu helfen. Dem entspricht Marcions Forderung, ehelos zu bleiben und sich sexuell zu enthalten.

Das Hauptwerk Marcions, „Antithesen", in dem er seine Entgegensetzung von Gesetz und Evangelium exegetisch begründet, ist nicht erhalten. Seine Lehre lässt sich nur aus den Schriften seiner Gegner wie Justin, Irenäus, Tertullian u. a. erschließen und rekonstruieren. Was seine Anhänger faszinierte, war sein konsequentes Verständnis vom „Ende des Gesetzes" im Gefolge des Paulus, seine direkte, nicht-allegorische Bibelauslegung und seine kompromisslose Ethik. Inwieweit er Paulus richtig verstanden und das „reine Evangelium" tatsächlich gelehrt hat, ist eine andere Frage, die von den kirchlichen Theologen nachdrücklich verneint wurde. Doch hat Marcion das sich gerade formierende kirchliche Christentum auf der ganzen Linie herausgefordert und damit zum Durchdenken der aufgebrochenen theologischen Fragen maßgeblich beigetragen, was zur Klärung der Fronten führte. Dazu gehörte seitens der Kirche die Bejahung des jüdischen Erbes, aber auch die Übernahme der Idee eines Kanons, der dann als Bibel der Christen das „Alte" und das Neue Testament umfassen sollte.

7. *Die Auseinandersetzungen zwischen kirchlichem und gnostischem Christentum*

7.1 Der gnostische Anspruch: Überbietung des Kirchenchristentums

Bereits um 150 n. Chr. war die Gnosis im christlichen Gewand zu einer starken Konkurrenz des kirchlichen Christentums geworden. Zu dieser Zeit begegnet die „christliche Gnosis" oder das „gnostische Christentum" auf zweierlei Weise: zum einen außerhalb der christlichen Gemeinden als eigene, meistens kleinere Gruppen (Konventikel) von Gnostikern, aber auch als selbstständige christlich-gnostische Gemeinden; zum anderen innerhalb schon bestehender kirchlicher Gemeinden als eine exklusive und elitäre Gruppe, die beanspruchte, die christliche Botschaft besser zu verstehen als die „gewöhnlichen" Christen.

Solche gnostischen Christen konnten durchaus ein Glaubensbekenntnis mitsprechen und Evangelien- oder Paulustexte anhören, ohne sogleich zu widersprechen, kam doch in ihren Vorstellungen der Schöpfer des Himmels und der Erden ebenso vor wie der Erlöser. Aber von ihrem gnostischen Denken her erhielt das Bekenntnis oder der verlesene Predigttext sogleich einen anderen Sinn, denn ihr Schöpfergott, der Demiurg, war doch ein ganz anderer als der von der Kirche geglaubte und ihr himmlischer Christus ein anderer als der leidende Jesus (→7.5). So war das eigentliche Problem, dass kirchliche und gnostische Christen zwar das Gleiche sagen konnten, aber keineswegs dasselbe meinten, wie Irenäus gegen Ende des 2. Jahrhunderts mit aller Deutlichkeit feststellt.

> „Obwohl sie … Ähnliches sprechen wie die Gläubigen (also die Kirchenchristen), verstehen sie darunter nicht nur Unähnliches, sondern sogar Entgegengesetztes und durchaus Gotteslästerliches, und sie töten dadurch die, welche durch den Gleichlaut der Worte das Gift ihrer (d.h. der Gnostiker) ungleichen Gesinnung in sich aufnehmen."
>
> *(Buch III 17, 4 in der Übersetzung von Klebba)*

Das sehen die gnostischen Christen ganz anders: Wer keine Gnosis, d.h. kein Wissen um das wahre Wesen von Mensch und Welt und keine Erkenntnis des rechten Heilsweges hat, der versteht auch nicht wirklich, was da geschrieben steht, der erfasst nicht den tieferen und eigentlichen Sinn der Worte. Genau aber das trifft auf die Kirchenchristen zu:

„Denn sie haben nicht erkannt die Gnosis der Größe, dass sie von oben und aus einer Quelle der Wahrheit stammt und nichts zu tun hat mit Knechtschaft, Neid, Furcht und Liebe zur irdischen Materie."

(Zweiter Logos des großen Seth, NHC VII, 2 p. 60, 36ff.)

Diese Einstellung führt zwangsläufig zur Selbstüberhebung der gnostischen Christen über die Kirchenchristen, auf die sie herabsehen und die sie wie Anfänger im Glauben behandeln. Von daher ist es nur logisch, dass die Valentinianer die Kirchenchristen als zweitrangige „Psychiker" einstufen, die in der Mitte zwischen den Pneumatikern und Sarkikern stehen und sich die Erlösung erst verdienen müssen (→6.5.1).

Die gnostischen Christen vertreten somit ein Christentum höherer Ordnung. Sie verwerfen nicht einfach die Glaubensinhalte der Kirche, sondern legen sie auf Grund ihrer antikosmischen Grundhaltung und exklusiven Heilsvorstellung (anders) aus und sind überzeugt, gegenüber dem kirchlichen Textverständnis den wahren, pneumatischen Sinn zu erfassen. Das aber bedeutet, die kirchliche Verkündigung zu überbieten – und natürlich zu korrigieren. An diesem Anspruch, diesem Schriftverständnis, dieser Hermeneutik scheiden sich die Geister (→7.2).

Außerdem berufen sich die christlichen Gnostiker gern auf zusätzliche Offenbarungen, in denen der auferstandene Herr erst und nur ihnen als seinen wahren Jüngern die volle Wahrheit über das Heil mitgeteilt habe. Dabei können sie an Traditionen wie Mk 4, 34 anknüpfen. Geheimes Wissen hätten auch die Apostel gehabt und es an die Gnostiker weitergegeben. Solche Offenbarungsschriften – Evangelien, Apostelgeschichten und Dialoge mit dem Erlöser – stehen als Originalquellen in reichem Maße zur Verfügung (z.B. das Evangelium nach Maria aus dem Papyrus Berolinensis Gnosticus 8502, der Brief des Jakobus, NHC I, 2; das Thomasbuch, NHC II, 7; die Sophia Jesu Christi, NHC III, 4 →6.5.2). Auch mit diesen zusätzlichen

Offenbarungen stellen sich die gnostischen Christen über die schlichten Kirchenchristen. Dazu kommen noch die gnostischen Sonderlehren, ein anderes Kirchenverständnis, andere Vorstellungen von der Daseinshaltung und Ethik, so dass für Spannungen und Auseinandersetzungen zwischen Christen und Theologen gnostischer und kirchlicher Herkunft reichlich gesorgt war.

7.2 Textinterpretation und Bibelauslegung der Gnostiker

Zur Darstellung und Entfaltung ihrer Weltbetrachtung und Heilslehre benutzten die Gnostiker Traditionen unterschiedlichster Herkunft (→Kap. I, 7.1) und verwendeten sie als Bauelemente für ihre mythologischen Systeme oder als Textvorlagen für ihre Schriften. Dabei erhielten die Texte, Textteile und einzelne Stellen unter gnostischem Vorzeichen einen neuen, anderen Sinn – wie es auch sonst geschieht, wenn eine neue Religion ihre Vorgänger beerbt und ihre Schriften okkupiert. Die Gnostiker waren darin Meister, und Exegese war eines ihrer bevorzugten Wirkungsfelder, speziell in der christlichen Gnosis.

7.2.1 Herkunft und Art der Texte

Die christlichen Gnostiker verwendeten jüdisch-biblische Traditionen, die sie vornehmlich aus der Septuaginta im Umfeld eines griechisch sprechenden Juden- und Christentums kennen lernten, und christliche Stoffe aus dem Ur- und Frühchristentum. Aus dem Bereich der jüdisch-biblischen Schriften, die sich später größtenteils im kirchlichen Kanon als „Altes Testament" wiederfinden, war den Gnostikern vor allem die Urgeschichte der Welt und Menschheit von Bedeutung, weil sie damit ihre eigene Sicht der Kosmogonie und Anthropogonie als Unheilsgeschichte darstellen konnten. Die Geschichten von Genesis (1. Mose) 1–11 bilden daher den Fundus der gnostischen Bibelexegese: die Schöpfung der Welt und des Menschen, die Paradies- und Sündenfallgeschichte, die große Flut, Kain und Abel, Seth und Noah. Auch mit den Büchern Exodus und Deuteronomium (2. und 5. Buch Mose) befassten sich die Gnostiker. Von den Propheten interessierte sie Jesaja; eine Vorliebe hatten sie auch für die Psalmen. Auffällig ist, dass sie nur bestimmte Themen und Stoffe auswählten, die in ihr Konzept passten, und sich dabei nur auf wenige biblisch-jüdische Schriften konzentrierten. Vieles davon läuft mit den vom hellenistischen Judentum bevorzugten Themen der Urzeit und des Weltbeginns parallel.

Von den frühen Texten des Christentums, die in das „Neue Testament" eingegangen sind, haben die Gnostiker Johannes und Paulus besonders geschätzt. Sie bezogen sich aber auch auf die anderen Evangelien und die Apostelgeschichte, bauten Teile daraus in ihre Schriften ein, zitierten sie oder spielten auf sie an. Prominentestes Beispiel ist die Auslegung des Johannes-Evangeliums durch den Gnostiker Herakleon (→Kap. II, 3.3). Der „Brief an Philippus" (NHC VIII, 2) lehnt sich stark an die Apostelgeschichte an – sowohl in seiner ganzen Anlage als auch inhaltlich, z. B. bei der „Pfingstpredigt" des Petrus (p. 139, 9 ff., vgl. Apg 2, 14 ff., bes. Vers 22 ff.). Der Rheginusbrief nimmt bei der Behandlung der Auferstehungsfrage paulinische Traditionen auf (→Kap. II, 6.5.3), ebenso das Testimonium Veritatis (Zeugnis der Wahrheit) bei der Gesetzesproblematik. Auch das Ägypter-Evangelium bedient sich paulinischen Gedankengutes. Zwei Schriften aus dem Fund von Nag Hammadi sind sogar nach Paulus benannt: „Die Apokalypse des Paulus" (NHC V, 2) und „Das Gebet des Apostels Paulus" (NHC I, 1). Paulus kam den Intentionen der Gnostiker in mancher Hinsicht entgegen (Gesetzesverständnis, pneumatische Haltung; →Kap. II, 3.2). Kein Wunder, dass die kirchlichen Theologen mit der Inanspruchnahme des Paulus durch die Gnostiker ihre Probleme hatten. Tertullian ließ sich in seiner Schrift gegen Marcion sogar zu der Äußerung hinreißen, Paulus sei der Apostel der Häretiker (haereticorum apostolus).

7.2.2 Der Umgang mit den Texten

Wie die Vertreter anderer Heilslehren meinten auch die Gnostiker den Schlüssel für alle religiösen und philosophischen Fragen über Gott und die Welt zu besitzen. Auf Grund ihres Selbstverständnisses als Geistmenschen und Lichtträger beanspruchten sie, den tieferen und wahren Sinn von überlieferten Texten zu kennen. Das gilt insbesondere für die christlichen Gnostiker – zumal gegenüber der Kirche. Das hermeneutische (Auslegungs-)Prinzip der Christen war mit Christus Jesus, ihrem Herrn und Heiland, gegeben, von dem her und auf den hin alle überkommenen Schriften und Glaubensvorstellungen neu gelesen und ausgelegt wurden. Durch ihn wird der wahre Sinn der Schriften des „Alten Bundes" enthüllt (2. Kor 3, 14f.). Für die christlichen Gnostiker gilt darüber hinaus die höhere Stufe der Erkenntnis gegenüber dem „schlichten" Glauben der „einfachen" Christen. Das gnostische Auslegungsprinzip ist dem gnostischen Geist verpflichtet, durch den neues Licht auf alle Überlieferungen fällt. Es gibt in der Gnosis keine andere, womöglich weltliche Instanz, die bestimmen könnte, was geglaubt und wie ausgelegt wird, als eben die Weisheit, das Wissen und die Intuition des Pneumatikers. Er ist im Prinzip frei in seiner Exegese – im Gegensatz zu den späteren kirchlichen Theologen, die unter der Lehrautorität der Bischöfe standen. Solange es noch keinen kirchlichen Kanon der urchristlichen Schriften (Neues Testament) gab, ist der Spielraum für die Exegese alter und die Abfassung neuer Schriften ohnehin beträchtlich gewesen. Was christlich ist bzw. zu sein hat und autoritative Geltung bekommt, wurde kirchlicherseits erst gegen Ende des 2. Jahrhunderts bestimmt (und erst Mitte 4. Jh. festgeschrieben)! (→II, 1.2). Aus diesem Grunde hatten die christlichen Gnostiker zunächst freie Hand bei ihren Schriftdeutungen, Auslegungen und Neuschöpfungen – auch wenn es schon genügend Widerspruch gab –, bis ihnen die Kirche dies streitig machte, sie bekämpfte und daraufhin auch die Gnostiker in die Offensive gingen.

Der gnostische Umgang mit vorgefundenen Texten weist eine beachtliche Vielfalt aus. Wie die Ausführungen über „Herkunft und Art der Texte" gezeigt haben, waren die Gnostiker wählerisch und benutzten im Allgemeinen nur solche Texte, die ihren Grundvorstellungen entgegenkamen und an denen sie diese explizieren konnten. Oder sie wählten Abschnitte und Stellen aus, die für den Aufbau einer Gegenposition, d.h. für ihre „Protestexegese" geeignet waren. Manchmal korrigierten sie das benutzte Material nur unwesentlich. Immer aber floss der gnostische Geist in die Deutung und Auslegung ein. Das gilt auch und besonders für den Fall, dass christliche Gnostiker Texte wortwörtlich übernahmen, sie auf einer „höheren", pneumatischen Ebene anders verstanden und auf diese Weise den kirchlichen Glauben zu überbieten suchten (→7.1). Diesen lehnten sie zwar nicht grundsätzlich ab, korrigierten ihn aber von ihrer vermeintlich höheren Warte aus. Sie meinten zu wissen, was die überlieferten Worte eigentlich und letztlich bedeuten, und so betrieben sie ihre Schriftauslegung.

7.2.3 Methoden und Beispiele gnostischer Schriftauslegung

Am Anfang des Thomas-Evangeliums (NHC II, 2) heißt es:

> „Wer die Deutung dieser Worte findet,
> wird den Tod nicht schmecken."

Mit dieser Überzeugung gingen die Gnostiker an die Deutung von Texten, mündlich oder schriftlich. Dabei sind ihre häufigsten exegetischen Mittel die Allegorie, die typologische Auslegung und die Paraphrase sowie die „Protestexegese" mit Korrektur, Umpolung und Polemik. In der Auslegungspraxis überschneiden sich diese exegetischen Verfahren. Da die Christen nichtgnostischer Provenienz, namentlich die kirchlichen Theologen, „ihre" biblischen Schriften mit denselben, auch sonst üblichen Methoden bearbeiten, kommt es in erster Linie auf die Intention des jeweiligen Auslegers an, natürlich auch auf seine Einbindung in eine bestimmte Richtung, Schule oder

Gruppe und deren Eigenart. Die folgenden Beispiele sollen einen kleinen Einblick in die umfangreiche exegetische Wirksamkeit der christlichen Gnostiker geben.

Die weit verbreitete allegorische Deutung findet sich u.a. in der Ausdeutung des Gleichnisses vom Sämann (Mk 4, 13–20) im Neuen Testament. Im gnostischen Bereich begegnet sie uns bei Herakleon in der Auslegung des Johannes-Evangeliums (→3.3). Danach bedeutet Joh 1,27 („Dieser ist's", sagt Johannes der Täufer, „der nach mir kommen wird, des ich nicht wert bin, dass ich seine Schuhriemen auflöse"):

> „Ich bin nicht wert, dass er um meinetwillen herabkommt von der ‚Größe' und Fleisch annimmt wie eine Sandale ..." – die Sandale ist die Welt, die „Größe" das Pleroma, Johannes der Täufer (hier) der Demiurg.

Zu Joh 2, 12 (Jesus geht nach Kapernaum) bemerkt Herakleon:

> „Kapernaum deute dieses Äußerste der Welt an, dieses Materielle, in das er hinabstieg."
>
> *(W. Förster, Die Gnosis, Bd. I, S. 217–219)*

In der „Widerlegung aller Häresien" des Hippolyt findet sich im Anschluss an das berühmte „Attislied" eine Allegorese der Schlange (Naas) und paradiesischer Orte:

> „Eden aber ist das Hirn ... Das Paradies aber ... ist der Mensch bloß in Bezug auf den Kopf."
> Der Strom, der von Eden ausgeht, hat vier Ursprünge, deren Namen genannt werden, und sie bedeuten das Auge, das Gehör, den Geruch und den Mund.

Bei der typologischen Auslegung werden Ereignisse und Personen der Vergangenheit (des „Alten Testaments") als typisch und vorbildlich für die Gegenwart und Zukunft angesehen, z.B. irdischer und himmlischer Tempel (Abbild/Urbild), Taufe und Sintflut (im Gegensinn). Dieser Sicht begegnet man auch bei Paulus (1. Kor 10, 1ff. – „die Väter" als warnendes Beispiel;

Röm 5, 14 – Adam und Christus; Hebr 11 – die Glaubenszeugen des „Alten Bundes"). Wie in der Gnosis steht bei Paulus Geist gegen Buchstabe.

Von der typologischen Deutung macht z.B. „Die Exegese über die Seele" (NHC II, 6) durch den Rückgriff auf antike Vorbilder wie Odysseus, Kalypso und Aphrodite Gebrauch. Danach habe, wie Homer in der Odyssee berichtet, Odysseus weinend und trauernd auf der Insel gesessen, sein Gesicht von Kalypso und ihren Verführungen abgewendet und sich nach „seiner Stadt" gesehnt. Helena beklagt, dass ihr Geliebter sie verließ, und will zurück in ihr Haus; sie beklagt den Betrug von Aphrodite. Dann folgt die Deutung:

> „Denn wenn die Seele ihren vollkommenen Gatten wegen des Betrugs der Aphrodite verlässt, ... dann wird sie sich Schaden zufügen. Wenn sie jedoch seufzt und bereut, wird sie in ihre Heimat zurückgebracht werden."
>
> *(p. 137, 5–11)*

Es schließt sich der Hinweis auf Israels Seufzen zu Gott während der ägyptischen Herrschaft und auf das Seufzen des Menschen in Psalm 6, 7ff. an. Alles dieses Seufzen, Flehen und Bereuen wird Gott endlich erhören. Damit endet „Die Exegese (von Texten) über die Seele".

Interessant ist die Verbindung, die das „Evangelium Veritatis" (NHC I, 3) zwischen der Passion Jesu und der Paradiesgeschichte herstellt:

> „Man nagelte ihn an ein Kreuz. Er aber wurde zu einer Frucht der Erkenntnis des Vaters. Sie richtete aber nicht zugrunde, weil man sie aß. Denen aber, die sie aßen, verlieh er (sc. Christus) Freude über diesen Fund."
>
> *(p. 18, 24–29)*

Die Heilsbedeutung des Todes Jesu liegt hiernach im Angebot und in der Möglichkeit für die dafür Prädestinierten (Gnostiker), von diesem Lebens-Baum zu „essen" und dadurch Erkenntnis (Gnosis) und Leben zu finden (Holz – Frucht – Essen – Erkenntnis s. 1. Mose 2, 16 f.; 3, 1 ff.). Anschließend verleiht das „Evangelium der Wahrheit" der Passion Jesu eine globale Bedeutung, indem es das Heil auf die Erlösung des Alls von Irrtum und Dunkelheit bezieht.

Mit der Passion Jesu hatten sich die Gnostiker in besonderer Weise auseinander zu setzen, weil das Leiden des himmlischen Erlösers nicht in ihre Grundkonzeption passte (→7.5). Hier fanden sie ausreichend Gelegenheit für ihre Interpretationskünste. Um das buchstäbliche Verständnis auszuhebeln, gingen sie verschiedene Wege. Sofern sie sich überhaupt auf die Passion Jesu einließen, erfuhr sie durch das pneumatische, visionäre Verständnis der Gnostiker eine Um- und Neudeutung. Dafür ist die „Apokalypse des Petrus" (NHC VII, 3) ein besonders anschauliches Beispiel. Hier wird die Passion Jesu nach den Evangelien insgesamt einer exklusiven Deutung unterzogen. Exklusiv insofern, als nur diejenigen sie geben und an ihr teilhaben können, die die Gnosis als höhere Stufe der Erkenntnis erlangt haben. Anderen bleibt diese Deutung verborgen; sie nehmen nur wahr, was mit den körperlichen Sinnen, mit den leiblichen Augen und Ohren, wahrgenommen werden kann. Was aber eigentlich geschieht und was es zu bedeuten hat, wissen und verstehen sie nicht. Denn das Geschehende hat mehr als nur jene Dimension, auf die ihr körperliches Sehen und Hören eingestellt ist. Die Totalität und Hintergründigkeit eines Ereignisses – wie die Passion Jesu – vermögen die Nicht-Sehenden nicht zu erfassen! In diesem Falle soll Petrus den wahren Erlöser nicht aus den Augen verlieren und nicht mit dem leidenden Jesus verwechseln (→7.5).

Eine andere gnostische Schrift enthält gleich mehrere Passionsdeutungen. Im „Zweiten Logos des großen Seth" (NHC VII, 2) gibt es neben einer doketistischen Interpretation der Passion Jesu (p. 55, 15–56, 21), in die auch die von Basilides her bekannte Substitutionsvorstellung (Simon von Kyrene erleidet die Passion) und Exegese von Mk 15, 21 ff. eingeschlossen ist

(→7.5), eine weitere, allegorische Interpretation der Passion bei Matthäus (p. 58, 13–59, 9).

Beide Schriften vermitteln einen Eindruck davon, wie die Gnostiker Umdeutungen und Korrekturen an Vorstellungen und Texten aus urchristlicher Zeit vorgenommen haben. An diesem Punkt kulminiert die gnostische Exegese und steigert sich zur antikirchlichen Polemik. Aber die Christologie ist nicht das einzige Feld gnostischer Protestexegese, sie setzt bereits mit der bekannten Umpolung und Umwertung von Gestalten und „Berichten" aus der Urgeschichte (1. Buch Mose) ein. Aus dem Schöpfergott wird der Demiurg, aus den guten Taten Gottes – wie Schöpfung und Gesetzgebung (Tora, Nomos) – werden Ereignisse, mit denen die Gefangenschaft des Lichts anhebt und gefestigt werden soll, und so wird aus der zwar wechselvollen, aber doch zum Guten der Menschheit angelegten Geschichte Gottes mit seinem Volk eine Unheilsgeschichte. Exegetisch gesehen wechseln die Vorzeichen, die Funktion und Bewertung von Gestalten wird umgedreht, Orte, Handlungen, Personen erhalten einen entgegengesetzten Sinn. Das Verständnis von Paradies und Schlange sind dafür weitere Belege.

Nach dem „Testimonium Veritatis" (NHC IX, 3) steht „der Gott der Wahrheit", der wahre Gott, „diesem Gott" gegenüber, den die unwissenden Christen verehren! Jeder Gnostiker hingegen hat das Fehlverhalten des Schöpfergottes vor Augen, und er weiß um die Identität Christi mit der Paradiesschlange. „Dieser Gott" wird in der Nacherzählung der Paradiesgeschichte mit nachfolgendem Kommentar (p. 45, 23 ff.) als unwissend, „missgünstig" und „neidisch" hingestellt, ja er selbst hat sich mit seinem Verhalten derart entlarvt. Die Schlange aber hat wie Christus den Weg zur Erlösung gewiesen. Das wird jeder begreifen, der die Geschichte mit „geistigen Augen" liest. Wer der Schlange folgt, gelangt zur Gnosis, wer dem Demiurgen gehorcht, bleibt in Unwissenheit und Dunkelheit. So verkündet es auch der manichäische Bêma-Psalm:

„Gruß dir, Baum der Erkenntnis,
der inmitten der Bäume,
von dem wir aßen als weiland Blinde
und sehend geworden sind.
Gruß dir, Geist der Wahrheit,
der alle Sekten zuschanden macht,
die von der Menge der Bäume aßen
und nackt und blind geblieben sind."
(Ps 219 nach P. Nagel)

Ein markantes Beispiel für die polemische Behandlung biblischer Traditionen findet sich im „Zweiten Logos des großen Seth", wo in der großen Rede des Offenbarers (Christus) die führenden Gestalten des „Alten Testaments" der Lächerlichkeit preisgegeben werden. Sie sind geradezu Prototypen von Irrtum, Hybris und Verblendung.

„Etwas zum Lachen war Adam,
der in Fälschung als Abbild eines Menschen geschaffen wurde durch den Siebenten (d. h. Demiurgen), als ob er (dadurch) mich und meine Brüder überwältigt hätte, die wir doch schuldlos bei ihm sind und nicht gesündigt haben.
Etwas zum Lachen war auch Abraham samt Isaak und Jakob,
insofern sie in Fälschung ‚die Väter' genannt wurden durch den Siebenten ...
Etwas zum Lachen war David,
insofern als sein Sohn ‚der Menschensohn' genannt wurde, was durch den Siebenten bewirkt wurde ...
Etwas zum Lachen war Salomo,
insofern als er in der Meinung, er sei ein Christus, hochmütig wurde durch den Siebenten ...
Etwas zum Lachen waren auch die zwölf Propheten,
insofern sie als Fälschung auftraten, als Abklatsch der wahren Propheten auf Veranlassung des Siebenten ...
Etwas zum Lachen war Mose,
nach gottlosem Zeugnis ein treuer Knecht, der ‚der Freund

(Gottes)' genannt wurde, der mich nie erkannt hat (!), weder er noch die, die vor ihm waren; von Adam bis Mose und Johannes dem Täufer hat niemand von ihnen mich erkannt noch meine Brüder.

Denn (alles), was sie hatten, war eine von Engeln gegebene Lehre, die (nur) auf die Beachtung von Speis(evorschrift)en abzielte, und eine bittere Knechtschaft, ohne dass sie jemals Wahrheit erkannten noch erkennen werden. Denn eine große Täuschung liegt auf ihrer Seele, so dass sie niemals in der Lage sind, den Gedanken der Freiheit zu finden und zu erkennen, bis sie den Menschensohn erkennen (!) ...

Ja, etwas zum Lachen war dieser Archont (selbst),

weil er sagte: Ich bin Gott, und es gibt keinen, der größer ist als ich. Ich allein bin der Vater, der Herr; und es gibt keinen anderen außer mir ..."

Wir aber „überwanden seine Lehre ..."

„weil er aufgeblasen ist in eitlem Ruhm und nicht übereinstimmt mit unserem Vater.

Ja, zum Lachen war es – ein (Selbst-)Gericht und falsche Prophetie."

(p. 62, 27–65, 2)

Noch vor dieser Verspottung und Verwerfung der jüdischen bzw. alttestamentlichen Tradition wird die kirchliche Verkündigung des Gekreuzigten lächerlich gemacht:

„Ja, zum Lachen war es! Ich bin es, der bezeugt, dass es zum Lachen war: Ohne zu erkennen, dass (die Gnosis) eine unaussprechliche Verbindung durch unbefleckte Wahrheit ist, wie es sie nur unter den Kindern des Lichts gibt, schufen die Archonten eine Nachäffung von ihr; sie sandten aus die Lehre eines Toten und (ähnliche) Lügen, um nachzuahmen die Freiheit und Lauterkeit der Gemeinde der Vollkommenen ..."

(p. 60, 13–25; nach der Übersetzung des Berliner Arbeitskreises für Koptisch-gnostische Schriften, federführend H.-G. Bethge, ThLZ 100, 1975, Sp. 104ff.)

Die anschließenden Passagen verstärken diese Polemik noch. Den Vertretern der attackierten „Irrlehren" werfen die Gnostiker vor, „Furcht und Knechtschaft" zu verbreiten und die Unmündigen und Unwissenden zu verführen, indem sie sich den Anschein geben, „in Wahrheit die Freiheit" zu besitzen. Diese besitzen sie aber gerade nicht, weil sie nicht von oben stammen und „die Größe der Gnosis" nicht begriffen haben.

Die Entdeckung dieser Schrift um die Mitte des 20. Jahrhunderts war eine Sternstunde der Gnosisforschung. Seitdem steht ein Originaltext aus dem 3. Jahrhundert zur Verfügung, der eine breit angelegte „Protestexegese" gegen die frühe Kirche und ihr Festhalten an den biblisch-jüdischen Traditionen enthält. Durch die Fülle der heute vorhandenen gnostischen Schriften ist das ganze Spektrum gnostischer Bibelinterpretation noch deutlicher hervorgetreten, als es früher vor allem durch die Berichte der Kirchenväter und Häresiologen der Fall war.

7.2.4 Die Herausforderung der kirchlichen Theologen

Gnostische wie kirchliche Exegeten bedienten sich also weitgehend derselben biblisch-jüdischen und urchristlichen Überlieferungen, passten sie ihren Heilslehren an und legten sie entsprechend aus. Der Prozess der Ablösung des Christentums vom Judentum und der christlichen Identitätsfindung zeigt sich besonders deutlich in der Exegese. Das gilt im Prinzip auch für die Gnosis – was ihr Verhältnis zum Judentum und Christentum und ihren Rückgriff auf deren Überlieferungen betrifft, wobei sich die gnostische Protestexegese vor allem gegen die sich etablierende Kirche richtet. Auch die Gnostiker benutzten auf der einen Seite jüdische und urchristliche Texte und Vorstellungen, werteten sie aber andererseits um und gaben ihnen dadurch einen anderen, häufig entgegengesetzten Sinn.

Sowohl die gnostischen wie die kirchlichen Exegeten erhoben den Anspruch, die einzig legitime und „richtige" Auslegung der jüdischen und christlichen Überlieferungen zu betreiben. Daran erhitzten sich die Gemüter. Der Streit um das gemeinsame Erbe pflegt stets besonders heftig zu sein. Folgerichtig werfen die kirchlichen Theologen den gnostischen Exegeten „Missbrauch der heiligen Schrift“ und Schriftfälschung vor, allen voran Irenäus (speziell im Blick auf die Valentinianer):

> „Das sind nun ihre Lehrmeinungen, die weder die Propheten verkündeten noch der Herr lehrte, noch die Apostel überlieferten, die sie besser zu verstehen sich rühmen als alle anderen, die niemals gelehrt, nirgends in der Schrift enthalten sind und die sie doch vorlesen. Indem sie, wie man so sagt, aus Sand Seile flechten, suchen sie ihren Lehren die Parabeln des Herrn, die Aussprüche der Propheten oder die Worte der Apostel anzupassen, damit ihr Hirngespinst nicht ohne Zeugnisse bleibe. Aber die Ordnung und den Zusammenhang der Schriften übertreten sie und lösen nach Kräften die Glieder der Wahrheit auf. Sie versetzen und stellen um, verändern völlig den Sinn und täuschen viele durch ihre trügerische Zusammenstellung der Reden des Herrn …“ Sie „reißen … Reden, Worte und Parabeln aus ihrem Zusammenhang und wollen diese Worte des Herrn ihren Fabeln anpassen.“
>
> *(Buch I 8, 1)*

> „Das ist, mein Lieber, die Methode, mit der sie sich selbst betrügen, indem sie die Schriften misshandeln und ihren Hirngespinsten anzupassen versuchen. Deshalb habe ich dir auch ihre Redereien vorgeführt, damit du daraus die Hinterlist ihres Betruges und die Bosheit ihres Irrtums erkennest.“
> „Ihre Schriftauslegung ist also eine offenkundige Fälschung“ (was sich an der gnostischen Christologie im Anschluss an das Johannes-Evangelium, Kapitel 1, zeigt).
>
> *(Buch I 9, 1.2. Übers. E. Klebba)*

Die exegetische Wirksamkeit der Gnostiker war demnach für die kirchlichen Theologen ein großes Ärgernis. Sowohl die rege und professionelle Schriftauslegung als auch die Produktion neuer Offenbarungsschriften brachte die Kirche in Zugzwang. Zudem befanden sich die gnostischen Exegeten in der Vorreiterrolle. Hatten sie doch so bedeutende Theologen wie Basilides und Valentinos in ihren Reihen, dazu Marcion, noch bevor kirchlicherseits ebenbürtige Exegeten auf den Plan traten. Das kirchliche Christentum war somit in mehrfacher Hinsicht herausgefordert:

1. durch die umfängliche exegetische und systematisch-theologische Arbeit der christlich-gnostischen Theologen;
2. durch die Berufung der christlichen Gnostiker auf besondere, geheime Mitteilungen Jesu, also auf esoterische Heilslehren;
3. durch den elitären Anspruch der christlichen Gnostiker und gnostischen Christen, auf Grund ihres besonderen Wissens über den einfachen Gemeindechristen zu stehen und den schlichten kirchlichen Glauben zu überbieten.

Das alles führte nicht nur zur Kritik an der Gnosis von außen, sondern auch zu innerkirchlichen Kontroversen, die es den kirchlichen Theologen angeraten sein ließen, der Gnosis den entschiedenen Kampf anzusagen. Dieser fand sowohl vor Ort in den Christengemeinden als auch auf der literarischen Ebene statt und wurde auf allen theologischen Feldern geführt.

Für wie gefährlich die Kirchenvertreter den gnostischen Gegner hielten, bei denen sie einen „anderen Geist" am Werke sahen, soll abschließend eine Passage aus der Vorrede des Irenäus zu seinem Ersten Buch gegen die Häretiker zeigen:

> „Es gibt Leute, welche die Wahrheit aus dem Hause schicken, die Lüge aber hereinrufen und endlose Stammtafeln erdenken, die mehr Klügeleien fördern, wie der Apostel sagt, als göttliche Erbauung im Glauben. Durch Scheingründe, die sie geschickt zusammenstellen, verführen sie die Halbgebildeten und nehmen sie gefangen, indem sie des Herrn Worte

fälschen und schlechte Deuter seiner guten Reden werden. So bringen sie viele auf Irrwege, und unter dem Deckmantel der Wissenschaft, Gnosis genannt, als ob sie etwas Höheres und Größeres zu zeigen hätten als den, der Himmel und Erde gemacht hat und alles, was darin ist, lenken sie viele ab von dem Urheber der Ordnung und Schönheit des Weltalles. Wie Ratgeber leiten sie durch kunstvolle Worte die Harmlosen auf den Weg des Suchens und stürzen sie ratlos ins Verderben, bis diese zur Gottlosigkeit und Lästerung gegen den Welterbauer gelangt sind und die Lüge von der Wahrheit nicht mehr zu unterscheiden vermögen."

7.3 Die kirchliche Kritik am gnostischen Verständnis von Gott, Welt und Mensch

Die dualistische Gottesvorstellung der Gnostiker, ihre Unterscheidung zwischen dem oberen, guten Gott und einem niederen Weltschöpfer, dem selbstherrlichen, aber unwissenden Demiurgen war den am Gott der Bibel orientierten kirchlichen Theologen ein Greuel. Daher beginnt Irenäus das zweite Buch seiner „Widerlegung aller Häresien" nach einer Vorrede über die im ersten Buch schon begonnene und nun fortgesetzte „Entlarvung und Widerlegung" der gnostischen Lehren mit Ausführungen über

> „Gott, den Schöpfer, der Himmel und Erde gemacht hat und alles, was in ihnen ist, ... da er allein Gott ist, allein Herr, allein Schöpfer, allein Vater, allein in sich alles enthaltend und für alles die Ursache des Daseins.
> Wie könnte über ihm ein andres Pleroma oder ein andrer Anfang, eine andre Macht, ein andrer Gott sein ..."

Zu Beginn des zweiten Kapitels fährt Irenäus fort:

> „Die da behaupten, die Welt sei von Engeln oder von irgendeinem andern Weltschöpfer gemacht worden, ohne den Wil-

len des allmächtigen Vaters, die sündigen zunächst gerade darin, dass sie sagen, ohne den Willen des höchsten Gottes hätten eine so große und so schöne Welt Engel gemacht." Gott aber hat „durch sein Wort alles erschaffen und gemacht. Er braucht nicht die Hilfe der Engel."

(Übers., hier u. im Folgenden E. Klebba)

Zum Zeugen seiner Position ruft Irenäus sowohl die Heilige Schrift als auch den Herrn Jesus Christus auf:

„Dass aber der Weltschöpfer Gott ist, das sollte auch für jene feststehen, die ihm auf viele Weise widersprechen und ihn Demiurgen heißen und Engel nennen; denn die ganze Schrift bezeugt ihn, und der Herr bezeugt ihn und keinen andern als den Vater, der im Himmel ist."

(II 9, 1)

In den folgenden Kapiteln (7ff.) weist Irenäus auch die ganze Äonenlehre der Gnostiker mit Nachdruck zurück (vgl. das valentinianische System in unserem Kapitel I, 5.1).

Wie für die Juden, so war und blieb auch für die kirchlichen Christen und Theologen der eine und einzige Gott Schöpfer und Erhalter dieser Welt und des Menschen – bei allen Einwänden und Vorbehalten gegen deren Zustand und trotz allem gelegentlichen Haderns mit Gott. Diese Welt ist die Welt des einzigen Gottes und alleinigen Herrn. In ihr spielt sich die Geschichte der Menschheit ab, die eine Geschichte der Menschen mit Gott ist. Denn die Geschichte von Welt und Menschen ist aus biblischer Sicht nicht, wie die Gnostiker meinen, die Folge eines tragischen „Betriebsunfalls" in der Lichtwelt, die mit der Rückkehr aller verstreuten Lichtteile nach oben wieder aufhören wird, sondern sie ist die Geschichte von Gottes Schöpferwirken und Heilshandeln an den Menschen bis zum „Ende der Zeiten". Es ist die Geschichte der Zuwendung Gottes zum sündigen Menschen, um ihn immer wieder zur Umkehr zu rufen und aus seiner schuldhaften Verstrickung in das Böse zu erlösen. Heilsgeschichte in diesem Sinne hat im gnostischen Denken aber gar keinen Platz, denn der Gnostiker „besitzt" das Heil im Prinzip schon. Sobald er erweckt ist und die Erkenntnis seiner Identität mit dem göttlichen Licht bzw. himmlischen Selbst hat, ist seine individuelle Erlösung, seine Befreiung aus der Welt des Demiurgen und der Finsternismächte bereits geschehen. Er muss sie nur noch durch seine bewusste Absage an die Welt und eine entsprechende Daseinshaltung (Askese u. a.) realisieren. Dazu bedarf es in der Praxis auch ethischer Imperative.

Dieser Vorstellung der Wesensidentität des Menschen mit Gott widersprechen die kirchlichen Theologen mit allem Nachdruck. So kritisiert Irenäus, dass die Gnostiker „keinen Unterschied zulassen zwischen dem unerschaffenen Gott und dem jetzt entstandenen Menschen" (IV 38, 4). Gott gleich zu werden, kann aber erst das Ziel christlichen Wandels sein. Die Menschen sind nicht „von Anfang an ... vollkommen" (vgl. IV 38, 1), sie sind auch nicht selber Licht, sondern werden vom Licht erleuchtet.

> „Denn dem Erlöser nachfolgen, heißt teilnehmen am Heil und dem Lichte folgen, heißt das Licht erlangen. Die aber im Lichte sind, erleuchten nicht selber das Licht, sondern werden von ihm erleuchtet ..."
>
> *(IV 14, 1)*

Wer aber lehrt wie die Gnostiker, verfälscht die biblische Botschaft. Die Folge dieser Irrlehren ist auch eine Daseinshaltung und Ethik, welche die Sünde des Menschen als Ursache des schlimmen Zustandes dieser Welt leugnet, den Menschen mit Verweis auf das Versagen der himmlischen Wesen rechtfertigt und ihn aus der Verantwortung gegenüber Gottes Schöpfung entlässt. Das ist im Sinne der Gnosis zwar durchaus logisch, denn die Erhaltung dieser Welt, in welcher der unter das Gesetz des Demiurgen versklavte Mensch leben muss, kann nicht die Aufgabe eines zur Erkenntnis seines wahren Selbst Gekommenen sein. Hier wird aber auch deutlich, wieso die kirchlichen Theologen den radikalen Unterschied zwischen kirchlichen und gnostischen Lehren auf allen Ebenen betonten und den Gnostikern vorwarfen, sie hätten einen „anderen Geist".

7.4 Die kirchliche Kritik an der Moral der Gnostiker

Zu den massiven theologischen Einwänden gegen die gnostische „Irrlehre" kommen noch die heftigsten Vorwürfe gegen kultische Praktiken und moralische Entgleisungen. In dieser Hinsicht hält sich auch der sonst so seriöse Irenäus nicht zurück. Er schreibt über eine Gruppe von gnostischen Valentinianern:

> „... die Vollkommensten von ihnen (tun) alles Verbotene ohne Scheu ... Götzenopfer essen sie unbedenklich und glauben sich nicht dadurch zu beflecken. Bei jedem Feiertagsvergnügen der Heiden, das zu Ehren der Götzen veranstaltet wird, stellen sie sich als die Ersten ein. Nicht einmal von den bei Gott und den Menschen verhassten Tierkämpfen und menschenmordenden Einzelkämpfen halten manche sich fern. Andere dienen maßlos den Lüsten des Fleisches und sagen, man müsse das Fleisch dem Fleische, den Geist dem Geiste darbringen. Einige wiederum schänden heimlich die Weiber, die sie in ihrer Lehre unterrichten – oftmals schon haben es Frauen, die von ihnen verführt waren und sich alsdann bekehrten, mit ihrer sonstigen Verwirrung bekannt –; andere nahmen öffentlich und ohne Scheu Frauen, in die sie sich verliebt hatten, ihren Männern weg und machten sie zu ihren Weibern; noch andere schließlich, die anfangs ehrbar mit ihnen wie mit Schwestern zu verkehren vorgaben, wurden im Laufe der Zeit ertappt, als die Schwester von dem Bruder schwanger geworden war.
>
> Nicht genug damit: während sie vieles Schändliche und Gottlose begehen, fallen sie über uns her, die wir aus Gottes-

furcht uns hüten, auch nur in Gedanken oder Worten zu sündigen, wie über Idioten und Dummköpfe; sich selbst aber überheben sie, indem sie als die Vollkommenen sich bezeichnen und den Samen der Auserwählung …"

(I 6, 3–4)

Als Grund für diese libertinistische Haltung nennt der Kirchenvater die unverlierbare pneumatische Wesenheit, die diese (und andere) Gnostiker für sich in Anspruch nehmen – den Kirchenchristen aber absprechen:

> Sie (d.h. diese Valentinianer) werden (wie sie sagen) „nicht durch die Werke, sondern durch ihre geistige Natur auf jeden Fall selig. Wie nämlich das Materielle unmöglich selig werden kann, weil es der Seligkeit nicht fähig ist, so kann das Geistige – was sie selber sind –, nicht verdammt werden, wie auch immer seine Taten waren. Wie nämlich das Gold im Kote seine Schönheit nicht verliert und seine Natur bewahrt, unbeeinträchtigt von dem Kote, so werden auch sie nicht beschädigt, noch verlieren sie ihre geistige Wesenheit, da ihnen die materiellen Handlungen nichts anhaben können."

(I 6, 2)

> „Wir sollen die Gnade nur zum Gebrauch erhalten und danach wieder verlieren, sie wollen die Gnade von oben her aus der unaussprechlichen und unnennbaren Verbindung als ihr Eigentum in Besitz haben …"

(I 6, 4)

Den Anhängern des Karpokrates wirft Irenäus vor allem vor, dass sie

> „Zaubereien, Beschwörungen, Liebestränke und -feiern, Gespenstererscheinungen und Traumgeister und die andern schwarzen Künste" betreiben. Der Teufel habe sie „zur Lästerung des heiligen Namens der Kirche ausgesandt, damit die Menschen ihre Ohren abwenden von der Verkündigung der Wahrheit" hin zu ihrer „gottlosen Lehre". „Sie behaupten, es

stehe ihnen frei, jede beliebige irreligiöse und gottlose Handlung zu begehen." Ja mehr noch, die Seelen müssten „vor ihrem Abscheiden" „jede Tat", … „die es in der Welt gibt", durchmachen, „damit sie nicht, weil sie ihre Freiheit noch nicht ausgekostet hätten, noch einmal in einen Körper übergehen müssten". Ein „Kerker (aber) sei der Körper". Erst wenn alle weltlichen Taten verübt sind, „sei die Seele frei und ledig für jenen Gott, der über den Fürsten der Welt steht …".

Dazu bemerkt freilich Irenäus:

> „Ob nun wirklich diese gottlosen, frevelhaften und verbotenen Dinge sich bei ihnen zutragen, das möchte ich wohl bezweifeln. Aber in ihren Schriften steht es geschrieben …"
>
> *(I 25, 3–5)*

Heftige Kritik am Verhalten der Karpokratianer übt auch Klemens von Alexandrien in seinem Werk „Teppiche":

> „Von ihnen und einigen anderen Anhängern der gleichen Irrlehren erzählt man, dass sie sich zu den Mahlzeiten versammeln … Männer sowohl wie Frauen. Wenn sie sich aber gesättigt haben, … da stürzen sie den Leuchter um und beseitigen so das Licht … und vermischen sich, wie sie wollen und mit wem sie wollen; nachdem sie sich aber bei einem solchen Liebesmahl in der Gemeinschaft geübt haben, fordern sie auch schon bei Tage von den Weibern, von denen sie es wollen, den Gehorsam gegen das Karpokrateische – denn es wäre nicht recht, zu sagen, gegen das göttliche – Gesetz. Ein solches Gesetz hätte aber, meine ich, Karpokrates für die Geilheit der Hunde und Schweine und Böcke geben sollen."
>
> *(Buch III 10, 1 Übers. Otto Stählin)*

Moralische Vorhaltungen gegen gnostische Gruppen, namentlich die Phibioniten, kommen von Epiphanius, dem Bischof von Salamis (4. Jh.). Hier geht es um Praktiken, die mit dem irdischen Schicksal der Seele zu tun haben. Danach müsse die in

Menschen, Tieren und Pflanzen zerstreute Seele eingesammelt werden, indem tierische und pflanzliche Nahrung genossen wird. Aber nicht nur diese, sondern auch Sperma und Menstrualblut, worin sich die Seele im Menschen vor allem aufhält. Mit solchem Sperma und Blut feiern sie ihre Kommunion. Um die Seele nicht weiter zu zerstreuen, verwerfen sie auch die Kinderzeugung – und treiben im Falle der Empfängnis die Frucht ab, die sie als kultisches Mahl zubereiten, dem „vollkommenen Passa"!

Diese und weitere Scheußlichkeiten berichtet Epiphanius in seinem „Arzneimittelkästchen" (Panarion XXV 2, 1–XXVI 13, 7). Das Sperma-Blut-Mahl wird zwar von gnostischen Texten wie der Pistis Sophia und dem zweiten Buch des Jeû bestätigt, dort aber verabscheut und mit allem Nachdruck verworfen. Diejenigen, die sich daran beteiligen, kommen in die völlige Finsternis, werden „aufgezehrt" und „vernichtet" (Pistis Sophia, Kap. 147, bei C. Schmidt/W. Till (Hg.), Koptisch-gnostische Schriften, 3. Auflage, Band 1, S. 251, Z. 14 ff.; 2. Buch Jeû, Kap. 43, ebd., S. 304, Z. 17 ff. Beide Schriften stammen aus dem 3./4. Jahrhundert).

Auch Plotin (3. Jh.) befasst sich in seinen Enneaden mit den Gnostikern und kritisiert nicht nur ihre Lehren, sondern auch ihre Moral. Da sie sich „bereits hier im Besitz der Gnosis" wähnen, ist ihnen alles Irdische nichts wert, entfalten sie keine Tugend, bleibt ihnen nur die Lust, fehlt es ihnen an „Zucht und Gerechtigkeit" (II 9, 15–16).

Vorwürfe kirchlicher und anderer Autoren gegen die Gnostiker wegen fehlender Tugenden, moralischer Defizite und Unmoral (sexuelle Entgleisungen) gibt es somit in Fülle. Das soeben Angeführte ist nur ein Auszug aus einem großen Katalog. Dabei fallen zwei Momente auf, die noch besonders hervorzuheben sind.

Zum Ersten ist auffällig, dass von den Kritikern der Gnostiker zumeist auf die metaphysische Begründung der gnostischen Moral eingegangen wird (vgl. dazu Kap. I, 6.2!). Die Häresiologen wissen also sehr wohl, dass und wie gnostische Lehre und Ethik zusammenhängen. Ein besonderes Problem scheint ihnen aber die Sexualsymbolik der Gnosis bereitet zu haben, die sich weithin in der Mythologie wie im Kultus findet (vgl. Kap. I, 4–6). Sie könnte – abgesehen von bösen Gerüchten und Unterstellungen – zu voreiligen Rückschlüssen der Ketzerbestreiter bei der Beurteilung der gnostischen Moral geführt haben. Dazu nur ein Beispiel von vielen. In dem oben zitierten Referat des Irenäus über eine valentinianische Gruppe bezeichnen diese sich als „die Vollkommenen … und den Samen der Auserwählung" und behaupten, sie hätten „die Gnade von oben her aus der unaussprechlichen und unnennbaren Verbindung", d.h. der Paargenossenschaft (Syzygie) erhalten. Deshalb beschäftigten sie sich dauernd mit dem „Geheimnis der Paargenossenschaft", also mit dem Koitus. Sie kämen auch nicht durch Werke in das Pleroma, sondern „das Sperma, welches von dort unmündig ausgesandt worden ist und hier vollendet wird", führt sie dort hinauf (Adv haer I 6, 4).

Sperma, Same, steht in vielen gnostischen Texten für die Auserwählten, für die „Nachkommenschaft" eines Offenbarers (z.B. des Seth), für „die Seelen der Heiligen" (Apokryphon des Johannes, Papyrus Berolinensis 8502, p. 36, 3), für die pneumatischen, geistigen Anlagen und Potenzen und ihre Träger. Immerhin redet auch der kirchliche Apologet Justin im 2. Jahrhundert vom Logos spermatikos und versteht darunter im positiven Sinne die vorchristlichen Wahrheitskeime in der Philosophie der Antike als Vorbereitung der christlichen Offenbarung.

Zum Zweiten fällt auf, dass den Ketzerbestreitern selbst oft Zweifel kommen, ob die von ihnen berichteten Perversitäten und moralisch bedenklichen Praktiken der Gnostiker den Tatsachen entsprechen. Justin schreibt in seiner Apologie:

> „Ob sie nun aber jene Freveltaten, die man ihnen andichtet, vollbringen, wie das Auslöschen der Lichter, zügellose Aus-

schweifungen und das Speisen von Menschenfleisch, wissen wir nicht …"

(I 26, Übers. H. Ristow)

Solche Zweifel meldet auch Irenäus hinsichtlich des von ihm über die Karpokratianer Mitgeteilten (s.o.) an. Er kann sich übrigens vorstellen, dass manche Gnostiker wie Bruder und Schwester keusch zusammenleben, wobei vielleicht an Braut und Bräutigam als irdisches Abbild des himmlischen „Brautgemachs" zu denken ist (s. Kap. I, 6, 3). Doch konstatiert er dann auch hier das moralisch Bedenkliche, zumal wenn die Schwester vom Bruder geschwängert wird (s.o. Adv haer I 6, 3).

Der Vorwurf der Unmoral richtet sich auch gegen Mani (vgl. Kap. III). Aber auch da wird bezweifelt, ob die ihm angelasteten Praktiken der Wahrheit entsprechen. So schreibt um das Jahr 1000 der islamische Gelehrte Al-Biruni:

„Und von ihm (d.h. Mani) wird erzählt, dass er die Befriedigung der Lust an Jünglingen gestattet habe …
Und zum Beweis dafür wird angeführt, dass einem jeden Manichäer ein bartloser, haarloser Diener sich widmet, der ihm dient.
Ich aber habe in dem, was ich von ihm in seinen Büchern gelesen habe, keine Erwähnung von dergleichen gefunden. Vielmehr zeigt seine Lebensbeschreibung das Gegenteil von dem an, was erzählt ist."

(Alberuni, Chronologie orientalischer Völker, hg. von E. Sachau, Leipzig 1923; 208, 4ff.)

Die massive Kritik an der Unmoral der Gnostiker seitens der Kirchenschriftsteller und Häresiologen ist also mit Vorsicht zu genießen. Vieles davon geht auf das Konto der moralischen Disqualifizierung des Gegners, manches beruht auf Informationen aus zweifelhaften Quellen und auf Gerüchten, manches auf Missverständnissen. Zum Teil ist das Berichtete so absonderlich und abwegig, dass selbst die Häresiologen daran zweifeln.

In anderen Fällen handelt es sich um nicht mehr als damals allgemein verbreitete Vorstellungen und Praktiken (Zauberei, Geistererscheinungen u. ä.). Zudem waren auch die Gnostiker von Verfehlungen gewiss nicht frei. Es ist aber etwas anderes, ihnen Unmoral als Folge ihrer „falschen" Lehren vorzuwerfen, wie es die großkirchlichen Gegner tun, als ob, wer eine „falsche" Lehre vertritt, zur Unmoral prädestiniert sei. Hier wissen die Gegner der Gnostiker sicher sehr genau, was sie tun, und es kommen ihnen ja selbst Zweifel dabei. Gewollt oder ungewollt wird die Schwelle von der Ablehnung einer Lehre zur Diffamierung ihrer Anhänger überschritten.

Es ist nicht auszuschließen, dass es vereinzelt gnostische Gruppen mit fragwürdigen oder gar moralisch verwerflichen Praktiken gab, dass auch der Libertinismus seine Anhänger hatte. Dafür fehlen aber die originalen Zeugnisse und es wären dann die großen Ausnahmen. Bei allen unterschiedlichen Moralvorstellungen innerhalb der Gnosis ist die Tendenz jedenfalls eine andere – denn was die Gnostiker lehrten und erstrebten, weisen die Originalquellen hinreichend aus (s. Kap. I, 6, 2): Ihre Vorstellung von der Freiheit gegenüber dem Gesetz und von der Fremdheit in dieser Welt führte in aller Regel zur Absage an diese Welt, an ihre Leidenschaften und Lüste, um loszukommen von allem, was den von oben Stammenden an der Rückkehr in die himmlische Heimat hindert. Daher lag ihnen die Askese viel näher als der Gedanke an ein zügelloses Ausleben der Freiheit.

7.5 Jesus und Christus – der Erlöser

7.5.1 Gnosis und Kirche im Ringen um die wahre Christologie

Hinter dem Begriff „Christologie" verbirgt sich die Frage, wer der Zimmermannssohn Jesus aus Nazareth eigentlich war, der als Wanderprediger die Nähe des Gottesreiches verkündete und die Menschen zur Umkehr rief. Diese Frage lässt der Evangelist Matthäus sogar Jesus selbst stellen: „Für wen halten die Leute den Sohn des Menschen?" Darauf seine Jünger: „Etliche für (den wieder erstandenen) Johannes den Täufer, andere für Elia, noch andere für Jeremia oder einen der Propheten." Auf seine Frage, für wen ihn seine Jünger halten, antwortet Simon Petrus: „Du bist der Christus, der Sohn des lebendigen Gottes" (vgl. Mt 16, 13 ff., Zürcher Bibel). Petrus und andere sehen in ihm also den von Juden erwarteten Messias (griech. Christos). Aber was heißt das genau? Wie gehört dieser Christus auf die Seite Gottes? Er ist, schreibt Paulus an die Gemeinde in Rom, nach dem Fleisch (der Sarx) aus der Nachkommenschaft Davids hervorgegangen, nach dem Geist (Pneuma) der Heiligkeit hingegen ist er seit der Auferstehung von den Toten zum Gottessohn eingesetzt (Röm 1, 3–4). So glaubten viele, dass sich der Geist Gottes in Jesus verkörpert habe, und Paulus stellt im zweiten Brief an die Korinther fest: „Gott war in Christus und versöhnte die Welt mit sich selbst" (5, 19).

Mit solchen Vorstellungen und Formulierungen rückte der Christus Jesus immer näher an Gott. Der zweite Klemensbrief (um 140) beginnt mit der Forderung: „Brüder, wir müssen von Jesus Christus so denken wie von Gott ..." (1, 1). Die Gedanken von der „Gottheit" Jesu und von der Menschwerdung Gottes bewegten fortan die Theologen, und es bedurfte durchaus der Klärung, wie dabei Gott und Mensch, „Vater" und „Sohn" zusammengehören, sich in ihrem Wesen unterscheiden – oder auch nicht, wie „Geist" und „Fleisch" beim Erlöser aufeinander zu beziehen sind und was es bedeutet, dass der Logos ins Fleisch kam, Mensch wurde (Joh 1, 14). Viele Fragen also und entsprechend viele Antworten, die immer detaillierter und mit der Zeit auch spitzfindiger wurden, um dem Geheimnis der Menschwerdung Gottes in Christo Jesu auf die Spur zu kommen.

Die Vielfalt der christologischen Konzeptionen beginnt bereits im Neuen Testament, wie an Paulus, am Johannes-Evangelium und an den anderen Evangelien deutlich wird; hierbei beginnen auch schon die Auseinandersetzungen mit bestimmten Vorstellungen über Jesus Christus. Es gab aber zunächst noch keine zentrale Instanz für die Festlegung der „richtigen" Lehre, und so liefen unterschiedliche Ansichten, wozu auch die gnostischen gehörten, nebeneinander her, bis sich die Großkirche herausbildete und sich vom Ende des 2. Jahrhunderts an die Institution Kirche immer deutlicher und systematischer von den „Irrlehren", namentlich von der gnostischen „Häresie", abgrenzte (vgl. Irenäus!). Das forderte dann auch die Gegenreaktion und Polemik der Gnostiker im zunehmenden Maße heraus. Diese Kontroversen, die ja auch innerkirchlich vehement entbrannten, sind für den Prozess der Herausbildung unterschiedlicher Positionen in der Christologie besonders kennzeichnend und zogen sich über Jahrhunderte hin.

Zu den wichtigsten Christologien, um die es im frühen Christentum ging, zählen vor allem folgende Typen:

- die Logos-Christologie (s.o. Joh 1, 14; Christus als der Logos, dem „Vater" untergeordnet: Hirt des Hermas)
- die Pneuma-Christologien (in mehreren Varianten: das göttliche Pneuma verbindet sich mit Jesus; 2. Klemensbrief 9, 5: der Erlöser Christus war zuerst Geist und ist Fleisch geworden; 1. Timotheus 3, 16: „Er ist offenbart im Fleisch, als gerecht erwiesen im Geist, erschienen den Engeln …"; oder: der göttliche Erlöser zieht das Fleisch an, das Fleisch ist das Kleid des Pneuma)
- die Inkarnationschristologie (Christus ist voll und ganz Mensch geworden, z.B. bei Irenäus, der die Einheit der beiden Naturen besonders betont, Kap. III, 16ff.)
- die Engel-Christologie (das in Jesus erschienene Geistwesen = ein Engel; judenchristliche Vorstellung)
- die Erhöhungschristologie (z.B. Phil 2, 9; vgl. Koran Sure 4, 158)
- die Weisheitschristologie (Christus als die Weisheit = Sophia; vgl. 1. Kor 1, 24.30)

– die Christologie des Doketismus (Christus als Scheinleib; scheinbares Leiden des Erlösers; z. B. bei Satornil).

Diese und weitere Christologien begegnen in den frühchristlichen Schriften in vielen Variationen. Sie unterscheiden sich zum Teil nur unerheblich, zum Teil aber wesentlich und von ihrem theologischen Ansatz her. Daraus entwickelten sich allmählich christologische Richtungen und dogmatische „Parteien" wie die Monarchianer (Christus ist eine Erscheinungsweise Gottes), die in der Logoschristologie die Einheit Gottes gefährdet sahen. Zu dieser Gruppe der Monarchianer gehören die Dynamisten oder Adoptianer (Jesus wurde von göttlicher Kraft/göttlichem Geist erfüllt und von Gott adoptiert) und die Modalisten, auch Patripassianer genannt (Gott geht in Jesus ein, erduldet Leiden und Tod!). Irenäus versuchte, die Diskrepanzen zwischen Logoschristologie und Inkarnationschristologie zu überbrücken und beides zu verbinden. Er wandte sich deshalb entschieden gegen die Trennung von Christus und Jesus (Buch IV, Vorrede).

Von den großen dogmatischen Schulen sind die antiochenische und die alexandrinische Schule hervorzuheben. Während erstere die menschliche Natur des Erlösers betont, von der Scheidung von Gott und Mensch ausgeht und schließlich bei zwei Naturen oder zwei Wesenheiten des Erlösers ankommt (das Fleisch ist leidensfähig, der Logos leidensunfähig), betonen die Alexandriner die göttliche Natur des Erlösers, in die die menschliche Natur eingeht und in der sie aufgeht, so dass die Gottheit Christi voll gewahrt bleibt. Damit sind die Ausgangspositionen für die weit reichenden Streitigkeiten um Wesen und Natur des göttlichen Erlösers schon markiert. Die Monophysiten werden auf der einen göttlichen Natur Christi bestehen, die Dyophysiten – wie der Name besagt – von zwei Naturen ausgehen. Auch die Gnostiker benutzen weithin die Zwei-Naturen-Lehre, wenn auch mit anderem Akzent. Von ihnen war sie ja ursprünglich ausgegangen.

Alle diese christologischen Konzeptionen, Richtungen und Schulen zeigen an, welche großen Anstrengungen von den Theologen unternommen wurden, um das Verhältnis der Gottheit und Menschheit Christi näher zu bestimmen und festzulegen. Das führte in der Folgezeit häufig zu dramatischen Auseinandersetzungen und Kämpfen wie im arianischen Streit im 4. Jahrhundert. Arius behauptete, der von Gott geschaffene Logos/Christus sei dem Wesen Gottes unähnlich (griech. anhomoios). Dagegen wurde auf der Synode von Nicäa im Jahre 325 entschieden, dass Vater und Sohn wesenseins (griech. homoousios) sind. Auf der Synode von Alexandria (362) wurde das homoousios als „wesensgleich" interpretiert. Im fünften Jahrhundert kam es zu dem christologischen Streit zwischen Nestorius, dem Patriarchen von Konstantinopel, und Cyrill, dem Patriarchen von Alexandria. Ausgehend von Ansichten der antiochenischen Schule (s.o.) wandte sich Nestorius gegen die Bezeichnung „Gottesgebärerin" für Maria und befürwortete „Christusgebärerin". Nestorius wurde auf der Synode von Ephesus 431 exkommuniziert. In die anhaltenden dogmatischen und kirchenpolitischen Auseinandersetzungen zwischen Konstantinopel und Alexandria, in die auch Kaiser und Papst verwickelt waren, brachte die Synode von Chalcedon 451 eine gewisse Beruhigung durch eine Kompromissformel, freilich unter kaiserlichem Druck: Christus ist vollkommener Gott und vollkommener Mensch in zwei Naturen, unvermischt und ungetrennt. Die Monophysiten erlangten gleichwohl in Ägypten, Syrien, Palästina und Armenien noch großen Einfluss und bestimmten die Kirchengeschichte entscheidend mit.

Jahrhundertelang ging es somit um die Variationen eines einzigen Themas – wie sich Gott und Mensch, Geist und Fleisch in der Person des Erlösers zueinander verhalten. Darüber wurden heftige Kämpfe, vor allem auf Synoden, ausgefochten, wobei auch Politik und Macht im Spiel war, und nicht selten kam es zu Verketzerungen, deren Opfer auch die Gnostiker wurden.

Doch ist gerade ihr Anteil an den christologischen Klärungsversuchen nicht unerheblich. Sofern sie als christliche Gnostiker oder gnostische Christen Jesus Christus als den himmlischen Offenbarer, Erwecker und Heiland annahmen, mussten auch sie die Fragen nach dem Verhältnis des transkosmischen, transhistorischen Erlösers zum irdischen, geschichtlichen Jesus, von Geistnatur und Fleischesleib beantworten. Aus der Fülle ihrer weitgefächerten Antworten greifen wir vor allem jene heraus, die im Sinne einer gnostischen Problembewältigung besondere Beachtung verdienen, und demonstrieren das an Originaltexten. Was die Kirchenväter und Häresiologen über die christologischen Konzeptionen von gnostischen Theologen wie Satornil, Kerinth, Basilides und Valentinus berichten, ist in Abschnitt 6, 2–4 nachzulesen.

7.5.2 *Das himmlische Selbst, der Ur-Mensch-Erlöser und Jesus Christus*

Zunächst ist zu klären, wie die Gnostiker überhaupt Jesus und Christus mit ihrem obersten Gott und himmlischen Soter in Verbindung bringen und in ihre Vorstellungswelt integrieren konnten. Dazu ist der Bericht des Hippolyt in seiner „Widerlegung aller Häresien" über Erlösungsvorstellungen der Doketen aufschlussreich.

> „Bis zur Erscheinung des Heilands gab es eine große Irrung der Seelen durch den Gott des feurigen Lichtes, den Demiurgen – die Ideen werden nämlich Seelen genannt, weil sie, oben erkaltet, in der Finsternis bleiben, von Körper in Körper verwandelt, die der Demiurg bewacht … So wollte jener eingeborene Sohn die Ideen der Äonen von oben, die er in finstere Körper verwandelt sah, durch seine Herabkunft retten; … er schloss sich, wie ein mächtiger Blitz, in den kleinsten Körper ein … (es folgt die doketische Deutung der Herabkunft des Sohnes, seine ‚Bekleidung' mit dem Fleische, Taufe im Jordan, Kreuzigung). Alle Ideen der sämtlichen dreißig

Äonen sind aber auch zurückgehaltene Seelen; jede ist so geartet, dass sie den Jesus, der ihrer Natur entspricht, erkennt, mit dem sich jener Eingeborene und Ewige, von den ewigen Orten Stammende umkleidete."

(Buch VIII 10; Bibliothek der Kirchenväter, 2. Aufl., 1922; Übers. Graf Konrad Preysing)

Der springende Punkt dabei ist die uns schon vertraute Vorstellung, dass das obere himmlische Selbst mit dem nach unten geratenen Selbst (des Pneumatikers) identisch ist und die Erkenntnis bzw. Rückerinnerung an diese Identität die Befreiung aus der Finsterniswelt bedeutet. Diese Gnosis wird dem durch die Mächte der Finsternis in Unwissenheit gehaltenen Pneumatiker durch den himmlischen Erlöser, der ihn erweckt und das Wissen offenbart, vermittelt, wodurch sich das Selbst letztlich selber erlöst. Sobald Jesus in diese Konzeption aufgenommen wurde, erhielt er, sein Wesen und sein Auftrag, eine entsprechende Deutung. Da der Gott „Mensch" als mythologische Größe in der Gnosis vorgegeben war, konnte der Mensch Jesus aus Nazareth, der „Menschensohn" (Daniel 7, 13; Hoheitstitel Jesu im Neuen Testament), ohne weiteres mit ihm verbunden werden.

Im 12. Kapitel seines Ersten Buches gegen die Häresien, wo es auch um die Ptolemäer geht, äußert sich Irenäus kritisch über die „wilden" gnostischen Spekulationen zur Herkunft des Erlösers und geht auch auf die Anthropos(Mensch)-Vorstellungen der Gnostiker ein:

„Wieder andere ... sagen, Mensch heiße der Voranfang, der Vor-, der Unausdenkbare. Darin bestehe das tiefe, erhabene Geheimnis, dass die alles überragende und alles umfassende Kraft Mensch genannt werde und aus diesem Grund nenne sich der Heiland Menschensohn."

(I 12, 4; Übers. E. Klebba)

Auch der „Zauberer“ Markus befasst sich im Rahmen seiner Buchstaben- und Zahlenspekulation mit der Herkunft von Jesus und Christus, worüber Irenäus ausführlich berichtet (I 13 ff.). Darin heißt es:

> „So ist nun Jesus ein Name für den Menschen der Heilsordnung, und er wird gebraucht nach dem Bilde und Gleichnis des Anthropos, der auf ihn herabsteigen sollte und ihn aufnahm. Da hatte er denn in sich den Anthropos und den Logos, den Vater und den Unnennbaren, die Sige und die Aletheia, die Ekklesia und die Zoe.“
>
> *(I 15, 3; E. Klebba)*

Der Ansatzpunkt der christlichen Gnostiker, der in ihren Schriften mehr oder weniger deutlich wird, liegt somit in der Identifikation des Christus Jesus mit dem himmlischen Ur-Menschen und Pneuma (Selbst). Auf diese Weise wird er in ihre Lehre vom gespaltenen (oberen und unteren) Pneuma, das wieder vereinigt werden muss, hineingezogen. In jedem Falle ist es der pneumatische Christus, die Geistnatur des Erlösers, um deren Verhältnis zur Person Jesu lange gerungen worden ist.

Diese mit dem christlichen Erlöser verbundene Identitätsmystik der Gnostiker hat sich in ihrer mehr oder weniger konsequenten Anwendung auf alle christologischen „Ereignisse“ ausgewirkt. In diese Zusammenhänge gehört nun der Doketismus (s. u.), „entstanden ... aus der Interpretation des anthropos (Menschen) Jesus als Geist-Selbst, als welcher er dann leicht als Erlöser im Menschen oder als Erlöser, der sich im Menschen erlöst, verstanden werden kann“ (C. Colpe, RAC, Bd. 9, Sp. 611).

7.5.3 Doketismus und Zwei-Naturen-Lehre

Der Begriff Doketismus leitet sich zwar her von den „Doketen“, wird aber merkwürdigerweise für eine andere Christologie verwendet, als sie von den Doketen vertreten wird. Letztere verdient jedoch auch beachtet zu werden und findet sich inmitten der oben zitierten Hippolyt-Passage:

„Er (sc. „der eingeborene ewige Sohn") sollte nun auch … mit der äußeren Finsternis – dem Fleische – bekleidet werden"; … und so „nahm er" bei seiner „Waschung" im Jordan (Taufe) „im Wasser das Bild und den Abdruck des aus der Jungfrau geborenen Leibes an, auf dass, wenn der Archon sein eigenes Gebilde dem Tod, dem Kreuze überantwortet, die Seele, die in dem Körper gewohnt, nach Aufgabe des Leibes, nach Anheftung an das Kreuz und nach dem hierdurch errungenen Triumph über die Herrschaften und Gewalten nicht nackt erfunden werde, sondern sich mit dem Körper bekleide, der, als er getauft wurde, im Wasser zum Ersatze jenes Fleisches gebildet wurde …"

(VIII 10).

Diese komplizierte Konstruktion verdeutlicht das ganze Problem: Wie kann der himmlische Erlöser auf Erden wandeln, seinen Erlösungsauftrag ausführen, ohne sich wesenhaft mit der Finsterniswelt zu vermischen? Wie kann er mit Jesus und seinem in den Evangelien berichteten Leidensweg zusammengedacht werden? Die christlichen Gnostiker fanden dafür unterschiedliche Antworten. Ihre Christologie ist vielgestaltig und reicht von Vorstellungen, die sich von denen der kirchlichen Theologen nicht sehr unterscheiden (oder von ihnen nicht weit entfernt zu sein scheinen) bis hin zum Doketismus, von dem hier die Rede sein soll, um zum Wesen gnostischer Christologie vorzudringen.

Anders als bei der Christologie der Doketen, wo von einem fleischlichen Gewand des Erlösers ausgegangen wird, einer Variante der Pneumachristologie, meint der Doketismus im strengen Sinne, dass der Erlöser nur ein Scheinwesen und nicht wirklich, nicht real Mensch gewesen ist (vom griechischen dokeo = scheinen, den Anschein haben), so z. B. bei Satornil und Marcion (→6.2; 6.6). Folglich hat der Erlöser nur scheinbar gelitten und ist nur scheinbar am Kreuz gestorben.

Der Begriff Doketismus wird allerdings auch in einem weiteren Sinne für christologische Konzeptionen gebraucht, in denen der Erlöser so weit wie möglich aus Materie und Finsternis, Leiden und Tod herausgehalten wird. In solchen Fällen spricht man besser von doketistischen Tendenzen.

Der Doketismus samt allen Christologien mit doketistischen Tendenzen erscheint als die logische Konsequenz der gnostischen Welt-Anschauung in Bezug auf den himmlischen Erlöser und beschreibt das Wesen Jesu Christi als transkosmische Erscheinung besonders systemgerecht. Aber er ist kein scharf umrissener Begriff und trifft – selbst bei großzügiger Anwendung – nur auf einen relativ kleinen Teil der gnostischen Christologien zu. Die meisten Gnostiker benutzten die Vorstellung von den zwei Naturen des Erlösers, mit deren Hilfe sie das Göttliche und Menschliche, Himmlische und Irdische bei der Beschreibung des Erlöserwirkens Jesu Christi trennen konnten. Damit bereiteten sie der orthodoxen Zwei-Naturen-Lehre in der Kirche den Weg, wo aber der Akzent zumeist auf der Einheit der beiden Naturen liegt.

Die gnostische Zwei-Naturen-Lehre hat viele Gesichter. In der „Abhandlung über die Auferstehung" (NHC I, 4), dem so genannten Rheginusbrief (→6.5.3), werden die zwei Wesenheiten oder Naturen des Erlösers thematisiert, ohne ihre Unterschiedenheit besonders hervorzuheben:

> „Wie gebrauchte der Herr die Dinge, als er im Fleisch war und er sich als Gottessohn offenbarte? Er wandelte an diesem (weltlichen) Ort, an dem du wohnst. Er sprach über (gegen) das Gesetz der Natur. Ich bezeichne es als den Tod. Der Sohn Gottes aber, Rheginus, war ein Menschensohn. Er umfasste sie beide (!), da er das menschliche und göttliche Wesen besaß, damit er einerseits den Tod besiege, indem er Gottes Sohn war, damit andererseits durch den Sohn des Menschen die Wiederherstellung in das Pleroma stattfinde ... (p. 44, 13–33; Übers. nach W. Foerster, Die Gnosis, Bd. 2, S. 87).

Unter den folgenden Texten finden sich auch solche, in denen eine scharfe Trennung der zwei Naturen zum Ausdruck kommt.

7.5.4 Die Passion des Erlösers

Von ihrem kosmologischen und theologischen Ansatz her hatten die Gnostiker vor allem zwei Probleme. Zum einen, wie beim Erlöser Geist und Fleisch, wie Christus und Jesus ins rechte Verhältnis zu setzen sind. Dabei ist das Problem nicht so sehr, dass die göttliche Macht als Mensch bzw. in einem Menschen erschien, sondern vielmehr, wie sie in den auserwählten Menschen einging und wie lange sie in ihm blieb. Die Frage war vor allem, welche Funktion und Bedeutung der Fleischesleib des Erlösers hat. Hier kam es nicht zuletzt auf die Deutung der Menschwerdung und die Bewertung von Leib und Fleisch (Soma und Sarx) an. Die Aussagen von gnostischen und kirchlichen Theologen konnten sich unter Umständen sehr ähneln und doch etwas sehr Verschiedenes meinen (→7.2). An dieser Stelle startet Irenäus seine Angriffe und versucht von seiner Inkarnationschristologie aus klarzustellen, dass nach gnostischer Lehre der Logos gar nicht Fleisch geworden sein kann (Näheres in Adversus haereses I 9, 2–3).

Das andere, noch schwerer wiegende Problem für die Gnostiker (aber nicht nur für sie!) war die Passion Jesu, da doch der pneumatische Soter nicht leiden und also auch nicht gelitten haben kann. Wenn das nun über den Christus Jesus ausgesagt wird, gibt es aus gnostischer Perspektive folgende Möglichkeiten des Verstehens und der Interpretation:

Erstens: Gelitten hat nur die fleischliche Hülle des Erlösers.
Zweitens: Vordergründig gesehen hat der Erlöser gelitten – aber wesensmäßig ist er leidensunfähig.
Drittens: Der Erlöser hat nur scheinbar, nicht aber wirklich gelitten, er ist nur scheinbar und nicht wirklich am

Kreuz gestorben. Es war „ein anderer“, der am Kreuz hing und litt.

Diese Varianten gehen in den Texten ineinander über. Es gibt außer diesen besonders charakteristischen Deutungen der Passion auch diverse andere, wo das Erlöser-Leiden in der Schwebe bleibt oder sogar positiv beurteilt wird, die Heilsdeutung des Kreuzes aber eine gnostische Interpretation erfährt.

Nur der Leib hat gelitten (Variante 1)
Für die erste der drei herausgestellten Varianten stehen Passagen in der „Apokalypse des Petrus“ (NHC VII, 3; 2./3. Jh.), wo es um die Auseinandersetzung mit der Großkirche, aber auch mit anderen gnostischen Richtungen geht. Petrus empfängt hier vom Erlöser im Tempel eine besondere Offenbarung, die er an andere, Würdige weitergeben soll. Es sind jene „Fremden, die nicht aus diesem Äon stammen“ (p. 83, 17–19).

Der im Tempel sitzende Erlöser ist der irdische Jesus, über dessen Wesen der Leser dieser Schrift schrittweise aufgeklärt wird. Vor seiner Gefangennahme lässt er Petrus die kommenden Ereignisse durch Visionen und Auditionen wahrnehmen. Dadurch soll Petrus in die Lage versetzt werden, die für einen Nichtwissenden verwirrenden Ereignisse der Verfolgung und Kreuzigung des Erlösers zu durchschauen, das wahre Wesen des Erlösers und der Seinen zu erkennen und die rechte Erkenntnis weiterzugeben. Denn die Blindheit dieser Welt äußert sich nicht nur in der Ablehnung und Verstoßung des himmlischen Erlösers, sondern auch in der falschen Lehre über ihn, wie sie die Kirche verbreitet. Was sie verkündigt, bezieht sich nur auf den „Namen eines Toten“ (p. 74, 13f.), d.h. auf den Gekreuzigten, den toten Erlöser am Kreuz.

Petrus soll nun erkennen, dass nur „das fleischliche“ Pendant des „lebendigen Erlösers“, das Sarkische (Sarkikon), dem Leiden unterliegt. Er soll durchschauen, dass die sarkische Natur des Leidenden und Gekreuzigten vom pneumatischen Wesen des Erlösers geschieden ist. Er soll den leidenden Jesus nicht etwa mit dem wahren Erlöser verwechseln, der sich noch vor oder während der Passion vom sarkischen Jesus trennt.

In seiner Offenbarung an Petrus betont der Erlöser, dass er für die Mächte der Finsternis unangreifbar ist: „Mich aber können sie nicht berühren" (p. 80, 29f.). Er ist den Blinden und Tauben überhaupt nicht sichtbar. Petrus sieht ihn aber zunächst „so, als ob er (der Erlöser) von ihnen ergriffen würde" (p. 81, 4–6), und sagt:

> „Was sehe ich, Herr – bist du es, nach dem sie greifen, und bin ich es, nach dem du greifst? Oder wer ist der, der am Holz (Kreuz) (stehend) heiter ist und lacht? Und ist es ein anderer, auf dessen Füße und Hände sie schlagen?
> Der Erlöser sagte zu mir:
> Der, den du am Holz (Kreuz) (stehend) heiter sein und lachen siehst, das ist der lebendige Jesus. Der aber, in dessen Hände und Füße sie die Nägel schlagen, ist sein Sarkikon" (fleischliches Abbild oder Fleischesleib; p. 81, 7–20). „Denn den Sohn ihrer Herrlichkeit haben sie an Stelle meines Dieners zuschanden gemacht."
> *(p. 82, 1–3)*

Der letzte Satz bedeutet: In ihrer Verblendung und völliger Verkennung der Wirklichkeit haben die Verfolger des Erlösers den Menschen ihrer eigenen, sarkischen (fleischlichen) Sphäre gekreuzigt. Damit haben sie aber den Repräsentanten des Lichts nicht nur nicht getroffen, sondern vielmehr sich selbst gerichtet.

Auf dem Höhepunkt seiner Vision darf Petrus den himmlischen Erlöser schauen:

> „Ich aber sah etwas auf uns zukommen, das ihm (dem Sarkikon) und dem, der am Holz (Kreuz) (stand und) lachte, glich – es war aber gewebt in heiligem Geist – und dies ist der (wahre) Erlöser" (p. 82, 3–9), der von sich selbst sagt:

„Ich aber bin der nur geistig wahrnehmbare Geist, der erfüllt ist von strahlendem Licht."

(p. 83, 8ff.)

Mithin gilt es, drei Ebenen zu unterscheiden: 1. das pneumatische Wesen des himmlischen Erlösers, 2. den „lebendigen Jesus" oder „lebendigen Erlöser" (so p. 82, 28) mit einem „leiblosen Leib" (p. 83, 7f.) und 3. den Fleischesleib (Sarkikon) des Gekreuzigten. Das ist es, was der Gnostiker erkennen soll und was der Text ihn lehrt: Der wahre Erlöser ist nicht jener Gekreuzigte, den die Kirche verkündigt! (→7.6).

Gelitten und doch leidensunfähig (Variante 2)

Eine zweite Variante gnostischer Interpretation der Passion Jesu geht ebenfalls von zwei Ebenen aus. Jesus hat dem Augenschein nach zwar gelitten – als der himmlische Erlöser ist er aber in Wahrheit nicht leidensfähig. Er kann also gar nicht gelitten haben. In diesem Sinne heißt es in der Schrift „Zostrianus" (NHC VIII, 1 p. 48, 27f.):

„Es war dort auch jener, der leidet (oder: gelitten hat), obwohl er (doch) leidensunfähig ist."

In der ersten Apokalypse des Jakobus (NHC V, 3) sagt der wiedererschienene Christus:

„Ich bin der, der in mir war (!). Niemals habe ich irgendwie gelitten – noch wurde ich gequält ... Dieses (Leiden) war aber einem Typos der Archonten auferlegt, und es geschah ihm recht, durch sie [vernichtet] zu werden."

(p. 31, 17–26)

Das heißt: nicht nur beim Erdenwandel, sondern auch vor und bei der Passion, die hier als Tatsache gar nicht bestritten wird, bleibt das Wesen des Erlösers unangetastet. Der „Typos der Archonten" ist nichts anderes als die Sarx, das Sarkikon, der Fleischesleib des Erlösers (s. o. Variante 1). Sein wahres Wesen hingegen ist leidensunfähig. Der bzw. was da leidet, ist nicht der pneumatische Erlöser, handelt es sich doch um zwei radikal verschiedene Naturen! Was die finsteren Mächte, die Archonten, „vernichtet" haben, ist ihr eigener „Typ", eine Vorstellung, die auch in anderen gnostischen Schriften anzutreffen ist.

Ein anderer hat gelitten (Variante 3)

Einer dritten Variante der gnostischen Versuche, mit der Passion Jesu fertig zu werden, begegnet man im Zweiten Logos des großen Seth (NHC VII, 2). Der Text gehört nicht zur sethianischen Gnosis (→Kap I, 5.2; 7.2.3), obwohl er als Offenbarungsschrift dem Seth gewidmet ist. Es ist eine „Rede" des erhöhten Erlösers an die Seinen, also an die von oben stammenden Pneumatiker, die durch diese Offenbarung ihr wahres Wesen und ihre Identität mit dem Soter erkennen sollen, und sie sollen erkennen, dass die groß-kirchliche „Lehre eines Toten" eine Irrlehre ist (vgl. o. die Apokalypse des Petrus mit der gleichen Formulierung!).

Beim Abstieg muss der Erlöser auch die Region des Demiurgen und der Archonten passieren, die ihn festhalten und seinen Heilsplan vereiteln wollen. Das aber gelingt ihnen nicht, da der himmlische Soter auf Grund seiner pneumatischen Natur unangreifbar ist und sich zudem durch seine Taktik eines ständigen Gestaltwechsels den Archonten entzieht. So kann er unbehelligt in einen irdischen Leib eingehen.

> „Ich betrat ein leibliches Haus. Ich warf jenen hinaus, der vorher in ihm war, und ich ging hinein. Und die ganze Menge der Archonten geriet in Unruhe ... als sie das Urbild der (hylischen) Gestalt beigemischt sah. Ich aber bin jener, der in ihr (d.h. der Gestalt) war und doch nicht jenem glich, der vorher in ihm (dem leiblichen Haus) war; denn jener war ein irdischer (wörtlich: kosmischer) Mensch. Ich aber (bin) ein Wesen aus den Regionen oberhalb der (Archonten-)Himmel."
>
> *(p. 51, 20–52, 3)*

Christus benutzt also den Leib Jesu und wandelt eine Zeit lang als Jesus, bis er dieses „leibliche Haus“ vor der Passion wieder verlässt. Für die Passion hat die Schrift zwei Deutungen, deren eine Mt 27, 45–53 gnostisch interpretiert (p. 58, 13–59, 9). Die andere ist in mehrerer Hinsicht sensationell. Zum Ersten wegen ihrer ungewöhnlichen Passionsdeutung in einer dramatischen Darstellung aus dem Munde des Erlösers:

> „Ich aber war im Rachen von Löwen. ... Ich habe mich ihnen (den Archonten) (jedoch) nicht ausgeliefert, wie sie geplant hatten. Ich war doch überhaupt nicht dem Leiden unterworfen. Jene bestraften mich (mit dem Tode), doch ich starb nicht wirklich, sondern dem Anschein nach ... Ich aber litt (nur) in ihrer Vorstellung und ihrer Meinung nach; ... Denn mein Tod ist es, von dem sie denken, dass er ihnen zunutz eingetreten sei, während sie in ihrem Irrtum und in ihrer Blindheit ihren Menschen an(s Kreuz) nagelten; ... ein anderer – ihr Vater – war jener, der die Galle und den Essig trank, nicht ich war es, der mit dem Rohr geschlagen wurde; ein anderer war es, der das Kreuz auf seiner Schulter trug, nämlich Simon. Ein anderer war es, dem die Dornenkrone aufs Haupt gesetzt wurde; ich aber ergötzte mich in der Höhe (über die verblendeten Archonten), ... und ich lachte über ihren Unverstand.“
>
> *(p. 55, 9–56, 19)*

Simon von Kyrene, der Kreuzträger, ist es, auf den hier das Leidensgeschehen bezogen wird. Jener „andere“ – „ihr Vater“ – ist der Vater von Alexander und Rufus, also Simon von Kyrene. Es ist nicht schwierig, die Passionsschilderung im Markus-Evangelium (15, 21–25) so zu interpretieren, wie es hier geschieht. Der Erlöser lacht deshalb über die Dummheit der Mächte der Finsternis, weil diese der Illusion erliegen, den Erlöser, ihren Widersacher, getötet zu haben, während sie in Wirklichkeit ihr eigenes Geschöpf, den sarkischen Menschen, hingerichtet haben und damit ihre eigene Welt zerstören. Und es ist der verhängnisvolle Irrtum und die Torheit der Kirchenchristen, dass sie das alles nicht durchschauen und deshalb die Lehre von der Kreuzigung des Erlösers verbreiten. Hier tut sich ein breiter Graben zwischen gnostischer und kirchlicher Christologie auf!

Die zweite Besonderheit dieses Textes liegt darin, dass er die Version des Basilides im Bericht des Irenäus bestätigt (I 24, 4) und damit das Vertrauen in die Angaben dieses Häresiologen gestärkt hat, und der dritte Aspekt, den man durchaus auch als sensationell bezeichnen kann, ist die Nähe dieses Passionsverständnisses zum Koran, Sure 4, 157 (156):

> „Und weil sie (die Juden) sagten: Wir haben den Messias ʿIsā, den Sohn Marjams, den Gesandten Allahs getötet – Doch töteten sie ihn nicht und kreuzigten ihn nicht, sondern er erschien ihnen ähnlich.
> Und jene, die über ihn uneins sind, sind im Zweifel über ihn. Sie haben kein Wissen über ihn, sondern folgen nur Vermutungen. Und sie töteten ihn nicht mit Gewissheit."

Nach islamischer Tradition ist ein anderer an Jesu Stelle getötet worden. Diese Substitutionslehre wird seit at-Tabari (gest. 929 n. Chr.) in verschiedenen Varianten vertreten. Es gibt aber auch eine mystische oder pneumatische Deutung dieser Koranstelle, die betont, dass der Geist-Messias bzw. das Wort Gottes nicht durch Menschenhand getötet werden konnte (vgl. o. die Apokalypse des Petrus).

In die dritte Variante gehören auch Aussagen über die Christologie des Manichäismus (→ Kap. III, 3). Nach den Acta Archelai

> „verwandelte sich" der Sohn „in Menschengestalt und erschien den Menschen als Mensch, obwohl er kein Mensch war."
>
> *(Kap. 8)*

Nach Augustin sei Christus in der Meinung der Manichäer

> „nicht … in wahrem Fleisch erschienen, sondern habe eine dem Fleische ähnliche Gestalt angenommen, … wodurch er nicht nur den Tod, sondern … auch die Auferstehung vortäuschte …"
>
> *De haeresibus, Kap. 46)*

Diese doketistische Linie findet sich vor allem in den „Abschwörungsformeln":

> „Wer glaubt, dass der Sohn Gottes, unser Herr Jesus Christus, kein wahres Fleisch gehabt habe, … sondern nur Geist ohne Fleisch gewesen, aber so habe erscheinen wollen, damit er auch für Fleisch gehalten werde, … der sei verflucht" (Commonitorium des Augustin, 8).
> „Ich verdamme die, welche sagen, unser Herr Jesus Christus sei nur scheinbar in der Welt erschienen" (Große griech. Abschwörungsformel, 1464 C).
> „Ich verdamme die, welche sagen, unser Herr Jesus Christus habe nur scheinbar gelitten und ein anderer habe am Kreuz gehangen, er aber habe fern gestanden und gelacht, weil ein anderer an seiner Stelle litt" (ebd., 1464 D).
>
> *(alle Zitate bei A. Böhlig, Die Gnosis, Bd. 3, S. 125, 141, 295, 297f.)*

Es taucht auch die bekannte Vorstellung auf, dass der Machthaber der Finsternis, der die Kreuzigung veranstaltet, letztlich selbst der Gekreuzigte ist:

> „Der Feind, der gehofft hat, dass er eben diesen Retter, den Vater der Gerechten, gekreuzigt hat, ist selbst gekreuzigt worden. Denn zu jener Zeit war ein anderes, was wirklich geschah, und ein anderes, was man sah"!
>
> *(Epistula fundamenti, Frg. 10, nach Euodius, de fide 28, bei Böhlig, S. 233)*

Diese Texte sind wegen ihrer Parallelität zu den zuvor zitierten Passionsinterpretationen besonders interessant. Es darf aus ihnen aber nicht geschlossen werden, dass die Passion Jesu im Manichäismus generell geleugnet worden wäre. Sie spielt im Gegenteil eine nicht geringe Rolle und wird z. B. in den Kephalaia (Kap. 13, 3f.) und im manichäischen Psalmenbuch (Kap. 125, 29) thematisiert.

Der Manichäismus hat eine weit verzweigte Christologie, in der Christus und Jesus in unterschiedlicher Gestalt und Funktion auftreten. Der historische Jesus ist darin nur ein spezieller Aspekt. Mani sah in Jesus den „Vater aller Apostel" (Kephalaia Kap. 101, 26ff.). Jesus ist einer jener Gesandten, die die Uroffenbarung erneut bestätigt haben (vgl. den Islam!), er ist für Mani aber auch das Vorbild im Leiden, weshalb die Passion Jesu sich nicht zufällig durch die manichäischen Texte zieht. Kreuz und Kreuzigung werden typologisch und symbolisch verstanden. Manis Märtyrertod ist seine „Kreuzigung", und so wie Jesus und Mani gelitten haben, leiden auch die Jüngerinnen und Jünger.

Gelitten, nicht gelitten und doch gelitten

Bei der Lektüre gnostischer Texte fällt nicht nur die schöpferische Phantasie vieler Autoren auf, sondern auch eine ausgefeilte Dialektik, die vor allem bei der Exegese zu kühnen, nicht selten überspitzten, meist aber originellen Interpretationen führt. Dafür haben die Passionsdeutungen beachtliche Beispiele geliefert. Die Johannesakten aus dem 2. Jahrhundert sind dafür ein weiterer Beleg. Hier treffen viele der Deutungselemente aus den beschriebenen Varianten zusammen.

Beschrieben wird, wie Johannes aus Verzweiflung über die Leiden des Herrn auf den Ölberg geflohen ist und „über das Geschehene" weint. Während der Kreuzigung erscheint ihm der himmlische Erlöser und klärt ihn über die Vorgänge am Karfreitag auf:

> „Johannes, für die Menschen unten (!) werde ich in Jerusalem gekreuzigt und mit Lanzen und mit Rohren gestoßen und mit Essig und Galle getränkt ..."
> *(Kap. 97)*

In Wahrheit aber geschieht alles Entscheidende „oben". Dort schaut Johannes ein „Lichtkreuz" und „den Herrn selbst", den Offenbarer und Erlöser, „oben auf dem Kreuz", jedoch gestaltlos. Dessen göttliche Stimme spricht zu Johannes und deutet ihm das Lichtkreuz aus:

> „Dieses Lichtkreuz wird von mir euretwegen bald Logos genannt, bald Vernunft, bald Jesus, bald Christus, bald Tür, bald Weg, bald Brot, bald Same, bald Auferstehung, bald Sohn, bald Vater, bald Geist, bald Leben, bald Wahrheit, bald Glaube, bald Gnade …"
> „Dies ist nicht das hölzerne Kreuz, das du sehen wirst, wenn du von hier hinuntergehst. Auch bin ich nicht der am Kreuz."
>
> *(Kap. 98)*

Für den, der Gnosis hat, verliert damit das Kreuzesgeschehen auf Golgatha an Bedeutung. Es hat für ihn keine Heilsbedeutung – ebenso wenig wie der irdische Jesus. Daraus ergibt sich eine Dialektik des Leidens, über die der himmlische Christus zu Johannes sagt:

> „Nichts von dem also, was sie über mich sagen werden, habe ich gelitten …"
> „Du hörst, dass ich gelitten habe – und doch habe ich nicht gelitten –, dass ich nicht gelitten habe – und doch habe ich gelitten … kurz, dass ich das, was jene von mir sagen, nicht gehabt habe, jenes aber, was sie nicht sagen, gelitten habe …

Dann nimmt die Rede des Erlösers eine unerwartete Wendung:

> „Erkenne mich daher als die Qual des Logos, das ‚Durchbohren' des Logos, das Blut des Logos, die Verwundung des Logos, das Anheften des Logos, den Tod des Logos. Und so rede ich unter Absehung vom Menschen. Als Ersten also erkenne den Logos, dann wirst du den Herrn erkennen, an dritter Stelle aber den Menschen und was er gelitten hat."
>
> *(Kap. 101)*

Die ganze Passion ist also, so sagt es der Text anschließend selbst, „symbolisch" zu verstehen.

Die Leidenden sind wir selbst

In dieses Passionsverständnis passt auch die in gnostischen Schriften begegnende Erkenntnis, dass es letztlich die Menschen selbst sind, die leiden. Das soll auch Johannes begreifen:

> „... erkenne, was ich tue, weil dein ist dieses Leiden des Menschen, das ich leiden werde.
> Du könntest nämlich überhaupt nicht erkennen, was du leidest, wenn ich dir nicht als Logos vom Vater gesandt wäre ...
> Das Leiden erkenne und das Nicht-Leiden wirst du haben!"
>
> *(Kap. 96)*

Ähnlich ist eine Wendung im „Brief des Petrus an Philippus" (NHC VIII, 2):

> „Jesus ist diesem Leiden fremd. Wir sind es vielmehr, die gelitten haben durch die Übertretung der Mutter."
>
> *(p. 139, 21–23)*

Gemeint ist mit Jesus der Erlöser selbst. Die „Mutter" könnte Eva sein, deren Sündenfall (!) die Leiden der Menschen auslöste – oder Sophia und ihr Fehltritt (vgl. Kap. I 4, 2 und 3). Jedenfalls sind die eigentlich Leidenden die Menschen auf Erden, die der Finsternis ausgeliefert sind, deren Fleischesleib das zerteilte Pneuma und versprengte Licht gefangen hält. Es ist das unerlöste Selbst, was leidet, der im Fleisch gefesselte Geist, die in der Materie gefangene Seele.

Jesus patibilis – der leidende Jesus, die gequälte Seele

Einen besonders schönen Ausdruck hat der Manichäismus diesem Sachverhalt verliehen, indem er außer dem irdischen Jesus und dem Glanz-Jesus, der die erlösende Gnosis vermittelt, als dritte Jesusgestalt den „Jesus patibilis" einführt, der die gefangene überkosmische Seele, das leidende Licht repräsentiert (→Kap. III, 3).

7.5.5. *Die Crux des Kreuzes (ein Resümee)*

Über das Wesen des Erlösers, über Jesus und Christus und die Bedeutung der Kreuzigung ist in allen frühchristlichen Gemeinden nachgedacht worden. Die unterschiedlichen Antworten gehen quer durch alle Richtungen und Schulen, doch kristallisierten sich allmählich Grundpositionen heraus – noch bevor die Institution Kirche vom Ende des 2. Jahrhunderts an sagen und bestimmen konnte, was davon rechtgläubig und was Ketzerei sei. Gegenseitige Verurteilungen gab es natürlich schon vorher (vgl. das Neue Testament). Für die Gnosis haben sich in diesem Prozess markante Positionen ergeben, die trotz aller Vielfalt ihrer christologischen Aussagen deutlich erkennbar sind, wie die Neigung zum Doketismus und die Ausbildung des Zwei-Naturen-Schemas. Beides diente den Gnostikern dazu, den himmlischen Erlöser aus der Finsterniswelt so weit wie möglich herauszuhalten. Abstieg und Wiederaufstieg des Erlösers waren in der christlichen Gnosis einerseits in die gnostische Kosmologie und Soteriologie eingebunden, andererseits mussten sie mit dem Christus Jesus, seinem Leben und Wirken verknüpft werden. Daraus ergaben sich die unterschiedlichen Lösungsversuche, die sich vor allem auf die Passion Jesu konzentrierten. Dabei haben die Gnostiker das historische Faktum der Kreuzigung Jesu (oder eines „anderen" an seiner Stelle) gar nicht geleugnet, sondern auf vielfältige Weise interpretiert, wobei sie diesem Ereignis in der Regel keine Heilsbedeutung zumaßen. Ihr Hauptanliegen war, die Geistnatur des himmlischen Erlösers nicht mit der Materie zu vermischen, weshalb sie häufig den pneumatischen Christus von der Taufe bis zur Kreuzigung im irdischen Jesus nur einwohnen ließen (Pneumachristologie). Je stärker aber Gnostiker zum Doketismus neigten, desto geringer war ihr Interesse am historischen Jesus, der letztlich nicht in das Konzept ihrer Heilslehre passte.

Außer den vorgeführten Deutungen der Kreuzigung gab es auch solche, die ihr – aus gnostischer Sicht – einen positiven Sinn gaben, z.B. als Kreuzigung der Sarx, die in der Leidensnachfolge geschieht, wobei Jesus das Vorbild ist (Brief des Jakobus NHC I, 2 p. 5, 6ff.) oder als Scheidung des Vermengten (Basilides bei Hippolyt, Ref. VII, 27) oder als Befreiung aus der Finsterniswelt durch den Tod. Oft spielt das Vorbildhafte im Verhalten des Erlösers für die Gläubigen eine Rolle. Im Baruchbuch des Gnostikers Justin ist die Kreuzigung eine Station auf dem Erlösungsweg, auf dem Jesus den Menschen vorangeht. Er lässt seinen Leib am Kreuz, steigt hinauf zum Vater und übergibt ihm seinen Geist (bei Hippolyt, Refutatio V, 26). In der Schrift mit dem bezeichnenden Titel „Die Interpretation der Gnosis" (NHC XI, 1) ist die Passion des Soter in gnostische Vorstellungen eingebunden und als Heilszuwendung an die „Kirche" und ihre „Glieder" verstanden (vgl. bes. p. 5; 12 und 14). Im „Evangelium der Wahrheit" (Evangelium Veritatis, NHC I, 3) wird die Passion Jesu in einen weiten soteriologischen Rahmen gestellt und erhält von daher eine umfassende Bedeutung, die nicht nur das Heil des einzelnen Gnostikers, sondern darüber hinaus die Erlösung des Alls von Irrtum und Dunkel einschließt. Die Vielfalt von Interpretationen der Passion Jesu Christi ist damit freilich noch lange nicht erschöpft.

Aus alledem geht hervor, wie christozentrisch die christlichen Gnostiker dachten und wie phantasiereich und umfänglich ihre literarische Produktion auf diesem Gebiet war. Bei einer genauen Analyse einzelner Schriften und Konzeptionen sind stets auch die näheren Umstände ihrer Entstehung zu berücksichtigen: Ort, Zeit und Gemeindesituation, die Zugehörigkeit zu Schulen und Richtungen und nicht zuletzt die Machtstrukturen, die kirchengeschichtliche Situation, das Verhältnis von Kirche und Staat. Zu beachten sind auch unterschiedliche Tendenzen innerhalb der Gnosis: divergierende oder parallele Entwicklungen im Vergleich mit anderen christlichen Traditionen, später Annäherung an die Kirche oder Abgrenzung von der Kirche, Protest und Konfrontation. In jedem Falle ist die christliche Gnosis ein Teil des frühen Christentums, was die kirchlichen Theologen sehr wohl wussten, auch wenn sie später die Gnostiker für eine (angebliche) Verfälschung der ursprünglich reinen apostolischen Lehre verantwortlich machten. Vieles ist beiden Entwicklungssträngen ja auch gemeinsam – bei unterschiedlichem Ansatz –, und die Wechselwirkungen zwischen gnostischen und nicht-gnostischen Vorstellungen und Lehren waren beträchtlich. Eine Entscheidung darüber, was davon rechtgläubig oder häretisch sei, blieb jedoch so lange offen, bis die Kirche so weit erstarkt war, dass sie ein Macht-Wort sprechen konnte.

Der tanzende Christus

Zum Schluss noch ein literarischer Leckerbissen aus den Johannesakten. Innerhalb des Christus-Hymnus wird der Tanz als gnostisches Mysterium vorgeführt:

> „Flöten will ich, tanzet alle. – Amen …
> Wer nicht tanzt, begreift nicht, was sich begibt …
> Wenn du aber Folge leistest meinem Reigen,
> sieh dich selbst in mir, dem Redenden,
> und wenn du gesehen hast, was ich tue,
> schweige über meine Mysterien.
> Der du tanzt, erkenne, was ich tue,
> weil dein ist dieses Leiden des Menschen,
> das ich leiden werde …
> Nichts von dem also, was sie über mich sagen werden,
> habe ich gelitten; aber auch jenes Leiden,
> das ich tanzend dir und den Übrigen gezeigt habe,
> will ich ein Mysterium genannt wissen“ (Kap. 95/96, 101).

(Übers. der Johannesakten nach K. Schäferdiek, in: E. Hennecke, Neutestamentliche Apokryphen, Bd. 2, Berlin 1966, S. 154–159)

7.6 Kritik der christlichen Gnostiker an der Kirche

Kritik übten nicht nur die kirchlichen Theologen an der Gnosis, sondern auch die Gnostiker an der Kirche. Es schärft den Blick für die Verhältnisse und Probleme im frühen Christentum und vertieft das Verständnis für die Auseinandersetzungen zwischen Kirche und Gnosis, wenn man auch die Vorwürfe und Argumente der Gnostiker gegenüber den kirchlichen Theologen näher betrachtet. Durch den Handschriftenfund von Nag Hammadi stehen dafür heute auch Originaltexte zur Verfügung.

Aufs Ganze gesehen verwarfen die Gnostiker das Selbstverständnis der Großkirche und ihre zentralen Lehren – so wie die Kirche ihrerseits die Grundpositionen der Gnosis in Frage stellte. „Großkirche" meint die aus der Vielfalt des frühen Christentums sich herausbildende katholische Kirche, die im 2. Jahrhundert feste Formen annimmt und sich immer mehr als die führende und bestimmende christliche „Richtung" durchsetzt. Wenn christliche Gnostiker gegen diese Großkirche polemisieren, geschieht es gerade wegen dieses Establishments. Nach Ansicht der Gnostiker ist es kein Wunder, dass sich die Kirche in der Welt des Demiurgen einrichtet und seinen Gesetzen von Begierde, Zeugung und Tod folgt, denn sie verehrt ja den (niederen) Schöpfergott und nicht den (höchsten) Gott des Lichtes und der Wahrheit. Damit stabilisiert sie aber das Regiment des Demiurgen, anstatt ihm und der Welt eine klare Absage zu erteilen.

In dieser Hinsicht äußert sich „Testimonium Veritatis" (Zeugnis der Wahrheit, NHC IX, 3), eine Schrift aus der Mitte des 3. Jahrhunderts, die das Gesetz auf die Begierde (Epithymia) der Engel zurückführt (p. 29, 15ff.). So ist die „Befleckung des Gesetzes (Nomos) offenbar. Die Unbeflecktheit hingegen gehört zum Licht!" (p. 29, 26–30, 2). Zur „Befleckung des Nomos" rechnet Testimonium Veritatis die Ehe, Geschlechtsverkehr und Kinderzeugung (p. 30, vgl. 67–68). Wer auf dieser Seite stehenbleibt, bleibt der Welt verhaftet und kann den „Archon (der Finsternis)" nicht passieren (p. 30, 16f.; vgl. Gal 3, 10; 5, 19–21). Da die Kirche Ehe und Kinderzeugung legalisiert, ist klar, wer gemeint ist. Niemand aber, „der unter dem Gesetz ist, kann zur Wahrheit aufschauen" (p. 29, 22–24). Diese ist allein beim „Gott der Wahrheit" (p. 41, 5). Er ist der wahre Gott, dem „dieser Gott" (p. 47, 15; 48, 1 f.) gegenübergestellt wird, den die unwissenden (Kirchen-)Christen verehren, von dem aber jeder Gnostiker weiß, dass er nur der niedere Demiurg ist. Das Fehlverhalten dieses Schöpfers kann jeder, der die rechte Erkenntnis hat, ohne weiteres feststellen, etwa in der Paradiesgeschichte. Hier gab dieser Gott dem Adam das Gebot, nicht von dem Baum zu essen, der in der Mitte des Paradieses steht, da dies seinen Tod bedeuten würde. Die kluge Schlange aber überredete Eva, doch von diesem Baum zu essen, da davon die Erkenntnis komme, und so geschah es auch: Eva und Adam erlangten auf diese Weise das Wissen um das Gute und Böse. Daraufhin mussten sie das Paradies verlassen, und die Schlange wurde von (diesem) Gott verflucht und zum Teufel erklärt (p. 45, 23 ff.).

Von diesem Gott und seiner Welt-Schöpfung muss sich der wahre Christ und das heißt hier: der Gnostiker distanzieren. Absage an die Welt – so lautet die Devise (so u. a. 69, 23 f.). Gerade daran lässt es aber die Kirche fehlen, die ja auch die Schriften der jüdischen Bibel nicht richtig versteht und interpretiert (→7, 2): Schöpfer, Schöpfung und Welt werden von ihr bejaht, die Schlange hingegen verteufelt, wo sie doch die Erkenntnis gebracht hat und mit Christus gleichzusetzen ist (p. 49, 6 f.)!

Eine solche weltverhaftete Kirche kann natürlich nicht die wahre himmlische Kirche sein, sondern allenfalls eine „Nachahme-Kirche". So lautet der Vorwurf der gnostischen Kirchengegner in der „Apokalypse des Petrus" (NHC VII 3, p. 78, 31 ff.) und im „Zweiten Logos des großen Seth" (NHC VII, 2, p. 60, 15 ff.). Diese Kirche sei eine Schwesternschaft und keine Bruderschaft (Apc Pt, s. o.). Das ist ein klarer Affront gegenüber dem Selbstverständnis der Großkirche, denn eine wahre Bruderschaft können nur die Gnostiker bilden.

Unter dieser Voraussetzung verwerfen die Gnostiker den Anspruch der Kirche, alleinige Erbin und Hüterin der christlichen Überlieferungen zu sein, sie vollgültig auszulegen und damit als alleinige Mittlerin des Heils zu gelten. Das Gegenteil ist der Fall. Wer nicht vom göttlichen Pneuma inspiriert ist, kann den wahren Schriftsinn gar nicht erkennen. Deshalb wenden sich die Gnostiker insbesondere gegen die Institution des monarchischen Episkopats, nach der der Bischof Garant der rechten und verbindlichen Schriftauslegung ist. Die Schriftauslegung hängt aber nicht von einem Amt, sondern allein vom Geist ab, der auch für neue, zusätzliche Offenbarungen offen ist.

In diesem Sinne vertreten die Gnostiker ein „allgemeines Priestertum aller Gläubigen", denn jeder Erweckte und Erlöste ist gleichermaßen im Vollbesitz der Wahrheit und des Heils und völlig eins mit dem himmlischen Christus bzw. Jesus. Daher verwerfen die Gnostiker auch die kirchliche Sakramentslehre, weil die Sakramente von der Amtskirche als institutionalisierte Heilsgarantien verstanden werden und nicht als Zeichen der Wahrheit und Erkenntnis, die mit einer Absage an die Welt verbunden sind (wie z.B. „die Taufe der Wahrheit" in Testimonium Veritatis, p. 69, 22ff.).

Die Kontroverse zwischen gnostischen und kirchlichen Christen kulminiert aber in der Christologie. Wie die referierten und zitierten Texte gezeigt haben, stoßen sich die Gnostiker an der Vorstellung von einem leidenden und am Kreuz getöteten Erlöser (→Kap. II, 7.5.4). Sie lehnen diese Vorstellung entweder strikt ab oder deuten sie um. Wo es zu zugespitzten Aussagen über den Erlöser seitens der Gnosis kommt, wird die Verkündigung der Kreuzigung Jesu jedenfalls verworfen und als „Verehrung eines Toten" bezeichnet – wie im Zweiten Logos des großen Seth (p. 60, 22) und in der Apokalypse des Petrus (p. 74, 13f. und 78, 17).

Zusammen mit der Passionschristologie und der Vorstellung vom Sühnetod Jesu wird auch die kirchliche Lehre von der leiblichen Auferstehung als mit der gnostischen Geist-Vorstellung unvereinbar abgelehnt (z.B. in Testimonium Veritatis, NHC IX, 3 p. 34, 24ff.). Es ist interessant, dass sich die Gnostiker mit ihrer Kritik am fehlenden oder mangelnden Walten des Geistes in der Großkirche mit den Montanisten, der anderen großen kirchenkritischen Bewegung des 2. Jahrhunderts, einig sind.

7.7 Die Auswirkungen der Rivalität zwischen Gnosis und Kirche

Die Auseinandersetzungen der kirchlichen Theologen mit den christlichen Gnostikern und Marcion haben entscheidend zur Profilierung und Festigung des kirchlichen Christentums beigetragen. Die Kirche war herausgefordert, ihren Kontrahenten, die nicht nur oberflächliche Kritik übten, sondern theologisch fundiert argumentierten, ebenso sachlich und gründlich zu begegnen. Dabei ging es nicht nur um einzelne kontroverse Fragen, sondern um das ganze biblisch-christliche Weltbild, die Struktur der Kirche und die Daseinshaltung ihrer Gläubigen. Denn sowohl die Gnostiker als auch Marcion warteten mit einer in sich geschlossenen Konzeption von Gott und der Welt auf, die eine entsprechend komplexe kirchliche Gegenposition erforderte.

Für die kirchlichen Theologen bot das die Gelegenheit, sich verstärkt mit der Auslegung der biblischen Traditionen zu befassen. Dazu mussten sie zunächst festlegen, welche Texte als heilige Schrift(en) gelten sollten. Die Entstehung immer neuer Schriften unter der Autorität Jesu und der Apostel, vor allem bei den Gnostikern, und die von Marcion getroffene Auswahl von Schriften, die nur das von jüdischen Vorstellungen „gereinigte" Lukas-Evangelium und zehn Paulus-Briefe enthielt, während die gesamte hebräische Bibel wegfiel, führte zum kirchlichen Kanon mit Altem und Neuem Testament. Er bildete fortan die Grundlage aller Bibelexegese und Theologie. Damit einher ging die Erweiterung des Taufbekenntnisses um grundlegende christologische Aussagen, die kirchlicherseits im Gefolge der Auseinandersetzungen, vor allem mit den Gnostikern, formuliert worden waren. Zugleich erhielt das Taufbekenntnis den Rang einer Glaubensregel. Die zentrale christologische Position gegenüber den Gnostikern lag in der Feststellung, dass Jesus kein Geistwesen war, welches das gefangene Pneuma und damit sich selbst erlöst hat, sondern der Mensch gewordene Sohn Gottes, der „für uns" wirklich litt und starb. Damit schien die von der Gnosis – wie man meinte – drohende Enthistorisierung des Erlösers und seines Heilshandelns abgewehrt.

Beim Ausbau der kirchlichen Strukturen erlangte der Bischof eine zentrale Stellung und weitgehende Kompetenz. Auf Grund der apostolischen Sukzession wurde er auch zum Garanten der apostolischen Tradition. Damit war die Kirche in der Lage, aller – aus ihrer Sicht – willkürlichen Schriftauslegung entgegenzutreten. Denn die „Häretiker" stehen „weder auf dem Boden der Schrift noch der Tradition", und so ist es „eine ganz unverschämte Gotteslästerung", wenn sie behaupten, sie allein „wüssten klar, rein und schlicht das darin (d. h. in den „Worten des Heilands") verborgene Geheimnis", schreibt Irenäus (III 2, 2). Auch kann keine Rede davon sein, dass Jesus und die Apostel geheime Lehren hinterlassen hätten, welche nur die Häretiker kennen. Wenig später, im 5. Kapitel des 4. Buches der „Widerlegung", äußert er sich zur „Einheit der beiden Testamente" (Kapitelüberschrift), also zur Einheit des Schöpfer- und Erlösergottes!

So ist die frühe Kirche nicht zuletzt durch das Wirken der Gnostiker und Marcions zur Klärung dessen gelangt, was nach ihrer Überzeugung als der legitime Inhalt der christlichen Verkündigung nach der Botschaft Jesu anzusehen ist. Dabei waren die Gnostiker weithin die Schrittmacher, vor allem bei der Schriftauslegung, der Christologie und der theologischen Verarbeitung von überlieferten Traditionen. Ihre Arbeit war äußerst produktiv, einfallsreich und breitenwirksam. Durch die so verursachte und ständig zunehmende Konkurrenz zwischen Kirche und Gnosis steigerten sich beide Strömungen, befruchteten sich gegenseitig, vertieften ihre Lehren und schärften ihr Profil. Es war schließlich nur noch eine Frage der Zeit, dass sich zwischen den beiden Erbinnen des Urchristentums eine klare Trennung vollzog. Das ändert aber nichts an der Tatsache, dass beide in die Geschichte des frühen Christentums gehören und in manchen Gegenden christlich-gnostische Gemeinden sogar die ersten Christengemeinden überhaupt gewesen sind.

Entscheidend für die Trennung waren nicht nur die gravierenden theologischen Differenzen, sondern auch die Machtverhältnisse. Die Kirche siegte in dem Konkurrenzkampf und bestimmte daher, was fürderhin als Irrlehre zu gelten hat. Sie war nun Richterin auch über die Gnostiker, mehr noch: sie glaubte zu wissen, wen und was „der Herr" richten wird, und redete stellvertretend im Namen Gottes.

> Prüfen und richten wird er „die Lehre des Markion"
> mit ihren zwei Göttern.
> „Richten wird er ... auch die Valentinianer ...
> auch das Geschwätz der bösen Gnostiker wird er richten
> und dartun, dass sie die Schüler des Zauberers Simon sind.
> Richten wird er auch die Ebioniten. ...
> Er wird aber auch die richten, die einen Scheinleib
> annehmen ...
> Richten wird er auch alle, die außerhalb der Wahrheit,
> d.h. außerhalb der Kirche sind ..."
>
> *(Irenäus, Adv haer IV 33, 2–7)*

Wo Lehren und ihre Anhänger verworfen werden, da ist auch die Verfolgung nicht weit. Davon berichten gnostische Quellen, wie z.B. der apokryphe Jakobusbrief (NHC I, 2), wo Jesus seine Jünger (Jakobus und Petrus) ermahnt:

„Wollt ihr denn nicht aufhören, das Fleisch zu lieben und euch vor dem Leiden zu fürchten? Oder wisst ihr nicht, dass euch noch bevorsteht, misshandelt zu werden, ungerecht angeklagt, ins Gefängnis geworfen, ungesetzlich verurteilt, <ohne> Grund gekreuzigt und <in Schande> (U.-K. Plisch: im Sande) vergraben zu werden – wie ich selbst – durch den Bösen?!"

(p. 5,6–20)

Der „Zweite Logos des großen Seth" (NHC VII, 2) geht von bereits erlittenen Verfolgungen, wohl durch kirchliche Christen, aus:

„Wir wurden gehasst und verfolgt nicht nur <von> denen, die unwissend sind, sondern auch von denen, die denken, dass sie reich sind durch den Namen Christi, obwohl sie doch arm sind infolge ihrer Unwissenheit, weil sie – stummen Tieren vergleichbar – nicht wissen, wer sie (selbst) sind. Die von mir freigemacht worden sind, verfolgen sie voller Hass ..."

(p. 59, 22–32)

Am Ende der Auseinandersetzungen zwischen Gnosis und Kirche stand der Sieg des kirchlichen Christentums. Das bedeutete aber keineswegs das Ende der Gnosis.

KAPITEL III

Das Weiterwirken der Gnosis

Die folgenden Abschnitte bieten einen Überblick über das Weiterwirken der Gnosis von der spätantiken, frühchristlichen Zeit über das Mittelalter bis in die Gegenwart. Es geht dabei um weiterwirkende Strömungen und unmittelbare Einflüsse sowie um spätere bewusste Anknüpfungen. Dabei werden einige Schwerpunkt gesetzt, damit die Geschichte der Gnosis mit ihren vielen Verästelungen übersichtlich bleibt. Detaillierte Darstellungen sind jedoch – mit Ausnahme des Manichäismus – im Rahmen dieses Buches nicht möglich. Das gilt vor allem für die zahlreichen neugnostischen Richtungen, von denen einige näher betrachtet werden, die deutliche Nachwirkungen der klassischen Gnosis aufweisen. Auf andere Erscheinungen wird nur hingewiesen.

Ein spezielles Phänomen ist das Aufleben der Gnosis in der Wissenschaft, vor allem im 20. Jahrhundert, das eine zunehmende Rückwirkung auf spirituelle Kreise, die Esoterik und die schöngeistige Literatur hatte. Da es sich hierbei um ein besonderes Kapitel der Wirkungsgeschichte handelt, ist dieser Renaissance der Gnosis in der Forschung ein eigener Abschnitt gewidmet.

Mit einer starken Wirkung auf die Wissenschaft, vor allem auf die theologische Wissenschaft, hatte es die Gnosis schon in ihrer Frühzeit zu tun, weshalb wir damit Kapitel III beginnen.

1. Die „wahre Gnosis" bei den kirchlichen Theologen

Im 3. Jahrhundert hatte sich die Großkirche gegen andere christliche Richtungen und Bewegungen im Großen und Ganzen durchgesetzt. Das bedeutete zwar die weitgehende Zurückdrängung und schließliche Ausschaltung gnostischer Christen in den Kirchengemeinden und auch die erfolgreiche Bekämpfung der christlichen Gnostiker außerhalb der Kirche – wie der Gnosis überhaupt, nicht aber das Aufhören ihrer Wirksamkeit. Die Gnosis wirkte weiter, sowohl in christlichen wie paganen („heidnischen") Ausprägungen. Das zeigte sich in ihrer weiteren Verbreitung nach Osten hin ebenso wie in ihrem Versuch, sich gegen die Großkirche in deren Verbreitungsgebiet im Römerreich zu behaupten. So war zwar die Gnosis im 3. und 4. Jahrhundert kein Machtfaktor und keine akute Gefahr mehr für die Kirche, blieb aber eine von ihr ernst zu nehmende religiöse Kraft. Das gilt nicht so sehr für die organisierte Gnosis als vielmehr für das gnostische Denken, das weithin Wurzeln geschlagen hatte und auch in der Kirche weiterwirkte.

1.1 Irenäus

Schon bei Irenäus, der bis um die Wende vom 2. zum 3. Jahrhundert wirkte, kann man feststellen, wie im Zuge der Bekämpfung gnostischer Vorstellungen eine christliche „Dogmatik" entworfen wird, die sich weithin an den Aussagen der Gegner orientiert. Er nimmt sie auf, um sie dann von seinem biblischen Verständnis her zu widerlegen, zu korrigieren und in das richtige Verhältnis zu anderen Aussagen zu setzen. Im Zentrum stehen dabei Gott und Christus, Schöpfung und Erlösung, Menschwerdung und Vergöttlichung. Es ist der eine und einzige Gott, der die Welt und den Menschen geschaffen hat und zu ihrer Rettung seinen Sohn sendet (Adv haer IV, 1 ff.). Dieser Gott will die Menschen an seiner Herrlichkeit teilhaben lassen, sie sollen werden wie Gott. Diese „Gottebenbildlichkeit", die der Mensch nicht mehr hat, kann er aber erst durch Christus wiedererlangen.

„Unvernünftig also in jeder Hinsicht sind sie, welche die Zeit des Wachstums nicht abwarten … (Sie) kennen weder Gott noch sich, wenn sie das nicht sein wollen, was sie doch zuerst geworden sind: leidensfähige Menschen; … (sie) wollen, noch bevor sie Menschen geworden sind, dem Schöpfergott ähnlich sein und keinen Unterschied zulassen zwischen dem unerschaffenen Gott und dem jetzt entstandenen Menschen …"

(IV 38, 4)

„Wie will der also Gott werden, der noch nicht einmal Mensch geworden ist? …"

(IV 39, 2)

Obwohl Irenäus den Wunsch der Gnostiker, Gott gleich zu sein, nicht zurückweist, ist doch sein Ausgangspunkt ein anderer: Der Mensch ist nicht von vornherein Gott gleich, er kann es aber werden. („Schöpfergott" in dem Zitat meint übrigens nicht den Demiurgen, sondern den einen Gott und Herrn! IV 1 ff.).

Die starke Wirkung der Gnosis auf die kirchlichen Theologen zeigt sich nicht nur in ihren Reaktionen auf die gnostischen Lehren und beim Aufbau von Gegenpositionen, sondern auch in der überraschenden Behauptung, dass die Lehre der Kirche die „wahre Gnosis" sei – im Gegensatz zu „der fälschlich so genannten Gnosis" der Häretiker (Buch V Vorrede).

„Die wahre Gnosis ist die Lehre der Apostel und das alte Lehrgebäude der Kirche für die ganze Welt. Den Leib Christi erkennt man an der Nachfolge der Bischöfe, denen die Apostel die gesamte Kirche übergeben haben. Hier sind die Schriften in treuer Überlieferung bewahrt; nichts ist hinzugetan, nichts ist fortgenommen. Hier werden sie unverfälscht verlesen und gesetzmäßig, sorgfältig, gefahrlos und gottesfürchtig

> erklärt. Hier ist vor allem das Geschenk der Liebe, das kostbarer ist als die Erkenntnis …"
>
> *(Buch IV 33, 8).*

1.2 Klemens von Alexandrien

Die Linie der „wahren Gnosis" wird dann vor allem durch Klemens von Alexandrien (gest. vor 215 in Kleinasien) und Origenes (185–253/254) weiter verfolgt. Wie eng gnostische und „kirchliche" Theologie aufeinander bezogen und ineinander verflochten sind, kann man an den Schriften des Klemens gut beobachten. Er befasste sich besonders mit der valentinianischen Gnosis und maß als ein Kenner und Verehrer von Bildung und Wissen der wahren Erkenntnis und Geist-Begabung des Menschen große Bedeutung zu. Glaube und Erkenntnis stehen nach Klemens in einer engen Beziehung. So schreibt er in seinem Werk „Teppiche" (Stromateis):

> „Es gibt also keine Erkenntnis (Gnosis) ohne Glauben (Pistis) und keinen Glauben ohne Erkenntnis … Vom Glauben kommt man zur Erkenntnis, durch den Sohn zum Vater."
>
> *(Buch V 1, 1)*

Der Glaubensbegriff des Klemens deckt sich aber nicht mit dem der Gnostiker. Der Glaube führt zur Erleuchtung und Erlösung und vermittelt eine neue, geistige Qualität, aber er ist keine himmlische Mitgift im Sinne einer naturhaften Anlage, die eo ipso zur Erlösung führt. Deshalb gehört der Gnostiker auch nicht von Natur aus zu einer höheren Menschenklasse. Vielmehr lassen ihn Glaube und Gnosis einen Zustand erreichen, der zur Vollkommenheit führt und der Weisheit, Erleuchtung und Vollendung umschließt (Stromateis IV 139, 1 ff.; VI 78, 4 u. ö.). In diesem Sinne kann Klemens formulieren:

> „Unser Glaube ist nun, dass wir vollkommen wurden, soweit es in dieser Welt möglich ist …"
>
> *(Der Erzieher/Paidagogos, Buch I 29, 1)*

„Der Gnostiker ist also göttlich und bereits heilig; er trägt Gott in sich und wird selbst von Gott getragen."

(Stromateis VII 82, 2)

Mehr als andere Theologen und Philosophen seiner Zeit hat Klemens bei der Beschreibung des Heilsweges eines „wahren Gnostikers" von Vorstellungen des Mysterienglaubens Gebrauch gemacht. Licht und Erleuchtung gehören daher zu seinen bevorzugten Ausdrucksmitteln:

„Die Erkenntnis ist also Erleuchtung, die die Unwissenheit beseitigt und die Sehfähigkeit verleiht."

(Der Erzieher I 29, 4; Übersetzungen nach der Ausgabe von Otto Stählin)

1.3 Origenes, Laktanz und die Mönchsmystik

Blieb Klemens bei seiner Aufarbeitung von Vorstellungen und Sprache der Gnosis und des Mysterienglaubens noch im kirchlich-theologischen „Rahmen", so wagte sich Origenes schon zu weit vor. Seine Geist-Vorstellungen und andere Anschauungen erregten Anstoß und führten später sogar zu ihrer teilweisen Verwerfung und zur Verurteilung des Origenes als Häretiker. Als hervorragender Ausleger der Heiligen Schrift und Bibeltheologe hat er vor allem in seinem Werk „Über die Grundlehren" (De principiis, griechisch: Peri archôn) eine Grundlegung des christlichen Glaubens geschaffen und darin gnostische Vorstellungen über die geistig-seelische Disposition des Menschen und den Aufstieg der Seele verarbeitet. In der Seele schlummert der (göttliche) Nous, der in ihr wieder erweckt und aktiviert werden muss. Es waren u. a. solche Gedankengänge, die ihm seine Gegner vorwarfen:

„Die Seelen wären alle schon vor ihren Leibern dagewesen, und wie sie vor diesen nur ein Gemüt oder Verstand gewesen wären, so würden sie auch nach ihrer Reinigung und Befreiung dergleichen wieder werden."

(Gottfried Arnold, Unparteiische Kirchen- und Ketzerhistorie, 1699, hg. von R. Riemeck, S. 61)

Nach dem Urteil von Hans Jonas erweist sich Origenes „bis tief ins Zentrale seines Denkens hinein gnostischem Geiste zugehörig" (Bd. 1, S. 7).

Zu Beginn des 4. Jahrhunderts hat Laktanz auf gnostisches, vor allem hermetisches Gedankengut und den Mysterienglauben zurückgegriffen. An Origenes' Seelenvorstellungen knüpften Evagrius Ponticus (346–400) und die Mönchsmystik in Ägypten an, die den Aufstiegsgedanken im Sinne eines Emporsteigens der Seele zu Gott in „praktische Mystik" umsetzten. Es ist vor allem dieser Gesichtspunkt der gnostischen Daseinshaltung und Ethik im täglichen Vollzug, der die Mönchsmystik mit anderen, von der Gnosis bestimmten Richtungen verbindet, die eine weltverneinende, weltflüchtige, teilweise rigorose Askese praktizierten. Der aus Kleinasien stammende Evagrius war 383 als Mönch in die ägyptische Wüste gegangen und wurde 553 wegen seiner Anlehnung an Origenes verketzert. Schon seine Schriften „Gnosticus" (der Gnostiker) und „Kephalaia Gnostica" (gnostische Hauptstücke), in denen er sich mit der gnostischen Daseinshaltung und Lehre befasst, zeigen eindeutig die Richtung seines Denkens an. Die Exklusivität dieser gnostischen Mönchsmystik liegt in der Vollkommenheit und Überlegenheit des wahren Gnostikers, der die Welt durch Askese und Versenkung überwindet und auf einer höheren Stufe der Erkenntnis die unio mystica erlangen kann.

Es war ein schmaler Grat, auf dem sich manche kirchlichen Theologen und christlichen Mystiker zwischen Gnosis und Kirche bewegten, und manchem blieb dabei das kirchliche Anathema, der Ketzerhut nicht erspart. Ein Teil der Theologen scheute deshalb von vornherein eine intensive Auseinandersetzung mit den Gnostikern und ließ sich auf das Experiment, gnostisches Gedankengut zu rezipieren, gar nicht erst ein. Zu ihnen gehörte Tertullian (ca. 160 – nach 220), der sich freilich um 207 der charismatischen Bewegung des Montanismus anschloss. Aber auch ohne die „Mitwirkung" dieser Theologen hinterließ die Gnosis tiefe Spuren in der christlichen Theologie (wie in Kapitel II ausführlich gezeigt werden konnte). Das gilt nicht nur für die Christologie und die Einstellung zum Körper, zur Sexualität, zu den weltlichen Dingen (Leibfeindlichkeit und Distanz zur Welt), sondern auch für das Verhältnis von Glaube und Wissen, das in Abwehr der gnostischen Identitätslehre zu einer Abwertung des Wissens und der Erkenntnis führte. Das hatte seine negativen Folgen bis in die Neuzeit! Die Kirche ist das gnostische Erbe jedenfalls nie ganz losgeworden. Es blieb auch in der Kirche weiterhin lebendig.

2. Die Gnosis im Osten: Die Mandäer

Während die Gnosis im Römerreich zu Beginn des 3. Jahrhunderts ihre Blütezeit hinter sich hatte, konnte sie sich nach Osten hin weiter entfalten und im Manichäismus sogar den Rang einer Weltreligion erlangen.

Zu den gnostischen Richtungen, die östlich des Mittelmeerraumes besondere Bedeutung erlangten, gehören zuerst die Mandäer, von denen sich Reste, vor allem im südlichen Irak, bis in die Gegenwart erhalten haben.

Der Name Mandäer leitet sich von mandā (= Gnosis) her. Von den Muslimen werden sie „Sabier" (= Täufer) genannt, die im Koran zu den „Schriftbesitzern" gezählt werden (Sure 2, 62). Um die Anerkennung als „Schriftbesitzer" hatten sich die Mandäer nach mancherlei Verfolgung besonders bemüht und dafür ihre heiligen Schriften im 7./8. Jahrhundert zusammengestellt und bearbeitet. Sie bezeichnen sich selbst als „Erwählte der Gerechtigkeit" und „Nazoräer", was Besitzer und Bewahrer von geheimen Lehren und Riten bedeutet. In der Kirchengeschichte begegnen die Mandäer auch als „Johanneschristen", da sie Johannes den Täufer in ihre Lehre aufgenommen haben und als dessen Nachfahren gelten. Dazu passt, dass das „Johannesbuch" der Mandäer Reden Johannes des Täufers enthält. Diese Quelle und ebenso den „Ginza" (= Schatz) hat schon Hans Jonas für seine Gnosis-Darstellung herangezogen. Hinzu kommen die „Mandäischen Liturgien" und weitere Texte, die erst in jüngerer Zeit bekannt geworden sind (vgl. Kap. I, 2.1). Diese Schriften enthalten sowohl die gnostischen Lehren der Mandäer als auch kultische Stücke wie Gebete und Ritualtexte, die bei der Taufzeremonie, der Totenmesse und bei den Mahlzeiten zum Totengedächtnis benutzt wurden.

Die Mandäer sind ein Teil jener Taufbewegungen, denen man im Bereich der Gnosis allenthalben begegnet (vgl. das Johannes-Evangelium, die sethianische und simonianische Gnosis, die Elkasaiten und Mani). Ihr Ursprung liegt in den östlichen Gebieten Syriens und Palästinas bei häretisch-jüdischen oder judenchristlichen Taufsekten – nicht jedoch im babylonisch-iranischen Bereich, von wo allerdings später Vorstellungen übernommen wurden (Astrologie, Magie, soteriologische Elemente wie Urmensch-Erlöser u.a.). Aus dem Gebiet des Jordans wurden die frühen Mandäer vertrieben und gelangten zunächst ins iranische Haran-Gebiet, das sie wiederum verlassen mussten. Von dort kamen sie ins untere Zweistromland, auch in Städte wie Bagdad und Basra. Sie waren häufig Unterdrückung und Verfolgung ausgesetzt und suchten sich den Verhältnissen anzupassen.

Die mandäische Mythologie, die nicht eine so starke Durchbildung erfahren hat wie die des Valentinianismus oder Manichäismus, gehört zum Emanations-Typ, bei dem aus dem obersten Prinzip weitere Wesen und Sphären in absteigender Linie und mit abnehmender Tendenz hervorgehen. Dabei ergibt sich im Mandäismus dieses Bild: Das Lichtreich ist von zahlreichen Lichtwesen bevölkert. An oberster Stelle steht der Lichtgott, der unter verschiedenen Namen auftaucht (großes

Leben/Haiji, großer Geist/Mana, großer König des Lichts). Dem Lichtreich gegenüber steht die aus dem Chaos stammende Welt der Finsternis mit Satanen, Dämonen und bösen Geistern, unter ihnen der abgefallene Ruha sowie Ur, der „Herr der Finsternis". Zur Finsterniswelt gehören auch die „Sieben" (Planeten) und die „Zwölf" (Tierkreiszeichen). Zwischen diesen beiden Reichen und Prinzipien des Lichts und der Finsternis spielt sich die antagonistische Auseinandersetzung um die Vorherrschaft ab.

Die Entstehung der Welt und des Menschen ist die Folge jener Entfernung vom Lichtkönig, die sich als Fall und Abfall von ihm erweist. Aus dem Spiegelbild des Lichtwesens Abathur entsteht der Demiurg Ptahil, der seinerseits Tibil (die Erde) aus dem „finsteren Wasser" schafft sowie den körperlichen Adam (und Eva) – unter Mitwirkung von Ruha, den „Sieben" und den „Zwölfen". Eine Beseelung von oben aber sorgt dafür, dass der „innere Adam", eben seine Seele, ein Teil der Lichtwelt ist.

Durch diesen Licht-Kern ist die Erlösung des Menschen möglich, erfordert aber eine Erweckung durch den „Ruf" von außen und oben. Nur so kann die Befreiung des Selbst geschehen. Dazu kommt Manda d'Haiji, die „Gnosis des Lebens", aus der Lichtwelt herab, jener Lichtbote, dem schon die Fesselung des Herrschers der Finsternis und die Verbannung des Demiurgen anvertraut worden war. Durch die Erweckung und den Erhalt der Gnosis, des Wissens um Licht und Finsternis, Leben und Tod kann Adams Seele aus der Fremde in die Lichtwelt zurückkehren. Diese erste Erlösung ist prototypisch für alle anderen gefangenen Seelen. Der irdische Mensch (Adam) entspricht dem himmlischen Menschen (Adam; vgl. den Anthroposmythos in Kap. I, 4.2; II, 7.5.2). Der Seelenaufstieg selbst geschieht am Tage des Todes, der den Mandäern als Tag der endgültigen Befreiung aus der Finsterniswelt gilt. Allerdings muss die aufsteigende Seele noch durch den Herrschaftsbereich feindlicher Mächte (Planeten, Ruha), die die sündigen oder unwürdigen

Seelen festhalten (himmlische Hölle). Am Ende der Zeiten wird über diese Seelen entschieden, das restliche Licht steigt auf, die Finsternis versinkt im Chaos.

Von den markanten Gestalten der sie umgebenden Religionen spielt nur Johannes der Täufer als Lehrer der Gemeinde eine positive Rolle, nicht jedoch Jesus und Mose, die eine negative Wertung erfahren, was auch für Judentum, Christentum, Islam und Mazdaismus im Sinne falscher Prophetie gilt.

Mythologie und Kultus sind im Mandäismus eng aufeinander bezogen. Im Zentrum steht die Taufe (masbuta) in einem fließenden Gewässer mit dreimaligem Untertauchen des Täuflings, anschließendem Handschlag durch den Priester und folgender Salbung. Die Taufe wird sonntags und auch bei besonderen Gelegenheiten (Hochzeiten) wiederholt. Sie dient der Reinigung von Sünden und der Kommunikation mit dem Lichtreich. Heilige Mahlzeiten finden im Zusammenhang mit der Taufe und zum Totengedächtnis statt. Der zweite zentrale Ritus ist dem Aufstieg (masiqta) der befreiten Seele in das Lichtreich gewidmet, bei dem die Waschung und das Begräbnis stattfinden, Hymnen gesungen werden und die Seele ihre Wegzehrung erhält.

Die Gemeinde besteht aus Gläubigen und Priestern und kannte früher auch eine Hierarchie. Der Antikosmismus hat bei den Mandäern mehr prinzipielle als praktische Züge. Sie halten Reinheits- und Speisegebote ein, tun gute Werke und praktizieren ihren speziellen Kultus und Lebensstil.

Im mesopotamischen Raum wirkten auch die Messalianer oder Euchiten („Beter"), eine Mönchsbewegung, die später im 5. Jahrhundert in Syrien und Kleinasien anzutreffen ist. Sie vertreten wie die Gnostiker eine elitäre und exklusive Heilslehre, wonach nur die den Geist besitzenden Menschen gerettet werden können und die „wahre Kirche" bilden (vgl. zur Mönchsmystik Kap. III, 1.3).

Während der Mandäismus regional begrenzt blieb, konnte sich der Manichäismus über Asien, Nordafrika und Europa ausbreiten und zur Weltreligion werden. Über 1000 Jahre, vom 3. bis zum 13. Jahrhundert, war der Manichäismus eine lebendige Religion, die erst durch den Mongolensturm in Asien ihr Ende fand.

3.1 Mani

Der Stifter der manichäischen Religion wurde bei der parthischen Hauptstadt Seleukia – Ktesiphon am 14. April 216 geboren. Über sein Leben und seine Lehre berichten zahlreiche Quellen, die zum Teil auf ihn selbst zurückgehen. Manis Vater gehörte der jüdisch-christlichen Täufersekte der Elkasaiten an, in die er seinen Sohn vom 4. Lebensjahr an hineinnahm.

> „... bis zum 4. Jahr. (Da) trat ich ein in die Sekte der Täufer, in der ich auch erzogen wurde. In meiner Jugend wurde ich beschützt durch die Stärke der lichten Engel und der starken Kräfte, die von Jesus dem Glanz den Auftrag zu meiner Behütung hatten."
>
> *(Kölner Mani-Kodex, Text bei A. Böhlig, Die Gnosis, Band 3, S. 76f.)*

Es ist bemerkenswert, dass die Elkasaiten Täufer waren, was für viele gnostische Richtungen gilt. Mani lehnte aber in Opposition hierzu die Taufe und Waschungen aus Gründen der Lichtschädigung ab.

Manis Berufung geht auf seine Visionen zurück, in denen ihm zweimal die mythische Gestalt des „Zwillings", seines göttlichen Über-Ichs erscheint, und zwar nach Vollendung seines 12. und seines 24. Lebensjahres. Die himmlische Stimme sagte ihm, dass er die Glaubensgemeinschaft der Elkasaiten verlassen und öffentlich auftreten soll mit dem, was er den Menschen zu sagen hat.

„Nunmehr ist die Zeit für dich da, dass du hervortrittst und zu deiner Sache aufrufst." …

„Gegrüßest seist du, Mani, von mir und von dem Herrn, der mich zu dir gesandt und dich für seine Botschaft erwählt hat. Und er hat dir befohlen, deine Wahrheit zu verkünden, die frohe Botschaft der Wahrheit, die von ihm herkommt, laut zu verkünden und dich dieser Aufgabe mit ganzer Anstrengung zu widmen."

(Aus an-Nadīm, Fihrist, Text bei Böhlig, S. 76)

So trennte sich Mani mit 24 Jahren von den Elkasaiten, die seine abweichenden religiösen Vorstellungen, Praktiken und Ansprüche nicht akzeptierten, seine Reformversuche zurückwiesen und ihn aus der Gemeinde ausschlossen. Er begann sogleich mit der Missionsarbeit, sendete aus dem kleinen Kreis seiner Anhänger Missionare ins Römerreich und reiste selbst im Jahr 241 nach Indien, wo er mit dem Buddhismus in Berührung kam. Dort wie auch später nach seiner Rückkehr nach Persien und ins Zweistromland suchte er – wie Buddha – die Herrschenden für seine Religion zu gewinnen und war dabei erfolgreich, so unter anderem beim Schah von Turan und bei Schapur I. (um 242–273), der ihm die Verkündigung im gesamten Sassanidenreich erlaubte. Mani bereiste selbst große Gebiete und entsandte in andere seine Boten. Von einem starken Sendungsbewusstsein getrieben, wollte er allen Menschen seine universale Heilslehre verkünden. So verstand er sich als der verheißene Paraklet, „der Geist der Wahrheit" (Johannes-Evangelium 14, 16. 26; 15, 26; 16, 7) und als letzten der Apostel und Propheten, der die endgültige Religion – im Sinne der Vollendung aller bisherigen Religion – verkündigt:

„Die Religion, die ich erwählt habe, ist in zehn Dingen viel besser als die anderen, früheren Religionen.

Erstens: Die früheren Religionen beschränkten sich nur auf ein Land und eine Sprache. Doch meine Religion ist in jedem

Lande und in allen Sprachen bekannt und wird in den fernsten Ländern gelehrt.

...

Viertens: Diese meine Offenbarung der zwei Prinzipien und meine lebendigen Schriften, meine Weisheit und mein Wissen sind weit besser als die der früheren Religionen." (Mitteliranische Manichaica, Text bei Böhlig, S. 80f.).

Von den „früheren Religionen" nahm er auf, was er seinem gnostischen Denken dienstbar machen konnte. Das waren Vorstellungen und Elemente der judenchristlichen Elkasaiten, der Mandäer, des gnostisierenden syrischen Theologen Bardesanes (154–222) und Marcions (→II, 6.6), aus dem gnostischen Christentum und dem Buddhismus – das alles auf einem nichtchristlichen zoroastrisch-iranischen Fundament und mit der konsequent gnostischen Grundeinstellung. Sein Religionssystem speist sich also aus vielen Quellen, und er legte größten Wert darauf, die „Sprache" der Menschen zu sprechen, denen er und seine Jünger seine Botschaft verkündeten, und sie in ihrer religiösen Gedankenwelt abzuholen. Das erklärt den Wechsel der Ausdrucksmittel und selbst der Namen der Lichtgestalten in den jeweiligen Texten und manche Unterschiede in der Lehre. Anpassung an den Hörer war ein wesentlicher Bestandteil manichäischer Missionsstrategie.

Um sicherzugehen, dass seine Lehre – bei aller Anpassung – authentisch ist und bleibt, schrieb er sie selbst auf (oder diktierte sie), autorisierte diese Schriften und fügte sie zu einem Kanon zusammen. Zu ihm gehören: Das lebendige Evangelium, der Schatz des Lebens, die Pragmateia (Traktat), das Buch der Mysterien, das Buch der Giganten, Briefe, Psalmen und Gebete (vgl. Böhlig, S. 44ff.). Von diesen Schriften, die in die Sprachen der Missionsgebiete übersetzt wurden, ist nur weniges erhalten. Wichtig dabei ist, dass Mani das geschriebene Wort hoch schätzte und bewusst eine Buch-Religion schuf (vgl. Muhammad und den Islam!). Damit konnten sich die Manichäer gegenüber dem Islam auch als Schriftbesitzer ausweisen.

Trotz aller Hochschätzung des Geschriebenen war Mani kein Religionsphilosoph, sondern ein leidenschaftlicher Prophet, der um seines göttlichen Auftrags willen auch sein Leben nicht schonte. Um 270 wuchs der Widerstand gegen Mani aufseiten der iranischen Magier, deren zoroastrische Religionspolitik er durch seine Universalreligion störte. Nach dem Tode Schapurs I. war ihm auch Ohrmuzd (oder Hormizd) I. (273/274) noch wohlgesonnen, nicht aber dessen Nachfolger Bahram I. (274–276/77), der sich zusammen mit den führenden Magiern gegen Mani stellte. Als Mani seine Weisungen missachtete und von ihm bei einer Audienz zur Rede gestellt wurde, war sein Ende besiegelt. Er wurde in Ketten gelegt, eingekerkert und starb nach 26 Tagen im Gefängnis von Gondeschapur. Sein Todesdatum ist unsicher; wahrscheinlich fällt es in das Jahr 276 (oder 277). Von seiner Leidensgeschichte berichten die Manichäischen Homilien. Zu seinem Tod und seiner Rückkehr ins Lichtreich heißt es in den mitteliranischen Manichaica:

> „... wie ein Herrscher, der Rüstung und Kriegsgewand ablegt und ein anderes königliches Kleid anlegt, so legte auch der Lichtgesandte die Kriegstracht des Körpers ab, setzte sich in ein Lichtschiff, nahm das göttliche Kleid, das Diadem des Lichts und den schönen Kranz. Voller Freude flog er mit den Lichtgöttern, die zu seiner Rechten und Linken wandelten, unter Harfengesang und Freudenklang in göttlicher Wunderkraft wie ein rascher Blitz und eine Sternschnuppe hin zur Säule der Herrlichkeit, dem Weg des Lichts und dem Mondgefährt, dem göttlichen Versammlungsort und blieb dort bei dem Vater, dem Gott Ohrmizd" (= Urmensch).

(Text bei Böhlig, S. 100)

In der Welt der Finsternis zurück blieben Manis getreue Anhänger. Auch sie wurden bedrängt und verfolgt. Viele von ihnen wanderten aus und nahmen ihren Glauben mit in andere

Länder. Was Mani und seine Gemeinde an Leiden in der Welt erfuhren, entspricht dem Verständnis dieser Welt als Ort der Finsternis und des Leidens in Manis gnostischer Kosmologie. Mythos und Wirklichkeit bedingen einander, und das hat im Manichäismus zu einer „Typologie des Leidens" (P. Nagel) par excellence geführt. Die Lichtgestalten leiden durch den Angriff der Finsternis, die „Seele" leidet im Weltgefängnis und wird als „Jesus patibilis" verstanden – Jesus und Mani haben gelitten, und den Gläubigen ist das Leiden vorgezeichnet. Die Menschen sind an der Welt Leidende und können zugleich Leiden verursachen. So ist Leiden das Charakteristikum der materiellen Welt schlechthin und kann nur durch ihre Überwindung und schließliche Aufhebung beseitigt werden.

3.2 Die Lehren (der manichäische Mythos)

Radikaler als sonst in der Gnosis wird im Manichäismus der Dualismus von Licht und Finsternis verstanden. Beide Reiche sind streng voneinander geschieden, bis die Finsternis das Lichtreich angreift und es infolgedessen zur Vermischung der beiden Urprinzipien kommt. Das Gedankengebäude des Manichäismus ist durch eine ausgeprägte Mythologie chrakterisiert, die der Erklärung der Entstehung von Welt und Mensch dient und die Aktionen der Lichtwelt zur Rettung des lichterfüllten Menschen beschreibt.

Einzelne Bereiche der manichäischen Mythologie sind schon in Kapitel I 4 zur Sprache gekommen. Hier soll der Mythos im Ganzen, wenn auch nicht in allen Verästelungen, vorgeführt und seine Eigenart durch Texte charakterisiert werden.

Das entscheidende Ereignis ist die Störung der Ruhe und des Friedens im Lichtreich durch den Angriff der Finsternis, des bösen Prinzips. Daraufhin rüstet sich der „Vater der Größe" (Lichtgott), beruft den „Großen Geist" (= die Weisheit/Sophia des Lichtgottes) und dieser die „Mutter des Lebens" (oder: der Lebenden). Sie beruft den Urmenschen (oder: Ersten Menschen), der seine fünf Söhne (= fünf Licht-Elemente = die Lebendige Seele) beruft und mit ihnen in den Kampf gegen die Finsternis zieht. Bei seiner Auseinandersetzung mit dem König der Finsternis unterliegt der Urmensch; seine „fünf Söhne" (die Lebendige Seele) überlässt er den Archonten, die sie verschlingen. Mit dieser List will der Urmensch die finsteren Kräfte schwächen und die Materie binden, aber es beeinträchtigt auch die Qualität der Seele.

Zur Rettung des Urmenschen beruft der „Vater der Größe" den „Lebendigen Geist" (= 2. Berufung), zu dessen fünf Söhnen der Licht-Adam gehört. Vom „Lebendigen Geist" ergeht ein Weck-Ruf an den Urmenschen, von dem eine Antwort kommt. Beides zusammen steigt als Götterpaar nach oben, der Ruf zum „Lebendigen Geist", die Antwort zur „Mutter des Lebens".

Im syrischen Scholienbuch des Theodor bar Konai (8. Jh.), das Exzerpte aus Manis Schriften enthält, heißt es dazu:

> „‚Heil sei dir, du Guter unter den Bösen,
> du Licht in der Finsternis ...'
> Darauf antwortete ihm der Erste Mensch und sprach:
> ‚Komme in Frieden, der du bringst
> die Fracht von Frieden und Heil!'"

Nun beginnt der Prozess der Erlösung des Urmenschen und des Lichts aus der Finsternis. Der „Lebendige Geist" und die „Mutter des Lebens" steigen herab. Ersterer befiehlt seinen Söhnen, die Archonten zu töten. Aus ihren Leibern, in denen sich noch Lichtteile befinden, entstehen zehn Himmel und acht Erden, Berge und Sterne. Die restlichen Archonten werden gekreuzigt und an das Firmament geheftet, Sonne und Mond aus geläutertem Licht gebildet. Damit ist der Kosmos geschaffen, eine Mischung aus Licht und Finsternis, Seele und Materie – ein Gefängnis der finsteren Kräfte, aber auch der Seele. Zugleich ist der Kosmos der Ort für die Ausläuterung des Lichts. Zur Überwachung der verschiedenen Regionen des Kosmos setzt der „Lebendige Geist" seine fünf Söhne ein.

Um die Heimholung des Lichts in Gang zu setzen, wird der Dritte Gesandte berufen. Er lässt auf den drei Rädern (Feuer, Wasser, Wind) das ausgeläuterte Licht über die „Säule der Herrlichkeit" (Milchstraße) zum Lichtschiff des Mondes gelangen, von wo es bei Vollmond, wenn er voll des Lichtes ist, an die Sonne und von dort zum „Neuen Äon" weitergeleitet wird. Um die noch in der Umklammerung durch die Archonten befindlichen Lichtteile zu befreien, setzt der „Lebendige Geist" das Mittel erotischer Verführung ein:

> „da offenbarte der Gesandte seine männliche und weibliche Gestalt ... Weil die Erscheinung des Gesandten schön war, wurden alle Archonten von Begierde zu ihm ergriffen, die männlichen nach der weiblichen, die weiblichen nach der männlichen Gestalt. Sie fingen an, in ihrer Begierde das Licht der fünf glänzenden Götter, das sie verschlungen hatten, von sich zu geben."

Der Same der männlichen Archonten fällt auf das Land und bringt Bäume und Früchte hervor sowie ins Wasser, wo ein gewaltiges Meerestier entsteht, das vom Licht-Adamas besiegt wird. Die „abortierten ... Leibesfrüchte (aber) fielen auf die Erde und fraßen die Knospen der Bäume". Das sind die Dämonen, die auf diese Weise außer Materie auch Licht aufnehmen und durch ihre Begattungen die Tiere hervorbringen. Da aber durch den Ausläuterungsprozess immer mehr Licht heimgeholt wird, ersinnen die Archonten eine Gegenaktion, von der sie sich eine festere Bindung des Lichts an die Finsternis erhoffen: Sie schaffen nach dem Bilde des Dritten Gesandten in seinen zwei Gestalten (männlich und weiblich) den Menschen, einen Mann und eine Frau. Das geschieht in einem komplizierten Vorgang, bei dem Saklas und Nebroel (die Namen der beiden Oberdämonen variieren) aus dem Samen und den „Leibesfrüchten" der Archonten entstehen, danach alle anderen

Dämonen mitsamt des in ihnen enthaltenen Lichts auffressen und schließlich Adam und Eva erzeugen.

Nun ist wieder die Lichtwelt an der Reihe. Zur Befreiung des Lichts aus dem Lichtträger Adam sendet der „Dritte Gesandte" „Jesus, den Glanz".

„Weiter sagt er (Mani):
Es nahte sich der glänzende Jesus dem naiven Adam und erweckte ihn vom Todesschlafe, damit er erlöst werde von vielen Geistern ..."
Der Erlöser fand Adam „in tiefen Schlaf versunken ... weckte ihn (und) gab ihm Bewegung ... Durch ihn fesselte er die zahlreiche Archontenschaft. Darauf prüfte Adam sich selbst und erkannte, wer er war. Und er (der Erlöser) zeigte ihm die Väter der Höhe und seine Seele, wie sie in alles geworfen war ... vermischt und gefangen in allem, was ist, gefesselt im Gestank der Finsternis.
Ferner sagt er (Mani): Er (der Glanz-Jesus als Erlöser) richtete ihn auf und ließ ihn vom Baum des Lebens kosten. Darauf wurde (er) sehend und weinte Adam und schrie mit lauter Stimme wie ein brüllender Löwe ... und sprach: ‚Wehe, wehe über den, der meinen Leib gebildet, und den, der meine Seele gefesselt hat, und die Rebellen, die mich unterjocht haben.'"
(Übers. dieser und der vorigen Stellen von Alexander Böhlig, in: Die Gnosis, Bd. 3, S. 104–108)

So erhält Adam die Gnosis, die erlösende Erkenntnis über sich selbst, und schreit seine Empörung über den Demiurgen, der ihn fesselte, und über die Mächte der Finsternis heraus. Um auch die von Adam abstammenden Menschen zu befreien, beruft der „Glanz-Jesus" den „Licht-Nous" (Licht-Geist), durch den die zu erlösende Seele als der göttliche Teil des Menschen zur Erkenntnis ihres wahren Wesens gelangt.

In diesem Erlösungsdrama mit mehreren Akten korrespondieren die mikrokosmischen mit den makrokosmischen Ereignissen: Die Erlösung Adams und seiner Nachkommen entspricht der Rettung des Urmenschen und seiner „Söhne"; die Seele Adams ist ein Teil der „Lebendigen Seele" des Urmenschen (= seine Söhne = des Lichts); die in Adam und den von ihm abstammenden Menschen enthaltenen Lichtteile sind Teile des im Kosmos versprengten göttlichen Lichts. Als Seelenführer bringt der „Licht-Nous" die einzelnen Seelen, denen er zur Selbst-Erkenntnis verhilft, zurück in ihre obere Heimat. Auf diese Weise findet die Wiedervereingung des Getrennten statt. Nous ist sowohl das erste der fünf Wesensmerkmale des obersten Gottes als auch die geistige Potenz des Menschen. In diesen Vorstellungen tritt die gnostische Identitätsmystik besonders deutlich zutage. Das, was erlöst, und das, was erlöst wird, ist identisch, aber noch getrennt. Es wird erst durch die Gnosis wieder vereint!

Verkörperungen und Helfer des Licht-Nous sind die Apostel als Licht-Boten, allen voran Mani, des Weiteren u. a. Seth, Noah, Enosch, Henoch, Abraham, Buddha, Zarathustra, Jesus und auch Paulus. Es sind diese Offenbarer und ihre Schriften, die die Gnosis vermitteln und durch den Nous den göttlichen Kern des Menschen befreien.

Jesus taucht mehrmals im manichäischen System auf: einmal als Lichtgeist-Erlöser, zum Zweiten als „Jesus patibilis", d. h. als leidende Weltseele (Gesamtseele), und drittens als irdischer Jesus (vgl. Kap. II, 7.5.4). Mani sah in Jesus den „Vater aller Apostel", sich selbst als letzten der Propheten (wie Muhammad). Er wusste über Jesus Bescheid, brachte ihm große Hochachtung entgegen und nahm ihn in seine Lehre auf – nicht zuletzt im Hinblick auf die Missionierung unter den Christen. Doch obwohl Jesus als „Licht-Nous" eine erlösende Funktion hat, als Sohn des Urmenschen begegnet (Augustin) und für den „Dritten Gesandten" stehen kann (in Nordafrika und China), ist er doch nicht fest in das mythologische System integriert und durch andere Namen ersetzbar. Zudem ist es nicht der Jesus Christus der neutestamentlichen Evangelien, was die Christen sehr schnell festgestellt haben dürften. Wie stark er aber zum Zwecke der Mission in der manichäischen Hymnenliteratur zur Geltung kommt, zeigen folgende Passagen:

> „Lasst uns unseren Herrn Jesus preisen,
> der uns den Geist der Wahrheit gesandt hat."
> *(Koptisches Psalmbuch, Psalm 223)*
>
> „Christus, leite mich, mein Erlöser, vergiss mich nicht!"
> *(So werden viele Strophen eines Christuspsalms eingeleitet.)*
>
> „Mein Herr Jesus, verlass mich nicht!"…
> „Ruhm und Ehre sei Jesus, dem König der Heiligen,
> und der Seele der seligen Maria."
> *(Texte nach R. Haardt, Die Gnosis, S. 223ff.)*

Auch die Endzeit und das Weltende werden im Manichäismus mit der Gestalt Jesu und mit apokalyptischen Vorstellungen aus dem Urchristentum und aus dem iranischen Bereich verbunden. Als der „Große König" tritt Jesus eine Zeit lang die Herrschaft auf der Erde an und hält Gericht, bevor er zusammen mit den Göttern, die über den Kosmos wachen, in das Lichtreich zurückkehrt. Ein letztes Mal kann sich Licht sammeln und nach oben fließen, dann vernichtet ein großes Feuer die Welt. Was an Elementen der Finsternis, Verlorenheit und Materie zurückbleibt, wird als unförmiger Klumpen in die Tiefe versenkt, und es werden Vorkehrungen getroffen, dass sich das ganze Drama nicht wiederholen kann.

Damit sind die „drei Zeiten" – vor der Vermischung, der Vermischung und der Entmischung – zu Ende. Die Ausläuterung des Lichts ist abgeschlossen, die Erde vernichtet, die Geschichte von Licht und Finsternis vorbei.

3.3 Ethik, Lebenspraxis und Kult

Der Zustand des Menschen in der Welt ist höchst beklagenswert. Er ist zum Leiden geboren und trägt durch sein Dasein noch zur Vermehrung des Leidens bei, indem er das Licht schädigt.

„Und wenn einer auf Erden wandelt, fügt er ihr Schaden zu. Und wer die Hand bewegt, fügt der Luft Schaden zu; denn die Luft ist die Seele der Menschen, der Tiere, der Vögel, der Fische und der Kriechtiere. Und wenn es sonst noch etwas in der Welt gibt – ich habe euch ja gesagt, dass dieser Körper nicht zu Gott gehört, sondern zur Hyle, dass er Finsternis ist und finster sein muss."

(Acta Archelai X, 4. Jh., ein erdachtes Gespräch zwischen Mani und Bischof Archelaus; Text bei Böhlig, S. 127 f.)

Damit die Menschen die Lichtelemente nicht ständig „quälen", gibt es in der manichäischen Ethik einen umfangreichen Verhaltenskodex (u. a. zehn Gebote). Er dient dazu, die Schädigung des Lichts zu vermeiden und die Erlösung und Rückführung von Lichtteilen zu fördern, die aus der „Natur" ausgefiltert werden müssen. Das geschieht auch durch den Verzehr von Naturprodukten, z. B. von Melonen, wobei am Ende des Verdauungsprozesses das in der Pflanze gebundene Licht freigesetzt wird und ins Lichtreich zurückkehren kann. Die „Erwählten" oder „Vollkommenen" sind aus diesem Grunde als „essende Lichtbefreiungsmaschinen" bezeichnet worden. Sie haben strenge asketische Vorschriften zu beachten, um nicht zu „sündigen". Dazu gehört außer der Enthaltung von Fleisch, Wein, Lüge, Zorn, Begierde, Ehe und Geschlechtsverkehr auch der Verzicht auf alle Tätigkeiten, durch die das Licht Schaden nehmen kann. Ihre Tage verbrachten sie mit Verkündigung, frommer Lektüre und religiöser Schriftstellerei. Ihre Buchgestaltung ist von hoher künstlerischer Qualität.

Die „auditores" (Hörer) hingegen, die einfachen Gläubigen, hatten die „Vollkommenen" zu ernähren und zu unterstützen, durften manuelle Tätigkeiten verrichten, Kinder zeugen und sogar Fleisch essen, aber nicht schlachten. Außerdem hatten sie weitere Gebote zu beachten, gerieten aber dennoch in Konflikt mit den manichäischen Grundsätzen und wurden ungewollt schuldig am Licht. Wenn ihnen dies um der Auserwählten willen auch vergeben wurde, verschlechterte es doch ihre eigenen Erlösungschancen. Diese konnten sich nur durch eine bessere Wiedergeburt erhöhen. Vieles erinnert hier an den Buddhismus, aber auch an die frühkatholische Kirche mit ihrer Unterscheidung von Priestern und Gläubigen. Der behutsame Umgang mit der Natur, insbesondere mit allen Lebewesen, und die Gebote des Nicht-Verletzens und Nicht-Tötens dienen zwar der Vervollkommnung des Gläubigen, bezeugen aber zugleich seine ethische Verantwortung gegenüber Mensch und Natur als Teilhabern am Licht.

Da nicht nur die einfachen Gläubigen, sondern auch die Erwählten die vielen und strengen Gebote oft genug übertraten, bedurften sie der regelmäßigen Absolution. Zum manichäischen Kult gehört daher als besonders wichtige Institution die Beichte, von der umfangreiche Literatur überliefert ist (Beichtspiegel). In ihr sollten die Sünden, die ja nicht von der Seele, sondern vom materiellen Körper (von der Hyle) ausgehen (!), bekannt und den Gläubigen durch Buße, Umkehr und erneute Unterweisung der Heilsweg geebnet werden. Es gab auch sakramentale Mahlzeiten mit lichthaltigen Speisen, um deren Lichtteile aufzunehmen und zu befreien. Ein solches gemeinsames vegetarisches Mahl durften die Erwählten einmal am Tage zu sich nehmen. Zu den religiösen Pflichten gehörten auch Fastenzeiten. Außerdem hatten die Erwählten sieben, die Hörer vier Gebete zu verrichten. Beim Bema-Fest stand das Gedenken an Manis Leiden und seinen Todestag im Mittelpunkt, verbunden mit Beichte und Psalmgebeten in Vergegenwärtigung der erwarteten Erlösung. Die Zeremonie vollzog sich vor dem Bema, dem „Thron" und Richterstuhl des Parakleten, auf dem nunmehr ein Bildnis Manis stand.

„Wir beten dich an, den Richter, den Paraklet.
Wir preisen dein Bema, auf dem du sitzt.
Du bist gekommen in Frieden, du Geist der Wahrheit,
du Paraklet, den Jesus gesandt hat.

Du bist gekommen in Frieden, du neue Sonne der Seelen.
Du bist gekommen in Frieden, o Herr Manichaios.
Wir beten dein Bema an und deinen neuen Bund.
Erbarme dich über dein Volk, du Paraklet, du barmherziger Vater.
Vergib uns alle Sünde, die wir begangen haben.
Rechte nicht mit uns um ihretwillen.
Denn dies ist der Tag, den du uns geschenkt hast,
damit wir dich bitten, o Herr, und du uns unsere Sünden erlässt ..."

(Aus dem Bemapsalm 227, Text bei Böhlig, S. 242f.)

Die manichäische Kirche war hierarchisch streng gegliedert. Zu ihr gehörten die Erwählten und die Hörer. Aus den Erwählten wurden 12 Lehrer, 72 Bischöfe oder Diakone und 360 Presbyter (Älteste) gewählt. Über allen stand der Archegos. Die Erwählten waren an ihren weißen Gewändern und Hüten erkennbar (s. Titelbild). Frauen konnten Erwählte werden, aber keine Ämter bekleiden.

Nach ihrem Tode gehen die Seelen der Erwählten oder Vollkommenen in das Lichtreich ein, während die Seelen der Hörer wiederverkörpert werden, bis auch sie nach der Seelenwanderung geläutert sind, in Lichtträger, vorzugsweise in Auserwählte eingehen und durch sie in die Licht-Heimat zurückkehren können. Es werden aber nicht alle Seelen gerettet. Jene Seelen, die nicht zur Gnosis gelangen und in Sünde bleiben, gehen verloren. Das sind jene Menschen, die von der manichäischen Verkündigung nicht erreicht werden oder sie nicht annehmen. Ohne Gnosis aber kann der Nous die Seele nicht befreien. Mit den Seelen, die verloren gehen, geht letztlich göttliches Licht unwiederbringlich verloren, ein Umstand, der den Manichäern vorgeworfen wurde und ihnen auch selbst zu schaffen machte. Sie waren darüber allerdings unterschiedlicher Meinung, denn manche waren auch überzeugt, dass zuletzt doch alles Licht gerettet werden würde.

3.4 Die Verbreitung

In das Römerreich war der Manichäismus gegen Ende des 3. Jahrhunderts eingedrungen und wurde dort im 4. Jahrhundert – wie zuvor schon die frühe Gnosis – zu einer gefährlichen Konkurrenz der Großkirche. Im 4. Jahrhundert war der Manichäismus in Syrien, Nordarabien und Nordafrika bekannt. Dort lernte ihn auch Augustin kennen, war neun Jahre lang Manichäer und setzte sich danach intensiv mit der manichäischen Lehre auseinander. Der Manichäismus gelangte ferner nach Armenien, Kleinasien und Palästina, Rom, Spanien und in weitere Gebiete Europas, wo er allerdings seit dem 6. Jahrhundert durch kirchliche und staatliche Bekämpfung zurückgedrängt wurde. Doch lebten seine Ideen auch nach der massiven Verfolgung weiter und gelangten über das Mittelalter bis in die Neuzeit.

Im Osten erfuhr der Manichäismus nach seiner Verfolgung in der Sassanidenzeit zeitweilige Duldung durch die islamische Dynastie der Umayyaden (bis 750). Deshalb konnte das Oberhaupt der manichäischen Kirche im 7. Jahrhundert in Babylon residieren. Ab 750 wurde jedoch die manichäische Religion durch die islamischen Abbasiden unterdrückt. In China, wohin der Manichäismus Ende des 7. Jahrhunderts über Turkestan gelangte, wurde er bis zum 9. Jahrhundert toleriert, danach verboten, verfolgt und durch den Buddhismus und Islam verdrängt. Seinen Höhepunkt erlangte der Manichäismus im Reich der türkischen Uiguren, wo er im 8. und 9. Jahrhundert Staatsreligion war.

Der Manichäismus endete als lebendige und organisierte Religion im 6./7. Jahrhundert im Römischen Reich, im 7./9. Jahrhundert in Byzanz, im 11. Jahrhundert im Bereich des Islam, im 13. Jahrhundert in Mittelasien und im 16./17. Jahrhundert im Süden Chinas.

Somit war der Manichäismus über große Teile Europas, Asiens und Nordafrikas verbreitet, was seine literarischen

Zeugnisse in vielen Sprachen erklärt (s. Kap. I, 2.1). Diese, man kann sagen weltweite Verbreitung der neuen Universalreligion entsprach dem Anliegen ihres Stifters. Mani verstand seine Religion als Summe und Vollendung aller bisherigen Religion für alle Menschen. Seine Lehre war daher bewusst synkretistisch, konnte zu Missionszwecken entsprechend weiterentwickelt und den jeweiligen Gegebenheiten angepasst werden. Daher hat der Manichäismus mehrere „Gesichter"; er ist hier mehr iranisch, dort mehr christlich, andernorts mehr buddhistisch eingestimmt und angereichert.

Die Verfolgung seiner Anhänger zu verschiedenen Zeiten und an verschiedenen Orten und ihre Flucht in sicherere Gebiete hat die Ausbreitung des Manichäismus begünstigt. Aber die Anziehungskraft, die diese Religion ausübte und von anderen Religionen als Gefahr empfunden wurde, reichte letztlich nicht aus, ihr auf Dauer einen festen Platz unter den Weltreligionen zu sichern. Ihre negative Bewertung des Kosmos bietet sich nicht gerade für eine konstruktive Weltgestaltung an. Ihre Ethik war einerseits zu elitär, um breiten Bevölkerungsschichten als Grundlage der Moral zu dienen, und andererseits zu restriktiv, unsozial und wirklichkeitsfremd, um gesellschaftliche Entwicklungen zu fördern (Ablehnung sozialer und karitativer Tätigkeiten, Abwertung der Landwirtschaft, vieler Berufe – auch der Jagd!, der Kinderzeugung u. a.; sie wurden wegen der Schädigung des Lichts und dessen Bindung an die Finsternis als sündig angesehen). Eine weltflüchtige Lehre und Daseinshaltung war allerdings bei anderen Religionen kein unüberwindliches Hindernis, gesellschaftsfähig zu werden und zur Staatsreligion zu avancieren, was dem Manichäismus immerhin im Uigurenreich gelang. Die Zweiteilung der Gläubigen in „Vollkommene" und einfache „Hörer" bot zudem – wie in anderen Religionen – für den Großteil der Anhänger die Möglichkeit, in der Welt Beruf und Familie zu haben. Es muss also (noch) andere Gründe für den Niedergang des Manichäismus gegeben haben. Wahrscheinlich wirkte sich vor allem seine ausgeprägte

Anpassung an die anderen Religionen und an die religiösen Verhältnisse vor Ort negativ aus. Jedenfalls hatte er der dynamischen Entwicklung von Christentum, Buddhismus und Islam nichts Ebenbürtiges entgegenzusetzen und musste schließlich den anderen Weltreligionen weichen. Es ist klar, dass dabei die politischen Verhältnisse und geschichtlichen Ereignisse eine große Rolle spielten.

4. Die Gnosis im Mittelalter

Im 6. Jahrhundert war die organisierte Gnosis im Mittelmeerraum so gut wie verschwunden. Zusammen mit den anderen spätantiken Erlösungsreligionen ist sie von der katholischen Kirche, in die das Erbe der Antike einging, abgelöst worden.

Aber auch im Osten erlangte eine neue Religion Macht und Raum: der Islam. Er drang im 7. und 8. Jahrhundert nach Westen über ganz Nordafrika bis nach Spanien und Frankreich, im Norden nach Syrien, Mesopotamien bis zum Oxus (Amu Darja) und im Osten bis an den Indus vor. Damit bekamen die Gnostiker im Vorderen Orient bald einen ebenso harten Gegner wie zuvor die Gnostiker im Römerreich mit der Kirche. Denn die streng monotheistische Theologie der Muslime („Es gibt keinen Gott außer Allah"), ihre positive Einstellung gegenüber der Welt und dem Staat und die untergeordnete Stellung des Menschen vor Gott sind mit dem theologischen Dualismus (oberster Gott und niederer Demiurg), dem Antikosmismus und der Identitätslehre der Gnosis unvereinbar.

Die Gnostiker (zindīq, Plural: zanādiqa = Heterodoxe) wurden zunächst noch geduldet. Unter der islamischen Dynastie der Umayyaden (Omaijaden) (661–750) in Damaskus, die mehr an Politik und Macht als an der reinen Lehre interessiert waren, gab es nur örtliche Verfolgungen der Gnostiker. Erst unter den nachfolgenden Abbasiden, die von Bagdad aus regierten, sind die Gnostiker stärker und planmäßiger verfolgt worden, vor allem am Ende des 8. Jahrhunderts. Davon betroffen waren besonders die Manichäer, von denen viele umkamen. Anderen gelang es, diese Gebiete zu verlassen und sich nach Zentralasien durchzuschlagen, wo der Manichäismus, der sich dort bereits ausbreiten konnte, die religiöse und kulturelle Landschaft nachhaltig beeinflusste (→3.3).

4.1 Die Paulikianer

Etwa zur gleichen Zeit nahm an der Nahtstelle zwischen dem Herrschaftsbereich der Muslime und der christlichen Byzantiner am oberen Euphrat das mittelalterliche „Ketzertum" seinen eigentlichen Anfang. Denn in diesem Gebiet hatte sich im 8. Jahrhundert die Gemeinschaft der Paulikianer (oder Paulizianer) niedergelassen, die ein Jahrhundert zuvor bei den Armeniern entstanden war. Ihre wechselvolle Geschichte ist ein Spiegelbild der rivalisierenden Kräfte im mittleren Kleinasien. Da sich die Paulikianer schließlich für die Muslime entschieden und gegen die Byzantiner kämpften, wurden sie von diesen verfolgt, 872 besiegt und in großer Zahl in das südosteuropäische Thrakien deportiert. Dort konnten sie – ebenso wie die Messalianer – ihre Lehren verbreiten und wurden zur Zelle der Bogomilen im alten Bulgarenreich. Von dort strahlte das Bogomilentum über den ganzen Balkan und Oberitalien bis nach Südfrankreich aus, von wo schließlich die Bewegung der Katharer oder Albigenser im 12. Jahrhundert ihren Ausgang nahm. Alle diese Bewegungen verbreiteten gnostisches Gedankengut, das sich im europäischen Raum über Jahrhunderte und zum Teil bis in die Neuzeit wie eine Welle fortpflanzte.

Die Paulikianer kennen die gnostische Vorstellung von zwei Prinzipien (Dualismus) und stellen dem obersten Lichtwesen einen Demiurgen gegenüber. Wie Marcion verwerfen sie das Alte Testament und schätzen außer den Evangelien vor allem die Paulusbriefe. Da Christus nur den Scheintod erlitt, messen sie dem Kreuz keine Bedeutung zu. Die Sakramente der Taufe, der Ehe und der Eucharistie lehnen sie ab, da ihrer Meinung nach der lebendige Christus nur im Wort begegnen kann. Es findet sich bei ihnen also gnostisches Gedankengut, das antikosmische (aber auch sozialrevolutionäre), antikirchliche und antisakramentale, christologisch-doketische und pneumatische Züge trägt.

4.2 Die Bogomilen

Auch die soziale Protestbewegung der Bogomilen lehrt einen theologischen Dualismus zwischen dem guten Gott, von dem die menschliche Seele herkommt, und einem Demiurgen (hier Satanael!), der für die Schaffung dieser Welt und des materiellen Menschen verantwortlich ist. Diese Welt wurde von den meisten Menschen im Ersten Bulgarenreich als ungerecht und unchristlich erlebt, was sie zum Protest gegen die Reichen und die Oberen der Kirche und zu einer alternativen, wahren geistlichen Lebenseinstellung motivierte. So waren sie offen für die entsprechenden Lehren eines Priesters Bogomil (Theophilos, Gottlieb), auf den die Bewegung zurückgeführt wird. Sie wollten die Welt, wie sie sie vor Ort erlebten, durch ein betont geistiges Leben nach urchristlichem Vorbild überwinden. Wie in manchen anderen gnostischen Richtungen (vgl. die Manichäer →3.3) war ihre vom Antikosmismus geprägte Daseinshaltung abgestuft. Sie äußerte sich bei den „Vollkommenen", dem obersten Rang, in der dreistufigen Klassifizierung ihrer Anhänger, in einer rigorosen Ethik, zu der die Ablehnung von Fleisch und Wein sowie Eheverzicht gehören. Die Masse der „Gläubigen" musste freilich ein weniger elitäres Leben inmitten der feindlichen Welt durchhalten. Diese Stufung führte später zu hierarchischen Strukturen.

Die Bogomilen lehnen das Kreuz ab und vertreten wie die Paulikianer einen christologischen Doketismus. Inwieweit hier Verbindungen zum Islam bestehen, wo die Kreuzigung des Messias ʿIsā (Jesu) in Sure 4, 157 (156) verworfen wird, muss offen bleiben. Abgelehnt wird von den Bogomilen auch das Alte Testament, vor allem alles, was Gottes (gute) Schöpfung betrifft; abgelehnt wird sogar das Neue Testament mit Ausnahme des Johannes-Evangeliums, was besonders symptomatisch ist (→Kap. II 3.3). Auch kennen die Bogomilen Sonderoffenbarungen, die ihnen im Traum zuteil werden, und sie ergänzen die (erste) Taufe durch eine zweite Taufe, eine Geist-Taufe als Initiation für die Auserwählten.

Die Haltung und die Ansichten der Bogomilen sind somit typisch gnostisch: antikosmisch (weltablehnend; anfangs auch sozialkritisch), antigroßkirchlich, antisakramental und antinomistisch, asketisch, esoterisch und pneumatisch-exklusiv. Kein Wunder, dass sie mit Staat und Kirche in Byzanz kollidierten und hart bedrängt wurden. In ihrem neuen Siedlungsgebiet auf dem Balkan – in Bosnien, Kroatien, Serbien, Mazedonien und Herzegowina – konnten sie sich aber konsolidieren und in Bosnien sogar eine eigene religiöse Organisation (Kirche) aufbauen, die offizielle Anerkennung fand und starken Einfluss auf die gesellschaftliche Entwicklung hatte. Diese Impulse des Bogumilentums wirkten über den Balkan hinaus auf weite Teile Europas.

4.3 Die Katharer

Der so genannte „Neumanichäismus" machte der mittelalterlichen Kirche besonders in der Bewegung der Katharer (die „Reinen") oder Albigenser zu schaffen, die sich den hohen sittlichen Idealen eines vom Glauben geprägten, den Verlockungen der Welt entsagenden Lebens verpflichtet wussten. Von dieser Haltung her kritisierten sie die herrschende Kirche, der sie vorwarfen, vom urchristlichen Glauben abgefallen zu sein und sich mit der Welt eingelassen zu haben.

Die Lehren der Katharer sind aus den Schriften ihrer Gegner gut bekannt, so von dem Benediktiner Ekbert aus der zweiten Hälfte des 12. Jahrhunderts, von dem Waldenser Durandus von

Huesca und von dem Dominikaner Rainer Sacconi im 13. Jahrhundert, aber auch aus einigen Originalquellen. Wie Marcion und viele Gnostiker verwarfen sie weitgehend das Alte Testament als heilige Schrift und betrachteten den Satan als Schöpfer dieser Welt, womit sie den Gott der hebräischen Bibel deklassierten und einem guten, oberen Gott unterordneten. Christus ist ein Engel höherer Ordnung und ein pneumatischer Erlöser, der nur scheinbar dem Leiden und Tod am Kreuz unterworfen war. Die Christologie der Katharer trägt somit Züge des Doketismus. Die Erlösung der Gläubigen erfolgt nach entsprechender Läuterung und Selbstreinigung in mehreren Leben, die die Seele durchwandert, und nicht durch Sündenvergebung und Christi Sühnetod. Für diese sukzessive Reinigung ist ein entsprechendes Leben in Abkehr von der Welt und Materie, in Askese und Entsagung nötig. Daher enthielten sich die Auserwählten der Ehe, des Fleisches und trieben die leiblichen Entsagungen oft bis zum Hungertod. Dieser asketische Rigorismus wurde aber nur von den perfecti, den Vollkommenen, geübt, die von den einfachen Gläubigen, den credentes, unterstützt wurden (vgl. z. B. die Mönche und die Laien im Buddhismus). Letztere blieben an ihren Wohnorten und bei ihren Berufen, während die Vollkommenen als Wanderprediger durch die Lande zogen und das Armutsideal der Katharer verkündeten. Sie provozierten durch ihr Auftreten nicht nur den reichen Klerus und wurden der kirchlichen Macht nicht nur durch das starke Anwachsen ihrer Anhängerschaft gefährlich, sondern stellten auch das kultische Instrumentarium der Kirche und damit ihre Mittlerschaft bei der Erlösung der Gläubigen in Frage. Wie die frühen Gnostiker lehnten sie kirchliche Sakramente als Machtmittel des Klerus über die Gläubigen ab. Dem stellten sie die Geisttaufe (consolamentum) durch Handauflegung und das schlichte tägliche Brotbrechen entgegen.

Diese antikosmische, antinomistische und antikirchliche Grundhaltung der Katharer liegt ganz auf der Linie der Gnostiker, mit denen sie vor allem den pneumatischen Ansatz teilen.

Der Pneumatiker muss sich von der Welt lösen, damit seine Seele, sein innerster Kern, „gereinigt" von allem Materiellen, in seine himmlische Heimat zurückkehren kann.

Zwischen Katharern und Bogomilen gab es einen regen Austausch an Menschen und Ideen und in organisatorischer Hinsicht. So empfingen Katharer ihre Geisttaufe häufig bei einem Besuch der Bogomilen und nahmen von dort neue geistliche Impulse mit. Zunächst vertraten die Katharer wie die bulgarischen Bogomilen einen gemäßigten Dualismus, der sich später (im 12. Jh.) unter dem Einfluss der byzantinischen Richtung und des von Byzanz nach Italien und Frankreich gekommenen Bogumilen Niketas zu einem radikalen Dualismus wandelte. Von den Bogomilen stammt auch die Vorstellung von einer Geistkirche der Erwählten und Vollkommenen, die in der Praxis als Gegenkirche mit Bischöfen in Erscheinung trat und deren Ziel die Apotage, die Absage an die Welt als Ort des Satans und der widergöttlichen Mächte war.

Die Ideen der Katharer verbreiteten sich ebenso rasch und stark wie die der frühen Gnosis. Als Albigenser fanden sie in Südfrankreich (mit ihrer Zentrale in Albi) nicht nur unter den Bürgern, sondern auch beim wohlhabenden Adel Zulauf, so z.B. um 1165 in der Languedoc. Im Jahre 1167 hielten die Katharer sogar eine große Synode bei Toulouse ab. Ihre einfache, dualistische Heilslehre und ihre dementsprechende konsequent asketische Daseinshaltung machten besonders auf diejenigen Eindruck, die an der Kirche zweifelten oder sich mit ihr überworfen hatten. Da die katholische Kirche dieser „Ketzerei", die auch in Flandern und im Rheinland Fuß gefasst hatte, nicht Herr wurde, beschloss sie den Einsatz härtester Mittel. Papst Innozenz III. rief 1207 zum Kreuzzug gegen sie auf. In den „Albigenserkriegen" (1209–1229) wurden sie von der geistlichen und weltlichen Macht (Friedrich I. Barbarossa) gemeinsam bekämpft, und seit 1232 wurde die von Papst Gregor IX. installierte Inquisition gegen sie eingesetzt. In dieser ungleichen Auseinandersetzung, bei der sich der Dominikaner-Orden besonders hervortat, hatte die Katharer-Bewegung keine Chance und unterlag in einem grausamen, das Land verwüstenden und die „Ketzer" auslöschenden Vernichtungsfeldzug. Es war zugleich eine Auseinandersetzung des armen Nordens gegen den reichen Süden auf französischem Boden. Im 13. Jahrhundert waren diese „Ketzer" schon weitgehend ausgerottet. Ihre kritischen Einwände gegen die herrschende Religion blieben jedoch ein „Pfahl im Fleisch" der Kirche, die noch lange mit den geistigen Auswirkungen der organisierten mittelalterlichen Gnosis zu tun hatte. Diese setzte sich freilich in Resten fort, und ihre Ideen wirkten weiter, auch auf literarischem Wege.

4.4 Die islamische Gnosis

Wie stark die Anziehungskraft der Gnosis weiterhin war, zeigt sich auch in ihrer Ausstrahlung auf den Islam. Schon früh mussten sich die Muslime mit Gnostikern auseinander setzen, und zwar nicht nur nach außen, sondern – ganz wie die alte Kirche – auch nach innen. Denn bereits im 7. und mehr noch im 8. Jahrhundert machte ein von der Gnosis beeinflusster Islam im Irak (vor allem in Kufa) von sich reden. Als Gegenreaktion entstand die Orthodoxie der schiitischen Imamiten, die vor allem die (Über-)Betonung des göttlichen Geistes im Menschen kritisierte. Auch die sunnitischen Muʿtaziliten mussten sich mit gnostischen und manichäischen Vorstellungen über Licht und Finsternis, Gott und Mensch und die Herkunft des Bösen eingehend befassen.

Von den gnostisch beeinflussten und gnostisch geprägten muslimischen Gruppen (Sekten) konnten sich einige bis in die Gegenwart halten. Dazu gehören die so genannten „Übertreiber" (ghulat), die ihre heutigen Nachfahren in den Alawiten oder Nusairiern in Syrien haben, und die Qarmaten oder Ismailiten, die im 9. Jahrhundert im Irak auftraten, zu Beginn des 12. Jahrhunderts als Assasinen wieder begegnen und heute im Nahen Osten und in Indien (die Hodschas mit Aga Khan als

Oberhaupt) vertreten sind. Zu ihnen gehören als abgespaltene Gruppe auch die Drusen im Libanon und Hauran. Damit hat die spätantike und mittelalterliche Gnosis auch im Islam, und zwar im schiitischen Islam, ihre Fortsetzung gefunden. Wenn dabei ihre Verurteilung und Bekämpfung durch die islamische Orthodoxie zur Sprache kommt, sollte dabei nicht vergessen werden, dass es auch im Koran Vorstellungen gibt, die uns aus der Gnosis vertraut sind, wie die Ablehnung des Kreuzestodes Jesu in Sure 4, 157 (156) (→Kap. II 7.5.4). ʿAbdallāh ibn Sabaʾ, der erste aller „Übertreiber", soll Entsprechendes auch von ʿAlī, dem vierten Kalifen und Ahnherr der Schiiten, behauptet haben. ʿAlī wurde gar nicht getötet, sondern ein anderer an seiner Stelle, der seine Gestalt angenommen hatte (hier der Teufel), während ʿAlī zum Himmel aufstieg.

Die ismailitische Gnosis teilt ihre Kerngedanken mit der spätantiken Gnosis sowohl in der dualistischen Gottesvorstellung (oberster Gott und Demiurg) als auch in der Aufteilung von oberer und unterer Welt (Pleroma, Sphäre der Sieben und Zwölf, irdische Welt) und beim Schicksal der Seele, ihrem Fall, ihrer Gefangenschaft im Körper und in der Fremde, ihrer Erweckung und ihrem Wiederaufstieg.

Texte und Kommentierungen aus der „extremen Schia" und von den Alawiten hat Heinz Halm in seinem Werk „Die islamische Gnosis" (1982) vorgelegt. Einer dieser Texte ist „Das Buch der Schatten", eine „mythische Erzählung", die „von der Herkunft der Lichtseelen, der Erschaffung der sieben Himmel, der Entstehung der Teufel, der Einkerkerung der gefallenen Lichtseelen in menschliche Leiber und der Seelenwanderung und schließlichen Erlösung" berichtet (S. 243 f.). Diese geschieht „durch gottgesandte Lichtboten, in Scheinleiber gehüllt und nur scheinbar geboren und gestorben – ʿAlī und die Imāme", die den Menschen, die nicht mehr um ihre himmlische Herkunft wissen, die Erkenntnis darüber vermitteln. Dann kann die Seele „nach mehrmaliger Läuterung" aufsteigen, bekommt ihren Lichtleib zurück und durchläuft – wie beim Abstieg – die sieben Himmel, bis sie wieder beim Lichte Gottes angelangt ist (vgl. S. 245 f.). Wer so zum Wissenden wird, ist von der Verrichtung des äußerlichen Kultes befreit und „tritt aus der Knechtschaft in die Freiheit, indem er ans Ziel gelangt und erkennt" (Buch der Schatten, Kap. 13). Was der Text über die Vermischung der Menschen und die Bedeutung dieses Vorgangs aussagt, gilt für das Ganze:

> „Was aber die geheime Bedeutung angeht, so ist das eine merkwürdige Sache und ein seltsames Ding, an das (nur) wir mit unseren Kenntnissen uns erinnern. Ähnlich war es schon unter den Schatten und als das Salzmeer sich mit dem Süßmeer vermischte. Das ist eine Gnosis (ʿilm), die ein jeder verstehen wird, der uns, den Angehörigen des Prophetenhauses und den Imāmen allen folgt" (Kap. 16).

Die Länge und Ausführlichkeit dieser Schrift, andere als die gewohnten Bilder und eine eigene Terminologie machen es nicht leicht, ihre gnostische Grundstruktur freizulegen. Die Lektüre hat aber ihren Lohn in einer reichen mythologischen Phantasie und schönen Sprache. Davon noch eine Kostprobe aus dem 25. Kapitel über die Erschaffung des Gnostikers.

> „... Wenn Gott einen Körper erschaffen will, in dem der gute Geist wohnen soll ... dann verhilft er dem Manne dazu, dass er (nur) gute Früchte und köstliche Speise zu sich nimmt, so dass in ihm das (nötige) Wasser entsteht und der (Samen-) Tropfen sich bildet. Wenn der Mann nun mit seiner Frau schläft und sie von ihm empfängt, dann vollenden sich im Fötus die drei Geister: der Geist der Kraft, der Geist der Fleischeslust und der Geist des Lebens ... Wenn der Embryo dann herauskommt, dann steigt der gute Geist herab; das ist der lichte Geist des Glaubens, der aus dem Lichte Gottes erschaffen ist. Der setzt sich nun im Körper fest, sobald er aus dem Mutterleib hervorgekommen ist. Dabei ist er betrübt und weint ... und er erblickt nun diesen Leib, der ein Gefäng-

nis für den Geist der Gläubigen ist. ... Wenn nun die Erkenntnis (dieses Menschen) vollkommen geworden ist und er die Prüfung vollständig ertragen hat, dann wird er aus diesem Körper (wieder) herausgebracht ..."

(Texte bei H. Halm, S. 264f.; 266; die arabischen Termini wurden weggelassen.)

5. Die Gnosis im Blickfeld der Wissenschaft

Mit den großen Entdeckungsreisen am Ende des 15. Jahrhunderts beginnt eine neue Zeit. Der religiöse Umbruch in Europa setzt schon zuvor ein. Er wird durch Jan Hus und John Wiclif im 14. Jahrhundert eingeleitet und kulminiert im 16. Jahrhundert mit Reformation und Gegenreformation. Dieser große Bruch in der abendländischen Kirche ist aber zugleich ein Aufbruch zu neuem Denken, Glauben und Philosophieren. In seinem Gefolge entstehen in den folgenden Jahrhunderten neue Glaubensrichtungen, Kirchen und Gemeinschaften, religiöse Bewegungen und esoterische Konventikel, in denen auch gnostisches Gedankengut zu finden ist. Es sind zum Teil noch Ausläufer der alten Gnosis oder aber neugnostische Richtungen und Gruppierungen. Jedenfalls lebt die Gnosis auch in der Neuzeit weiter und hat bis in die Gegenwart immer neuen Auftrieb erhalten – vor allem im 20. Jahrhundert hat das Interesse noch deutlich zugenommen.

Die Wege, auf denen gnostische Vorstellungen von der Spätantike über das Mittelalter bis in die Neuzeit transportiert wurden, sind vielfältig. Zum einen gab es Unterströmungen der dominierenden Theologie und Philosophie, durch die die alten Mysterien, magische und mantische Gedanken und Praktiken und gnostische Heilslehren weiterliefen und im Verborgenen gediehen. Zum anderen kamen solche „geheimen Lehren" auch über literarische Kanäle, derer sich nicht nur esoterische Kreise, sondern auch und mit der Zeit immer stärker die Wissenschaft bedienten. Das schärfte dann auch den Blick auf die historischen Abläufe und Zusammenhänge und ermöglichte neue Bewertungen der überkommenen Traditionen.

5.1 Gottfried Arnold: ein Plädoyer für die Ketzer

1699 und 1700, an der Wende zum 18. Jahrhundert, erschien ein Werk, das für Aufsehen sorgte und weitreichende Wirkung auf Zeitgenossen und nachfolgende Generationen hatte. In seiner „Unparteiischen Kirchen- und Ketzerhistorie" führt Gottfried Arnold die Vielfalt des Christentums unter Einbeziehung der Gnosis vor und geißelt den Abfall der Kirche vom urchristlichen Glauben seit ihrer Verquickung mit Staat, Macht und Politik seit Kaiser Konstantin bis hin zur Reformation und Martin Luther!

Es waren gerade die von der Kirche verfolgten Ketzer, die das Fähnlein des wahren christlichen Glaubens und Lebens in der Nachfolge Jesu hochhielten und denen der mutige Autor Gerechtigkeit widerfahren lassen will. Unter den „Ketzern" befinden sich bei Gottfried Arnold Simon Magus, die Ebioniten, die Nikolaiten, die Ophiten und Sethianer, Karpokrates, Valentinus, Cerdo, Marcion und die Montanisten, die Manichäer, die er ausführlich behandelt, die Bogomilen, Katharer, Waldenser und Wiedertäufer.

Gottfried Arnold will, dass auch ihre Stimmen und die der anderen „Ketzer" gehört werden, und gibt abschließend zu bedenken:

> „Man kann nicht leugnen, dass die so genannte Kirche von Anfang her in soviel tausend Stücke oder Parteien und Sekten zerrissen und zertrennt worden ist. … Man findet aber auch ferner, dass diejenigen, welche noch mit dem Heiland der Welt untereinander und wirklich eins gewesen, … ob sie wohl (d.h. obgleich sie) von denen, die das Ansehen gehabt" und die sich als „rechtgläubig und in der Lehre … für vollkommen ausgegeben" haben, „als Sektierer und Ketzer aus-

gerufen wurden, ... (letztlich als) die unsichtbare rechte heilige Gemeinde Christi anzusehen seien ..."

(Ausgewählte Ausgabe von R. Riemeck, Leipzig 1975, S. 339)

Gottfried Arnold, der sich früh von der lutherischen Orthodoxie abwendete und pietistisch-spiritualistischen Kreisen anschloss, kommt in vielen Positionen der Gnosis sehr nahe, so in seiner antidogmatischen Einstellung, in seiner Abneigung gegenüber einem institutionalisierten Christentum, auch in seiner ursprünglichen Ablehnung der Ehe und – aufs Ganze gesehen – in einer individuellen Frömmigkeit und vergeistigten Christlichkeit.

5.2 Die neue Sicht des Anfangs

An diesem epochalen Werk, das an die Grundfesten der Kirche rührte, sind für unser Generalthema „Gnosis – Heilslehre und Ketzerglaube" zwei Aspekte hervorzuheben: Erstens die Würdigung der Breite und Vielfalt des Christentums, auch und besonders in der Frühzeit, und zweitens die Einbeziehung der verketzerten Gnostiker in die Betrachtung der Kirchengeschichte. Dieser ideologiefreie, ungetrübte Blick auf die Entstehung des Christentums, seine Wurzeln und Zweige, hat sich erst in neuerer Zeit mehr und mehr durchsetzen können. Dazu trugen auch die Editionen vieler Quellen im 19. und 20. Jahrhundert bei. Im Zuge dieser Entwicklung schrieb Walter Bauer im Jahre 1934 sein Buch „Rechtgläubigkeit und Ketzerei im ältesten Christentum", das neue Bewegung und Zündstoff in die Diskussion brachte. Im Vorwort zur zweiten Auflage (Tübingen 1964) nennt Georg Strecker den wesentlichen Punkt der Untersuchung: „Rechtgläubigkeit und Ketzerei verhalten sich im ältesten Christentum nicht wie Primäres und Sekundäres zueinander, sondern die Häresie ist in zahlreichen Gebieten die ursprüngliche Repräsentanz des Christentums." Bis in die einzelnen theologischen und christologischen Ansätze verfolgten H. Köster und J. M. Robinson die ur- und frühchristlichen Strömungen in ihrem Buch „Entwicklungslinien durch die Welt des frühen Christentums" (Tübingen 1971).

Heute kann man gelassen auf diesen Durchbruch in der Betrachtung des frühen Christentums wie der ganzen Kirchengeschichte zurückblicken. Sie hat sich in der Forschung und Geschichtsschreibung weitgehend durchgesetzt (vgl. Kap. II 1 und 2), auch wenn diese Freilegung der Anfänge des christlichen Glaubens noch manchem Gläubigen Probleme bereitet.

5.3 Die Renaissance der Gnosis in der Forschung

Zu dieser Neubewertung der frühchristlichen Zeit hat auch die Erforschung der Gnosis nicht unwesentlich beigetragen. Was die Gnosis einmal bedeutet hat, welche Wirkungen von ihr ausgingen und immer noch ausgehen, ist auch den Theologen erst allmählich bewusst geworden. Denn das Wissen über die alte Gnosis wurde erst in der Neuzeit Zug um Zug wieder ausgegraben und durch neuentdeckte Quellen ständig bereichert. Natürlich wusste man, dass es sie gegeben hat, aber wer außer den Fachleuten las schon die Werke der Kirchenväter und Häresiologen, und die esoterischen Kreise behielten ihr Wissen mit gutem Grund für sich. Sie hatten ja auch ein spirituelles und nicht ein wissenschaftliches Interesse an dieser Überlieferung. Natürlich kannte man die Manichäer und Katharer. Aber der Zugang zu den Quellen, das Zutrauen zu den alten Berichten und nicht zuletzt das Interesse an dieser Seite des Christentums waren nicht immer so vorhanden wie heute.

An der Aufarbeitung des gnostischen Erbes haben viele Gelehrte Anteil, von denen hier nur wenige genannt werden können. Der Grund, weshalb das überhaupt geschieht, ist der Tatbestand, dass die Gnosis über das literarische Medium nicht nur von Theologen und Religionshistorikern zur Kenntnis genommen wurde, sondern auch eine Eigendynamik als Heilslehre und religiöse Weltanschauung entwickelte. Das zeigt sich z. B. bei Rudolf Steiner, der sich vom Gnosisbuch des Engländers G. R. S. Mead anregen ließ (→6.5), und ebenso bei der Neo-Gnosis, Esoterik und New-Age-Bewegung. Vor allem die aufbereiteten alten und neuen Quellen üben eine starke Faszination auf breite Kreise aus.

Im Jahre 1818 publizierte der Theologe und Kirchenhistoriker August Neander, ein Schüler von Friedrich Daniel Ernst Schleiermacher, bei Ferdinand Dümmler in Berlin seine „Genetische Entwicklung der vornehmsten gnostischen Systeme". Er verspricht, „mit einfachem und unbefangenem, freiem Blick, nicht durch eine von irgend einer Schule erborgte Brille" die Gnostiker von Basilides und Valentinus bis Marcion, Apelles und Simon Magus zu betrachten, und schreibt: „Meine Absicht war, ... die gnostischen Systeme so darzustellen, dass die, wie es scheint, beseelenden Ideen von selbst durchschimmerten" (Vorrede).

Das 19. Jahrhundert brachte einen ungeahnten Aufschwung der Gnosisforschung, der bis heute anhält. 1853 erschien als weiteres grundlegendes Werk „Die christliche Gnosis oder die christliche Religionsphilosophie in ihrer geschichtlichen Entwicklung" von Ferdinand Christian Baur. Es folgten Publikationen zur Gnosis von R. A. Lipsius („Der Gnostizismus, sein Wesen, Ursprung und Entwicklungsgang", Leipzig 1860), Georg Koffmane („Die Gnosis nach ihrer Tendenz und Organisation, 12 Thesen", Breslau 1881) und Adolf Hilgenfeld (u. a. „Ketzergeschichte des Urchristentums", 1884), bei denen nicht nur die Fragen nach Ursprung und Wesen eine Rolle spielen (→I, 7), sondern auch die Eigenständigkeit der Gnosis an Bedeutung gewinnt.

Starken Auftrieb gab Adolf von Harnack durch seine Quellenforschungen und Untersuchungen über „Das Wesen des Christentums" (Vorlesungen 1899/1900) und die Gnosis, zur altchristlichen Literatur (1893–1904) und über Marcion (1921). Sein Hauptinteresse gilt aber nicht der Gnosis als solcher, sondern ihrem Einfluss auf das frühe Christentum. Das ändert sich endgültig mit Wilhelm Bousset, der 1907 seine „Hauptprobleme der Gnosis" vorlegt. Von nun an wird die spätantike Gnosis zu einem eigenen Forschungsgebiet der Religionsgeschichte und tritt damit aus dem Schatten der Kirchen- und Dogmengeschichte. In diese Phase gehört auch Richard Reitzenstein, der die Gnosis als übergreifende religiöse Erscheinung der Spätantike versteht und ihre Wechselbeziehungen mit der Hermetik, den Mysterien und anderen religiösen und philosophischen Phänomenen untersucht („Poimandres", 1904; „Die hellenistischen Mysterienreligionen", 1910; u.a.).

Seit Beginn des 20. Jahrhunderts nimmt das Interesse religiöser Kreise an den „orientalischen" Religionen ständig zu; seitdem erlangen auch allgemein verständliche Publikationen über die Gnosis immer mehr Breitenwirkung. 1902 erschienen die „Fragmente eines verschollenen Glaubens. Kurzgefasste Skizzen über die Gnostiker, besonders der zwei ersten Jahrhunderte ..." auf 511 Seiten von G. R. S. Mead (englische Originalausgabe 1900). Bereits 1910 kann Wolfgang Schultz im Vorwort zu dem bei Eugen Diederichs in Jena verlegten Band „Dokumente der Gnosis" (Einführung und Quellenaufbereitung auf 244 Seiten) feststellen, dass „ein Interesse weiterer Kreise an gnostischer Spekulation" (!) besteht. „Nach einer gemeinverständlichen und umfassenden Darstellung der Gnosis empfindet man ohne Zweifel überall Bedürfnis, wo religiösen und philosophischen Fragen nachgedacht wird" (Vorwort). Einen solchen großen Interessentenkreis erreichte „Die Gnosis" von Hans Leisegang in Kröners Taschenausgabe (Leipzig 1924). Als Frucht der umfassenden Erforschung von Hellenismus, Judentum und Christentum, Gnosis und Mysterienglaube und der ganzen Spätantike erschien Rudolf Bultmanns allgemeinverständliche Darstellung „Das Urchristentum im Rahmen der antiken Religionen" (zunächst bei Artemis, 1962 bei Rowohlt). Auf wissenschaftlichem Gebiet wendete Bultmann die Erkenntnisse über die Gnosis auf die Auslegung der neutestamentlichen Schriften, besonders des Johannes-Evangeliums, an (umfassender Kommentar 1941).

Kräftige neue Impulse löste 1934 der erste Band von „Gnosis und spätantiker Geist: Die mythologische Gnosis" aus, in dem Hans Jonas auf existenzphilosophischer Grundlage ein neues, umfassendes Gnosiskonzept entwarf, auf das andere Forscher aufbauen konnten, auch wenn sie zum Teil andere Wege gingen. Jonas geht bei seiner Existenzanalyse vom Daseinsverständnis und von der Daseinshaltung der Gnostiker aus, die er aus den Texten zu erheben sucht, und dringt so zum Wesenskern von Gnosis vor. Für diesen religiösen Daseinsentwurf macht er den Geist der Spätantike verantwortlich, auf den bereits G. Koffmane abgehoben hatte. Dieser schreibt in seiner 12. These: „Der Gnostizismus ist eine vom antiken Geiste ausgegangene und in ihm wurzelnde Richtung …" (bei K. Rudolph, Gnosis und Gnosizismus, s. u., S. 139). Ein zweiter Band von „Gnosis und spätantiker Geist" erschien 1954 mit dem Untertitel „Von der Mythologie zur mystischen Philosophie". 1958 kam in Boston „The Gnostic Religion" von Hans Jonas heraus (3. Aufl. 1970).

Die zweite Hälfte des 20. Jahrhunderts profitierte sowohl von den Pionierleistungen der vorangegangenen Gnosisexperten als auch von den zahlreichen neuen Quellenfunden. Es erscheint eine Fülle von Editionen, Kommentaren und Spezialuntersuchungen vieler namhafter Wissenschaftler. Mittlerweile gehen die Titel in die Tausende und haben eine eigene Bibliographie notwendig gemacht (D. M. Scholer). Kurt Rudolph hat diese spannende Forschungsgeschichte in Band 262 der Reihe „Wege der Forschung" unter dem Titel „Gnosis und Gnostizismus" (Darmstadt 1975) beschrieben und durch Originalbeiträge dokumentiert. Seine umfassende Darstellung „Die Gnosis. Wesen und Geschichte einer spätantiken Religion" (1977; 3. Aufl. 1990) hat viele der neuen Quellen bereits einbezogen und ist zu einem Standardwerk geworden, das auch in englischer Sprache erschienen ist. (Weitere Gnosis-Literatur findet sich im Literaturverzeichnis.)

So hat die Gnosis nach 2000 Jahren Kirchen- und Ketzerhistorie doch noch die ihr zukommende Würdigung erfahren. Sie blüht und gedeiht auf dem freien Feld der Wissenschaft, und sie fasziniert aufs Neue viele Menschen durch ihre geschlossene Weltsicht und ihre exklusive Heilslehre. Auch wer die Grundhaltung und Ansichten der Gnostiker nicht teilt, kommt nicht umhin, ihre religiöse Leidenschaft, die Kühnheit ihres Denkens und ihre reiche Phantasie zu bewundern, Eigenschaften, die zu jeder Zeit schöpferische Geister auszeichnen. Wie man sie auch beurteilt, sie waren in jedem Falle eine treibende Kraft der Geistesgeschichte.

6. *Die Gnosis in der Neuzeit*

6.1 Das „weite Feld" der Gnosis

In den ersten vier Abschnitten dieses Kapitels wurden solche Denkrichtungen und Gemeinschaften behandelt, die noch zur klassischen Gnosis gehören, unmittelbar von ihr beeinflusst sind oder zu ihren Ausläufern gerechnet werden. Sie alle zählen zur Wirkungsgeschichte der Gnosis im engeren Sinne. Im Abschnitt zur Forschung (III, 5) ist auch schon die Neuzeit mit ihrem starken Interesse an der Gnosis in den Blick gekommen, und auch in der Neuzeit finden sich direkte Anknüpfungen an die klassische Gnosis. Das schließt aber nicht aus, dass es geistige Erscheinungen gibt, die in einem weiteren Sinne gnostisch sind, auch wenn sie die klassischen Gnosis-Merkmale nur bedingt oder nur teilweise aufweisen. Außerdem schlägt religiöses und philosophisches Denken mitunter auch heute noch in gnostisches Denken um, wenn die entsprechenden Bedingungen gegeben sind. Alle diese im engeren oder weiteren Sinne gnostischen (und gnostisierenden) Phänomene gehören in eine Geschichte der Gnosis mit hinein. Das kann jedoch hier nur angedeutet werden, da die Behandlung, sogar schon eine Aufzählung all der religiösen Denker, Philosophen und Theologen, Mystiker und Dichter, Richtungen und Gemeinschaften, die zur Gnosis gerechnet oder mit ihr in Verbindung gebracht werden, den Rahmen dieser Publikation sprengen würde. Wir müssen uns auf einige repräsentative Beispiele beschränken.

6.2 Templer und okkulte Orden

Zu Beginn des 14. Jahrhunderts wurden in Frankreich Angehörige eines Templerordens als Häretiker verurteilt, dessen Gründung durch Hugo von Payens, unterstützt durch Bernhard von Clairvaux, in das Jahr 1118 fällt. Der Orden, zu dem Ritter und Geistliche gehörten, war zum Schutz der Pilger in das Heilige Land gedacht. Vermutlich gab es Beziehungen zu den Katharern und auch zu den islamisch-ismailitischen Gnostikern, also zur mittelalterlichen Gnosis (→III, 4). Gnostische Züge sind auf jeden Fall im wiederauflebenden Templertum des 17. und 18., vor allem aber des 19. und 20. Jahrhunderts zu finden, und nicht zufällig fällt die neuere Entwicklung mit dem Aufblühen von Theosophie und Freimaurerei zusammen. 1895 wurde der okkulte Orden „Ordo Templi Orientis" (O. T. O.) von Karl Kellner und Franz Hartmann gegründet. Er ging 1905 an Theodor Reuß und später an den Engländer Aleister Crowley über, dessen Riten von der so genannten „Gnostisch-Katholischen Kirche" übernommen worden sind. Wenn auch die Begriffe „Gnosis" und „gnostisch" in diesen und anderen damit in Verbindung stehenden Gruppierungen gebraucht werden und gnostische Vorstellungen (wie die Göttlichkeit des Menschen) feststellbar sind, handelt es sich doch in erster Linie um okkulte und magische Geheim-„Orden".

6.3 Die Rosenkreuzer

Eine ungewöhnliche Entstehungsgeschichte haben die Rosenkreuzer, deren Anfang auf den Theologen Johann Valentin Andreae (1586–1654) und von ihm stammende, aber anonym erschienene Schriften zurückgehen soll. Es sind die „Fama Fraternitatis deß löblichen Ordens des Rosenkreutzes, an alle Gelehrte und Häupter Europä geschrieben" von 1614, die „Confessio Fraternitatis" mit ähnlichem Untertitel aus dem Jahre 1615 und die „Chymische Hochzeit Christiani Rosenkreutz: Anno 1459" (Straßburg 1616). Danach sei (ein) Christian Rosenkreutz in Arabien in eine Geheimwissenschaft eingeweiht worden, und es existiere schon 200 Jahre lang eine sich darauf gründende theosophische Bruderschaft. Was vom Autor dieser Schriften, der sich schon 1617 davon distanzierte, als Fiktion und ironische Auseinandersetzung mit zeitgenössischen Erscheinungen der Alchemie und okkulter Lehren gedacht war, wurde ernst genommen und führte zur Bewegung der Rosenkreuzer, die seit dem 17. und 18. Jahrhundert in vielen Ländern Europas mit esoterischen Lehren und Praktiken Verbreitung fand. Im 20. Jahrhundert erhielten die Rosenkreuzer neuen Auftrieb, unter anderem durch die Theosophie und die Anthroposophie. 1909 gründete Max Heindel die „Rosenkreuzer-Gemeinschaft" in den USA, die 20 Jahre später auch nach Deutschland kam; 1916 rief Spencer Lewis den „Alten mystischen Orden von Rosenkranz" (AMORC) in New York ins Leben, den nachmals größten Orden in Europa; 1925 kam das „Lectorium Rosicrucianum" des Jan van Rijckenborgh in Holland hinzu. Von ihm stammt „Die Gnosis in aktueller Offenbarung" (1956).

Die Rosenkreuzer haben viele Traditionen aus der christlichen Mystik, den Mysterien, der Theosophie und Kabbala, dem Okkultismus und der Alchemie verarbeitet und – mit Unterschieden zwischen den einzelnen Gruppierungen – unter gnostischem Vorzeichen zu einer synkretistischen Lehre gestaltet. Diese ist dualistisch (himmlisches Jenseits/Lichtreich; irdisches Diesseits), weltablehnend und weltflüchtig. Der Sündenfall des Menschen geschah im Himmel durch menschliches Versagen, was die Trennung vom Geist und den Absturz des Menschen in die Tiefe zur Folge hatte. Dort muss der Mensch das irdische Dasein immer wieder durchwandern (Reinkarnation). Es blieb aber etwas aus der himmlischen Heimat in ihm, was wieder erweckt werden kann, und zwar durch das Wissen und die geistige Potenz der Rosenkreuzer-Gemeinschaft. Im „Lectorium Rosicrucianum" findet sich in einer Art Lesemysterium diese erweckende Botschaft:

> „Freunde, in Ihrem Herzen ... befindet sich ein Berührungspunkt mit diesem himmlischen Wesen, ... unter verschiedenen Namen bekannt wie: Samenkorn Jesu, Rose des Herzens, Rosenknospe ... Uratom, Geistfunkenatom. (Hier schlägt) das Herz des Engelwesens. Wenn Sie Ihr Herz der Strahlungskraft der Gnosis öffnen, die im magnetischen Körper der Geistesschule des Rosenkreuzes konzentriert ist, dann kann Ihr Geistesfunken im Herzen aufbrechen ... Das Herzatom öffnet sich und strahlt goldenen Glanz aus; die neue unsterbliche Seele erhebt sich ..."
>
> *(Text bei F.-W. Haack, Geheimreligion, S. 41)*

Damit hat die „Transfiguration", die Umwandlung und Umkehrung hin zum Göttlichen begonnen, die in einem komplizierten Prozess, durch geistiges Wachstum, rigorose Askese und kultische Mittel weitergeführt und vollendet werden muss. Dadurch wird sich der Mensch immer mehr seines göttlichen Selbst, seiner Seele bewusst, die schließlich in das Lichtreich zurückkehren kann. Auch hier gilt: Selbst-Erkenntnis = Gottes-Erkenntnis.

In dieser Vorstellungswelt hat die klassische Gnosis, auf die auch bewusst zurückgegriffen wird, tiefe Spuren hinterlassen und in vielen exklusiv-esoterischen Gemeinschaften eine beachtliche Anhängerschaft gefunden.

6.4 Die Theosophie

Gegen Ende des 19. Jahrhunderts trat die Theosophie auf den Plan, die viele Wurzeln hat und sich weit verzweigte. Die christliche Gestalt der Theosophie blickt auf eine lange Geschichte zurück, die über Klemens von Alexandrien und Origenes bis zu dem russischen Theosophen Solowjow und von Plotin zu Franz von Baader führt. In diese Geschichte gehören Platon, Paracelsus und Jakob Böhme ebenso wie die Rosenkreuzer und Anthroposophen. Zu den geistesgeschichtlichen Strömungen, die zur Theosophie hinführten und von denen diese ihre Anregungen erhält, gehören außer den Mysterienreligionen, der Gnosis und dem Neuplatonismus vor allem die Mystik des Mittelalters und die Kabbala und die Zahlenspekulation sowie die Astrologie und Alchemie. Die nichtchristliche Theosophie, die an der Wende vom 19. zum 20. Jahrhundert großen Auftrieb erfuhr, bezieht ihre Vorstellungen auch vom Buddhismus und Hinduismus und nicht zuletzt aus dem Spiritismus und Okkultismus und der Parapsychologie. Sie geht auf Helena Petrowna Blavatzky zurück, die 1875 mit H. S. Olcott die Theosophische Gesellschaft in New York gründete. Fünf Jahre später fasste die Gesellschaft auch in Europa Fuß. Ab 1882 nahm sie ihren Hauptsitz in Adyar (Indien). Diese Theosophen sind Pantheisten und Monisten, die von der Einheit allen Seins, aller Wesen und aller Religionen, von Gott und Menschen, Geist und Körper ausgehen, von daher eine universale Religion, Ethik und Bruderschaft verkünden und ihr exklusives Wissen auf eine geheime Urgnosis gründen. Im Sinne dieses Ansatzes und verbunden mit indischem Denken ist die Einheit das einzige Reale, dagegen die durch Emanation entstandene Vielheit Illusion (maya). Die Umkehrung dieses Prozesses kann nur durch Entmaterialisierung und Vergeistigung geschehen. Dafür besitzt der Mensch als Voraussetzung nicht nur seine prinzipielle Wesensidentität mit dem All-Einen, sondern auch eine besondere Geist-Seele. Durch Erkenntnis des Wesens der Dinge und seines Selbst und die Verbesserung seines Karmas im Laufe von Wiederverkörperungen kann er sich emporschwingen und die Identität seines Selbst mit dem göttlichen Selbst und Einen erleben. Dazu muss er allerdings die niederen Triebe bekämpfen und den siebenfachen Pfad der Erkenntnis beschreiten.

Hier begegnen nicht nur Vorstellungen aus der alten Gnosis, sondern auch aus der Atman-Brahman-Philosophie und Identitätsmystik der Upanishaden (→Kap. I, 1.7). Die Theosophie setzte sich sowohl in ihren Gesellschaften mit ihren unterschiedlichen Profilen als auch in Abspaltungen und Weiterentwicklungen fort, strahlte auf andere Richtungen (Rosenkreuzer) aus und beeinflusste nachhaltig die Esoterik der neueren Zeit, namentlich New Age. Letztere erhielten durch die Theosophin Alice Ann Bailey (1880–1949) entscheidende Impulse.

6.5 Rudolf Steiner und die Anthroposophie

Rudolf Steiner (1861–1925) trat 1902 der Theosophischen Gesellschaft bei und wurde nach Gründung der deutschen Sektion ihr Generalsekretär (1902–1913) und Herausgeber der Zeitschrift „Lucifer" (später „Lucifer-Gnosis"). Er ging bald eigene Wege, die ihn zur „Anthroposophie" führten, wie er seine Lehre etwa ab 1906 bezeichnete. R. Steiner wendete sich besonders den antiken Religionen und Philosophien zu, vor allem den Mysterien, der Gnosis, Platon und dem Neuplatonismus, und bezog – im Gegensatz zu H. P. Blavatsky – die christliche Religion in seine „Geheimwissenschaft" ein („Die Geheimwissenschaft im Umriß", Leipzig 1910). 1901/02 hielt er eine Vortragsreihe, die bereits 1902 unter dem Titel „Das Christentum als mystische Tatsache und die Mysterien des Altertums" erschien. Die Mysterien bereiteten das Christus-Ereignis vor. In diesem Christus wurde das „Ich" Jesu in der Taufe zum Christus (= Logos), zum Gottmenschen. Damit hat Jesus die Vergottung der gesamten Menschheit „auf sich genommen".

1904 erschien „Theosophie. Einführung in übersinnliche Welterkenntnis und Menschenbestimmung" zur leiblichen, seelischen und geistigen Wesenheit des Menschen (Trichotomie!), zu „Reinkarnation und Karma", zu den „drei Welten" und zum „Pfad der Erkenntnis". Vom gleichen Jahr stammt der Aufsatz „Wie erlangt man Erkenntnisse der höheren Welten?"

aus „Lucifer-Gnosis", der 1909 als Buch erschien. Darin heißt es:

„... jeder Mensch trägt neben seinem – wir wollen ihn so nennen – Alltagsmenschen in seinem Innern noch einen höheren Menschen. Dieser höhere Mensch bleibt so lange verborgen, bis er geweckt wird. Und jeder kann diesen höheren Menschen nur selbst in sich erwecken ..."

Dazu bedarf es nicht nur der Erkenntnis, sondern auch geeigneter Mittel und Wege. In den Jahren 1910 bis 1913 kamen vier Mysterien-Dramen in München zur Aufführung, die „die seelischen und geistigen Vorgänge" in Szene setzten. Das erste, „Die Pforte der Einweihung", trägt den Untertitel „Ein Rosenkreuzermysterium".

Eine Konzentration erfahren Steiners christologische Vorstellungen in dem Vortrag „Christus und das zwanzigste Jahrhundert" (1912, erschienen in: R. S., Wendepunkte des Geisteslebens, Zarathustra, Hermes, Buddha, Moses, Elias, Christus; Dornach 1927, S. 117ff.). Auch hier beruft er sich auf die klassische Gnosis. Der „geistig-seelische Kern" im „äußeren materiellen Kleid" des Menschen befindet sich „im schlafenden Zustande", Finsternis ist um ihn herum. Doch dieser „tiefinnerste Wesenkern" ist „herausgeboren" aus der „geistigen Welt", er ist „das eigentliche Ich". Diese Aussage verbindet Rudolf Steiner mit dem Christusereignis:

„Den Gott und die eigentliche göttliche Urwesenheit nicht in der ‚Seelenhülle', sondern in dem eigentlichen Ich zu suchen, das war das, was das Christentum, was der ... Christus-Impuls der Menschheitsentwicklung gebracht hat ... Willst du erkennen, wo sich dir das tiefste Göttliche, das alle Welt durchlebt, enthüllen kann, so schaue in dein eigenes Ich; denn durch dein Ich spricht der Gott zu dir ... Der Eintritt des göttlichen Bewusstseins, das durch das Ich spricht, das ist das Wesen des Christus-Impulses" (S. 132).

Dieser Christus-Impuls, der wie in der Gnosis von außen und oben kommt, bewahrt die Menschheit davor, weiter „in das rein Materielle" abzusinken. Vielmehr hat mit dem „Mysterium von Golgatha" nach der langen Abwärtsentwicklung eine Aufstiegsphase, eine Verwandlung von Materie in Geist begonnen. Für den einzelnen Menschen führt die Geist-Erfahrung zur „Erkenntnis-Erlösung" und „Befreiung". Das aber ist eine „innere Erlösung"! Durch das Innere erlebt der Mensch den Christus. Der Christus-Impuls ruft als „geistige Sonne" das „innere Erlebnis" wach (S. 138). „Der Eintritt des göttlichen Bewusstseins, das durch das Ich spricht, das ist das Wesen des Christus-Impulses" (S. 132). Aber erst mit dem Herabstieg Christi ist die „Christus-Wesenheit" in die „physisch-sinnliche Welt" gekommen (S. 119f.), ist etwas „ganz Neues" hereingebrochen (wodurch auch die Folgen des von Lucifer ausgelösten „Sündenfalls", die Entfernung des Menschen vom Geist weg hin zur Materie, beseitigt und der Prozess umgekehrt wird).

Dieses „Ich-Bewusstsein" muss kontinuierlich entwickelt werden, damit sich im Laufe der Wiederverkörperungen immer mehr Ich herausbildet. Dazu ist „Die geistige Führung des Menschen und der Menschheit" (Buchtitel Berlin 1911) nötig, wozu sich Steiner berufen fühlte. Seine eigenständige Lehre, die zur Christosophie führte und vom Spiritismus abrückte, brachte ihn schon bald in Konflikt mit der Theosophischen Gesellschaft, die ab 1907 von Annie Besant (1847–1933) geleitet wurde, und führte 1913 zum Ausschluss Rudolf Steiners, der auch die Proklamation des indischen Knaben „Krishnamurti" zum Weltheiland abgelehnt hatte. Er gründete mit dem größten Teil der deutschen Gruppe die „Anthroposophische Gesellschaft".

Rudolf Steiners Ideen erlangten eine weitreichende Wirkung bis in die Gegenwart. Er selbst setzte sie auf vielen Gebieten praktisch um, besonders in der Kunst, Pädagogik, Medizin und Landwirtschaft. Vieles davon ging in die 1922 von Friedrich Rittelmeyer im schweizerischen Dornach, dem Zentrum der

Anthroposophie, gegründete „Christengemeinschaft" ein, an deren Entstehung R. Steiner maßgeblich beteiligt war. Sie ergänzt den anthroposophischen Erkenntnisweg durch einen Kultus mit sieben Sakramenten. Starken Einfluss hatte Steiner auch auf die Lehren des Rosenkreuzers Max Heindel.

Die Reaktion der christlichen Kirchen auf diese neugnostischen Lehren und Gemeinschaften war und ist die gleiche wie gegenüber der frühen Gnosis. Sie kritisieren das Gottes- und Menschenbild, die Christologie und das Schriftverständnis, dazu die Exklusivität und das Geheimwissen als nicht mit der Bibel und kirchlichen Traditionen übereinstimmend.

6.6 Dichter, Denker und New Age

Die Liste derer, die aus der Gnosis und Neo-Gnosis Impulse empfangen haben, ist lang, und groß ist die Zahl der gnostisch-esoterischen Gemeinschaften, die seit Beginn des 20. Jahrhunderts entsanden sind. Zu denen, die gnostisches Gedankengut weitertransportierten, gehören auch Schriftsteller und Dichter.

Christian Morgenstern (1871–1914) wendete sich ab 1905 der Mystik zu und beschäftigte sich seit 1909 intensiv mit der Anthroposophie Rudolf Steiners. Seine Vorstellungen setzte er in Verse um, oft in nur wenigen Zeilen:

„Trostlos? Das Wort ist mir entschwunden,
seitdem ich Mich in mir gefunden."

Es geht darum, dass wir werden, was wir sind – ein Teil des Lichts, wie Christus, das Sonnenwesen – und uns geistig der Sonne nähern, um mit Christus herabzusteigen.

„Fass es, was sich dir enthüllt!
Ahne dich hinan zur Sonne! …
Und dann komm mit Ihm herab! …
Komm mit Ihm den Leib bewohnen …"

(C. Morgenstern, abgedruckt in: R. Steiner, rowohlts monographien, 1963, S. 99)

Nicht wenige Schriftsteller haben Impulse, Vorstellungen und Motive aus der Gnosis bezogen, oder es finden sich bei ihnen parallele Denkstrukturen und Gedanken. Das zeigen Untersuchungen über die Werke von Marcel Proust, James Joyce und Robert Musil, Hermann Hesse, Thomas Mann und Ingeborg Bachmann. Starkes Interesse an der Gnosis hatten auch Carl Gustav Jung und die Vertreter der Tiefenpsychologie. Aus dem Lager der Philosophen ist neben Ernst Topitsch vor allem Hans Jonas zu nennen, der in seiner kleinen Aufsatzsammlung „Zwischen Nichts und Ewigkeit" berichtet, dass er sich deshalb so intensiv mit der Gnosis befasste und sich in das „gnostische Labyrinth" locken ließ, weil er darin ein zum modernen Existenzialismus und Nihilismus analoges Existenzverständnis fand. Um das Wesen der Gnosis freizulegen, griff er auf Martin Heideggers Existenzphilosophie („Sein und Zeit", 1927) zurück und traf mit seiner Analyse in „Gnosis und spätantiker Geist" (1934; →III, 5.3) den Zeitgeist des 20. Jahrhunderts. Das machte die Gnosis in weiten Kreisen bekannt und übte bis in unsere Zeit eine starke Wirkung aus.

Die Sehnsucht einer „verlorenen Generation" nach geistiger Befreiung und seelischer Geborgenheit ließ alle religiösen Angebote attraktiv werden, die versprachen, verborgene Kräfte im Menschen zu wecken und sein Selbst aus der Umklammerung der Materie und finsterer Mächte zu befreien. Diesem Ziel sollen östliche Heilslehren ebenso dienen wie Neugeistbewegungen, „Jugendreligionen", mystische und esoterische, magische und okkulte Vorstellungen und Praktiken und nicht zuletzt die Gnosis in alten und neuen Gewändern. Die Medien, vor allem das Fernsehen und der Buchmarkt, haben dann ein Übriges getan, um die esoterischen Angebote in jedes Haus zu bringen, wo sich Hörer und Leser auch ohne jede religiöse Organisation um die Befreiung ihres Selbst, um Selbst-Findung bemühen können. Als eine solche spirituelle Alternative versteht sich die New-Age-Bewegung, die seit etwa 1968 im Protest gegen Fortschrittsglauben, Werteverfall und Diesseitsorientierung einen postmodernen Wandel im Zeitalter des Wassermanns propagiert. Sie versammelt dazu Vorstellungen und Traditionen aus allen Kulturen und Bereichen, die der Erreichung eines „Neuen Bewusstseins" (Fritjof Capra) dienen können – von religiösen und religionsphilosophischen Lehren über Heilungstechniken, Meditationspraktiken bis zu ökologischen Gesichtspunkten – ein „Netzwerk" von Gedanken, Wegen und Menschen unter dem Regenbogen-Symbol. Dazu gehört nicht nur die bewusste Anknüpfung an die Theosophie (A. A. Baileys), sondern auch an die Gnosis, mit der New-Age-Vertreter wesentliche Vorstellungen teilen, so die Vorrangstellung des Geistes, die Befreiung des Selbst aus der Versklavung durch Welt und Materie sowie mythologische Ausdrucksformen.

7. Gnosis, Mystik, Esoterik: Ein Epilog

Unser Gang durch die Geschichte der spätantiken Gnosis, ihre Ausläufer und Nachwirkungen hat gezeigt, wie vital diese Heilslehre ist und welche Ausstrahlung sie bis in die Gegenwart ausübt. Sie kann immer wieder aufleben und ist an keine Zeit gebunden. So könnte, wenn die entsprechenden Voraussetzungen gegeben sind, auch eine neue Ausprägung von Gnosis entstehen. Aber das ist Spekulation. Immerhin zeigt der Manichäismus, wie ein anderer Typ als die „syrisch-ägyptische" Gnosis neu entstehen und aussehen kann. Dabei stimmen allerdings die wesentlichen Merkmale überein, und unter dieser Voraussetzung haben wir auch die Wirkungsgeschichte der klassischen Gnosis betrachtet. Viele Lehren und Gruppierungen, die mit dem Etikett „gnostisch" versehen werden, verdienen diese Bezeichnung nach den Merkmalen der spätantiken Gnosis nur bedingt oder gar nicht, es sei denn, man verwendet diesen Begriff ganz allgemein und unspezifisch.

„Gnosis" im klassischen Sinne ist zugleich Mystik und Esoterik. Das erscheint manchem Betrachter als selbstverständlich, andere bestreiten das. Für die Beteiligten war der Fall klar: Sie erhalten das erlösende Wissen von außen und oben, das ihnen ihre göttliche Herkunft und Identität mit Gott, dem Licht, dem göttlichen Pneuma oder Nous offenbart. Mit dieser Erweckung und Erleuchtung beginnt die Erlösung des Pneumatikers, die in der unio mystica mit der Wiedervereinigung der getrennten göttlichen (Licht-/Pneuma-)Teile kulminiert. Die Daseinshaltung und Ethik des Gnostikers dient nur der Erreichung dieses Ziels.

Diese Erlösungs- und Selbst-Findungs-Religion haben wir als Identitätsmystik bezeichnet. Gnosis und Mystik sind zwar nicht dasselbe, aber doch eng verwandt. Auch in der Mystik ist das Innere, die Seele, der Ort des religiösen Erlebens und die unio mystica das Ziel aller Meditation und Versenkung. Nach Ansicht der Mystiker ist das Einswerden mit Gott möglich, weil die Seele entweder mit Gott verwandt oder identisch ist (theistische oder pantheistische Mystik). Für die Gnosis kommt nur die zweite Vorstellung in Frage. Es geht ihr nicht bloß um eine Gottesebenbildlichkeit des Menschen, sondern um seine Identität mit dem göttlichen Nous, mit Gott. Um es nochmals zu betonen: Das oder der Erlösende (Erlöser) ist identisch mit dem zu Erlösenden; sie sind getrennte und wieder zu vereinigende Teile des einen göttlichen Wesens.

Bei aller Differenzierung zwischen Gnosis und Mystik springen die Gemeinsamkeiten ins Auge, und es wird zugleich deutlich, wie die „offiziellen" Lehren der christlichen Kirche, aber auch des Islam, mit dieser Heilskonzeption ihre Probleme hatten. Denn in ihr geht es nicht um die gnädige Zuwendung Gottes zum Menschen, nicht um das Geschenk der göttlichen Gnade und schon gar nicht um kirchliche Gnadenmittel oder kultische Riten, die den kleinen Menschen dem großen Gott wieder annehmbar machen, sondern um einen schon vorhandenen göttlichen Kern, der dem Mysten das Heil garantiert und es ihn – an den religiösen Institutionen vorbei! – auch finden lässt. Das gilt zumindest für die Gnosis und pantheistische

Mystik. Wer so die Identität mit dem göttlichen Licht erlangt hat, ist selbst Licht, selbst Gott, selbst Christus, selbst Erlöser. Die Unterschiede sind aufgehoben. „Ana l'haqq" – ich bin die absolute Realität, konnte der islamische Mystiker al-Ḥallādsch sagen, der 922 als Ketzer hingerichtet wurde. Das ist die letzte Konsequenz einer Identitätsmystik!

Außer der religiösen Verinnerlichung und mystischen Erleuchtung ist es auch die Exklusivität und das esoterische Wissen um Mittel und Wege zum Heil, was Gnosis und Mystik miteinander verbindet. Hinzu kommt, dass Gnosis und Mystik eine Literatur hervorgebracht haben, die sich durch Gedankenreichtum, Glaubensintensität und vielfach auch durch sprachliche Schönheit auszeichnet. Schließlich haben Mystik und Gnosis den offiziellen kultischen Religionen immer wieder neue Impulse gegeben und sie von innen heraus erneuert. Sie brachten Bewegung in das Denken und wiesen neue Wege.

In der Gegenwart erhielt die Gnosis neuen Auftrieb als Reaktion und Protest gegen die fortschreitende Säkularisation, gegen eine leidvolle und vielen Menschen feindlich erscheinende Welt, in der sie sich nicht mehr zurechtfinden und daher nach einem Ausweg suchen. Dieser heißt damals wie heute: Rückzug in die Innerlichkeit, Erlösung durch die befreiende Erkenntnis der Göttlichkeit des eigenen inneren Wesens, das in dieser schlimmen Welt gefangen ist. Durch dieses gnostische Welt- und Menschenverständnis wird der christliche Glaube heute wie vor 2000 Jahren herausgefordert.

Literatur in Auswahl

Quellen

Wilhelm Schneemelcher (Hg.): Neutestamentliche Apokryphen in deutscher Übersetzung. 6. Aufl., 2 Bände. Tübingen 1990/1997

Uwe-Karsten Plisch: Verborgene Worte Jesu – verworfene Evangelien. Apokryphe Schriften des frühen Christentums. Berlin 2000

Bibliothek der Kirchenväter (BKV). 2. Auflage:

Irenäus: Fünf Bücher gegen die Häresien. Übers. von E. Klebba. Band 1–2. München 1912

Hippolytus von Rom: Widerlegung aller Häresien (Philosophumena). Übers. von Graf Konrad Preysing. München 1922

Clemens Alexandrinus: Ausgewählte Schriften. Übers. von Otto Stählin. Band 1–5. München 1934–38

Robert Haardt: Die Gnosis. Wesen und Zeugnisse. Salzburg 1967 (englisch: Leiden 1971)

Die Gnosis (Bibliothek der Alten Welt):

Band 1: Zeugnisse der Kirchenväter. Hg. von Werner Foerster. Zürich/Stuttgart 1969 (²1994)

Band 2: Koptische und mandäische Quellen. Hg. von Werner Foerster. Zürich/Stuttgart 1971 (²1994)

Band 3: Der Manichäismus. Hg. von Alexander Böhlig unter Mitwirkung von J. P. Asmussen. Zürich/München 1980 (²1994)

James M. Robinson (General Editor): The Nag Hammadi Library in English. San Francisco 1977; Leiden ³1988

Gerd Lüdemann, Martina Janßen: Bibel der Häretiker. Die gnostischen Schriften aus Nag Hammadi. Stuttgart 1997

Berliner Arbeitskreis für koptisch-gnostische Schriften (Leitung Hans-Martin Schenke). Deutsche Übersetzungen von Nag-Hammadi-Schriften in der Theologischen Literaturzeitung. Jg. 98 ff., Leipzig 1973 ff.

Hans-Martin Schenke, Hans Gebhard Bethge, Ursula Ulrike Kaiser (Hg.): Nag Hammadi Deutsch, eingeleitet und übersetzt von Mitgliedern des Berliner Arbeitskreises für koptisch-gnostische Schriften. 2 Bände. Berlin (im Druck)

Mark Lidzbarski (Übers. u. Hg.): Ginza. Der Schatz oder das große Buch der Mandäer. Göttingen/Leipzig 1925

Carsten Colpe, Jens Holzhausen: Corpus Hermeticum, deutsche Übersetzung. 2 Bände. Stuttgart 1997

Peter Sloterdijk, T. Macho (Hg.): Die Weltrevolution der Seele. 2 Bände. München 1993

Darstellungen

Barbara Aland (Hg.): Gnosis. Festschrift für Hans Jonas. Göttingen 1978

Johannes B. Bauer, Hannes D. Galter (Hg.): Gnosis. Graz 1994

Klaus Berger, Robert McL. Wilson: Gnosis/Gnostizismus. in: Theol. Realenzyklopädie (TRE). Band 13. S. 519ff. Berlin/New York 1984

Michael Brumlik: Die Gnostiker. Der Traum von der Selbsterlösung des Menschen. Frankfurt/M. 1992

Carsten Colpe: Gnosis II (Gnostizismus), in: Reallexikon für Antike und Christentum (RAC). Band 11, Spalte 537–659. Stuttgart 1981

Giovanni Filoramo, Christoph Marschies u.a.: Gnosis/Gnostizismus, in: Die Religion in Geschichte und Gegenwart, 4. Aufl., Band 3, Spalte 1043ff. Tübingen 2000

Hans Gasper, Joachim Müller, Friederike Valentin (Hg.): Lexikon der Sekten, Sondergruppen und Weltanschauungen. Freiburg/Basel/Wien ^{3}1991

Herbert Grundmann: Ketzergeschichte des Mittelalters. Berlin 1970

Friedrich-Wilhelm Haack: Geheimreligion der Wissenden. Neugnostische Bewegungen. Berlin 1966. ^{2}1976

Heinz Halm: Die islamische Gnosis. Die extreme Schia und die ʿAlaviten. Zürich/München 1982

Karl Hartmann: Die Rechnung mit Gott. Gnostische Strömungen in Kirchengeschichte und Gegenwart. Stuttgart 1982

Hans Jonas: Gnosis und spätantiker Geist
- Teil 1: Die mythologische Gnosis. Göttingen 1934. 3. vermehrte Aufl. 1964 (^{4}1988)
- Teil 2: Von der Mythologie zur mystischen Philosophie. 1954. Neu hg. von K. Rudolph 1993

Ders.: Die Botschaft des fremden Gottes. Hg. von Christian Wiese. Frankfurt/Leipzig 1999

Peter Koslowski (Hg.): Gnosis und Mystik in der Geschichte der Philosophie. Zürich/München 1988

Hans Leisegang: Die Gnosis. Leipzig 1924

Michael Pauen: Dithyrambiker des Untergangs. Gnostizismus in Ästhetik und Philosophie der Moderne. Berlin 1994

Silke Petersen: „Zerstört die Werke der Weiblichkeit!" Maria Magdalena, Salome und andere Jüngerinnen Jesu in christlich-gnostischen Schriften. (Nag Hammadi and Manichaean Studies 48). Leiden 1999

Horst Reller, Manfred Kießig (Hg.): Handbuch Religiöse Gemeinschaften. Gütersloh ^{3}1985

Kurt Rudolph: Die Gnosis. Göttingen ^{3}1990

Hans-Jürgen Ruppert:
Durchbruch zur Innenwelt. Spirituelle Impulse aus New Age und Esoterik in kritischer Beleuchtung. Stuttgart 1988
Theosophie – unterwegs zum okkulten Übermenschen, Konstanz 1993
Hans-Martin Schenke: Nag Hammadi, in: TRE. Band 23. S. 731 ff. Berlin/New York 1994
Karl-Wolfgang Tröger (Hg.):
Gnosis und Neues Testament. Berlin/Gütersloh 1973
Altes Testament – Frühjudentum – Gnosis. Neue Studien zu „Gnosis und Bibel". Berlin/Gütersloh 1980
Sigrid und Karl-Wolfgang Tröger: Kirchenlexikon. Berlin/München 1990
Benjamin Walker: Die Gnosis. Vom Wissen göttlicher Geheimnisse. München 1992
Gerhard Wehr (Hg.): Die Bruderschaft der Rosenkreuzer. Esoterische Texte. München ^{4}1991
Karl Matthäus Woschitz, Manfred Hutter, Karl Prenner: Das manichäische Urdrama des Lichtes. Wien 1989

Bei den Texten ohne Hinweis auf den Übersetzer handelt es sich um eigene Übersetzungen.

Abkürzungen

NHC	Nag-Hammadi-Codex
p.	pagina = Seite (in den Nag-Hammadi-Kodices)
RAC	Reallexikon für Antike und Christentum
TRE	Theologische Realenzykopädie